Case Management

사례관리론

홍윤경 저

어가 語歌

머리말

우리나라 사회복지 환경과 패러다임의 변화로 사례관리는 사회복지 분야에서 가장 중요한 실천방법론으로 자리매김하였으며 사회복지 전 영역에서 그 필요성이 강조되고 있습니다.

처음 민간 영역에서 사례관리를 도입하였을 때 시행착오가 있었지만 실천현장에서 사회복지사들과 함께 적용하면서 방법적인 부분에서 많은 성장과 변화를 겪었습니다. 현재는 공공영역에서도 확대되었으며 사례관리와 관련된 정책과 제도의 변화가 함께 이루어지면서 핵심적인 사회복지 실천방법으로 주목을 받고 있습니다. 이에 효과적인 사례관리를 수행하기 위해서는 사례관리자의 전문성 향상을 위한 교육과 체계적인 훈련이 필요하게 되었습니다.

사회복지 실천현장에서 20여 년 동안 아동과 청소년, 장애인과 노인을 대상으로 사례관리를 수행하면서 사례관리자가 어떻게 사회복지를 실천하느냐가 대상자의 삶에 직접적인 영향을 주게 됨을 알게 되었습니다. 사례관리 대상자와 대면하는 사례관리자의 전문성과 효과적인 사례관리는 실천현장에서 많은 사람들의 삶에 바람직한 변화를 줄 수 있습니다. 우리가 효과적인 사례관리를 실천해야 하는 이유는 도움이 필요한 대상자를 위해서이고 그 가운데는 위기 상황에서 절실한 지원이 필요한 분들이 계시기 때문입니다. 사례관리를 수행할 때에는 사례관리 실천과정의 매뉴얼에 따라 수행해야 하는 것도 중요하지만 대상자의 바람직한 변화를 위해서는 대상자와 연결되어 있는 체계를 변화시킬 때 변화의 속도가 빠르다는 것을 오랜 실천을 통해 알게 되었습니다. 이러한 과정에서 사례관리자는 사례관리 대상자와 함께 서비스를 계획하여야 하며, 모든 과정에 동의를 얻고 경우에 따라서는 주변 체계와 함께 변화되는 통합적 접근을 하여야 합니다. 또한 사례관리자의 자원 동원 역량도 매우 중요한데, 직간접적인 자원을 파악하여 적절한 시기에 지원하는 것이 사례관리의 효율성을 높일 수 있습니다.

이 책을 통해 사회복지전공 학생들과 현장 실무자들이 사례관리에 대한 기본 지식을 이해하고 사례관리 실천과정에 대해 자세히 알고 적용할 수 있는 전문적 역량이 향상되기를 희망하는 마음으로 집필하였습니다.

이 책은 한국사회복지교육협의회 2022년 '사례관리론' 교과목 지침서를 토대로 전체 3부 15장으로 구성하였습니다.

1부는 사례관리의 개요로, 1장은 사례관리의 이해, 2장 사례관리의 발달, 3장 사례관리의 이론, 4장 사례관리의 모델, 5장 사례관리의 구성체계로 되어 있습니다. 사례관리의 정의와 목적, 가치와 윤리를 이해하고, 미국과 영국, 우리나라의 사례관리 발달과정을 소개하였습니다. 또한 사례관리의 이론와 모델을 학습하여 사례관리에 대한 다양한 시각과 실천을 알 수 있도록 하였으며, 5장에서는 사례관리 대상자, 사례관리자, 사회자원 및 사회적 네트워크, 사례관리 운영체계, 사례관리 과정에 대한 내용을 제시하였습니다.

2부는 사례관리 실천과정과 기록으로, 6장 초기 단계, 7장 사정 단계, 8장 서비스 계획 단계, 9장 서비스 실행 및 점검 단계, 10장 평가 및 종결 단계에 대한 내용으로 구성하였습니다. 각 단계의 정의와 주요 내용을 소개하였고, 사례 적용과 단계별 표준 양식을 제시하여 실천과정의 기록을 구체화할 수 있도록 구성하였습니다.

3부는 사례관리 실천현장의 이해로, 11장 공공 사례관리, 12장 민간 사례관리, 13장 아동 사례관리, 14장 장애인 사례관리, 15장 노인 사례관리에 대한 내용을 담고 있습니다. 공공 사례관리로는 희망복지지원단과 정신건강복지센터의 사례관리, 민간 사례관리로는 종합사회복지관의 사례관리에 대해 이해할 수 있도록 집필하였습니다. 또한 사례관리 주요 대상자인 아동과 장애인, 노인 사례관리의 특성과 이슈, 분야별 사례관리의 실천 내용과 제도에 대해 소개하였습니다.

이 책은 사회복지현장에서 사례관리를 처음 수행할 때 필요한 기본 지식을 자세히 알려주기 위해 노력하였으며 사례관리팀 슈퍼비전을 하면서 직원들에게 분명한 지침을 주기 위해 필요했던 내용을 바탕으로 구성하여 집필하였습니다. 책의 부족한 부분은 계속해서 보완하기 위해 노력할 것입니다. 이 책을 통해 학생들과 현장실무자들이 사례관리를 잘 이해하고 적용하여 실무 역량이 향상되기를 기대합니다.

이 책이 나올 수 있도록 지지해 주신 모든 분들께 감사드리며, 출판을 함께해 주신 도서출판 어가 어진용 대표님과 정성을 다해 편집해 주신 직원분들에게 감사를 드립니다. 책을 집필하면서 많이 생각났던 클라이언트들과 어려운 환경 속에서도 희망을 놓지 않고 함께했던 사례관리 가족분들을 언제나 응원하며, 감사의 마음을 전합니다.

2025년 2월

저자 홍윤경 드림

차 례

머리말_ 003

Part 01 사례관리의 개요

Chapter 01 사례관리의 이해 ---- 013

1. 사례관리의 정의 ···· 013
2. 사례관리의 목적 ···· 016
3. 사례관리의 가치와 윤리 ···· 019

Chapter 02 사례관리의 발달 ---- 025

1. 외국의 사례관리 발달과 전망 ···· 025
2. 한국의 사례관리 발달과 전망 ···· 035

Chapter 03 사례관리의 이론 ---- 049

1. 생태체계이론 ···· 049
2. 임파워먼트이론 ···· 059
3. 강점관점 ···· 066
4. 네트워크이론 ···· 071

Chapter 04 사례관리의 모델 076

1. 사례관리자의 역할을 기준으로 한 모델 077
2. 서비스 전달 기반에 따른 사례관리 모델 080
3. 서비스의 복합성 수준에 따른 모델 086
4. 아이오와 사례관리 모델 089

Chapter 05 사례관리의 구성체계 094

1. 사례관리 대상자 095
2. 사례관리자 097
3. 사회자원과 사회적 네트워크 102
4. 사례관리 운영체계 105
5. 사례관리 과정 110

Part 02 사례관리 실천과정과 기록

Chapter 06 초기 단계 115

1. 사례발굴 및 접수 115
2. 초기 상담 117
3. 클라이언트 선정 120
4. 동의 및 계약 123
5. 초기 단계의 기록 124

Chapter 07 사정 단계 130

1. 욕구사정 131
2. 자원 및 강점사정 137
3. 장애물 사정 139
4. 종합적 사정 140
5. 사정 단계의 기록 142

Chapter 08 서비스 계획 단계 147

1. 목표 설정 147
2. 개입/실행계획 수립 149
3. 서비스 계획 단계의 기록 149

Chapter 09 서비스 실행 및 점검 단계 153

1. 직접실천 154
2. 간접실천 155
3. 서비스 실행 및 점검 단계의 기록 156

Chapter 10 평가 및 종결 단계 167

1. 평가 167
2. 종결 168
3. 사후관리 169
4. 평가 및 종결 단계의 기록 170

Part 03 사례관리 실천현장의 이해

Chapter 11 공공 사례관리 179

1. 희망복지지원단 사례관리 179
2. 정신건강복지센터 사례관리 186

Chapter 12 민간 사례관리 197

1. 종합사회복지관 사례관리 추진 배경 197
2. 종합사회복지관 사례관리의 이해 198
3. 종합사회복지관 사례관리의 구성 및 수행과정 201

Chapter 13 아동 사례관리 206

1. 아동 사례관리의 이슈 206
2. 아동의 특성과 사례관리의 필요성 209
3. 아동 사례관리 실천의 내용 211
4. 아동 사례관리를 위한 법과 제도 214

Chapter 14 장애인 사례관리 218

1. 장애인 사례관리의 이슈 218
2. 장애인의 특성과 사례관리의 필요성 221
3. 장애인 사례관리 실천의 내용 228
4. 장애인 사례관리를 위한 법과 제도 232

Chapter 15 노인 사례관리 237

1. 노인 사례관리의 이슈 237
2. 노인의 특성과 사례관리의 필요성 241
3. 노인 사례관리 실천의 내용 244
4. 노인 사례관리를 위한 법과 제도 248

부 록_ 253
참고문헌_ 276

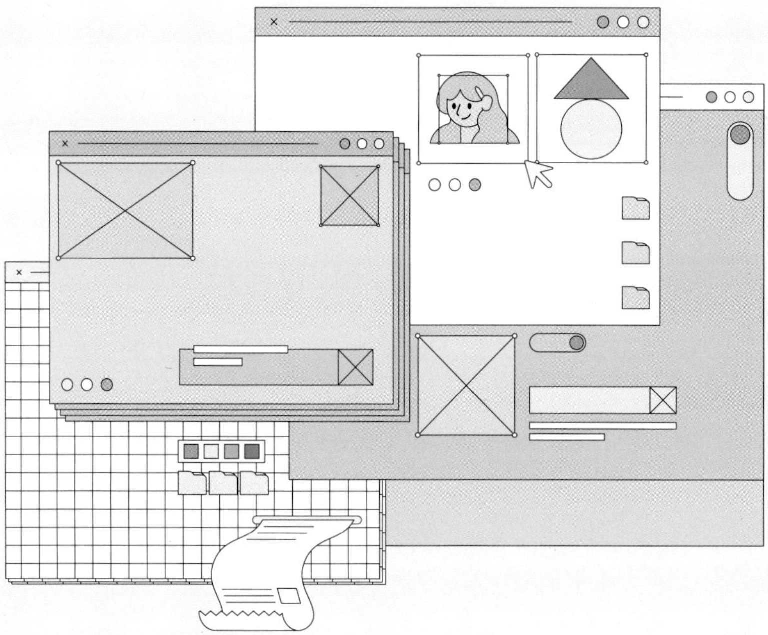

Part 01

사례관리의 개요

Chapter 01 사례관리의 이해
Chapter 02 사례관리의 발달
Chapter 03 사례관리의 이론
Chapter 04 사례관리의 모델
Chapter 05 사례관리의 구성체계

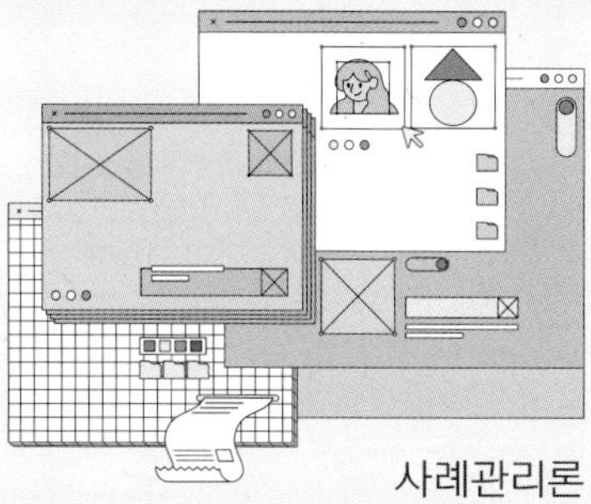

사례관리론

Chapter 01

사례관리의 이해

학습목표

1. 사례관리의 개념과 목적, 기능을 이해한다.
2. 사례관리의 가치와 윤리를 이해한다.
3. 우리나라 사례관리 표준 실천지침에 대해 알아본다.

1 사례관리의 정의

사례관리는 사회복지현장에서 효과적인 실천의 대안으로 지속적으로 강조되고 있다. 그러나 사례관리 활동이 포괄하는 영역과 수준이 광범위하고 실천 맥락에 따른 활동의 편차가 있기 때문에 사례관리를 일관되게 정의하는 것은 쉽지 않다. 근대적 사례관리의 기원은 1970년대 미국 정신병원의 탈시설화 운동을 기점으로 클라이언트 욕구의 개별화와 자기결정의 존중 및 지역사회 자원 통합을 강조하며 도입된 사례관리 실천방법에서 기원을 찾을 수 있다(Ballew & Mink, 1996). 사례관리는 초기에 정신장애인, 중증장애인, 치매노인 등이 갖고 있는 장기적이고 복합적인 문제를 효과적이고 효율적으로 관리하기 위하여 도입되었으나, 최근의 사례관리는 구체적인 문제해결과 단기개입까지를 포괄하는 다양한 활동을 가리키는 폭넓은 의미로 사용되고 있다.

1) 사례관리의 다양한 정의

목슬레이(Moxley, 1993)는 "사례관리란 복합적인 욕구를 가진 사람들의 기능화와 복지를 위해 공식적·비공식적 지원과 활동의 네트워크를 조직·조정·유지하고, 이러한 활동을 통해서 클라이언트의 생활기술을 증진시키고 사회적 망과 관련된 대인복지 서비스 제공자들의 능력을 발전시키며, 클라이언트에게 제공되는 서비스의 효율성과 효과성을 증진시키는 것이다."라고 정의하였고, 베이커와 인테그리아타(Baker & Intagliata, 1992)는 "사례관리는 통합적이고 효과적, 효율적인 방식으로 필요한 서비스를 제공받도록 보장하는 과정"으로 정의하였다. 우드사이드와 맥클램(Woodside & McClam, 2006)은 "사례관리란 복합적 욕구를 가진 대상자들에게 다양한 서비스를 효과적으로 전달하는 실천전략"이라고 하였다.

미국사회복지사협회(NASW, 2013)에서는 "사례관리란 서비스 전달체계의 요소들을 연결하고 조정하여 개인의 보호를 위한 욕구를 충족시킬 수 있는 포괄적인 프로그램을 확실하게 제공하기 위한 하나의 기제(mechanism)"라고 정의하고 있으며, 영국사례관리자협회(CMSUK, 2018)는 사례관리를 "개인의 건강, 사회보호, 교육과 고용 욕구를 충족시키기 위해 요구되는 옵션과 서비스들을 사정·계획·실행·조정·점검·평가하는 협력적 과정이며, 이러한 과정은 의사소통과 가용할 수 있는 자원들을 사용하여 비용 효과적인 성과의 질을 증진시키는 것"이라고 정의하였다.

이상의 개념들을 종합하여 그 맥락에 따라 강조점에 차이가 있으나 사례관리에서 간과할 수 없는 공통 요소를 보면, ① 복합적 욕구, ② 개별 맞춤형으로서의 서비스, ③ 역량 강화, ④ 자원 연계와 통합적 접근, ⑤ 서비스 연계와 조정, ⑥ 효율성과 효과성의 강조 등을 들 수 있다(Gursansky et al., 2003; Hepworth & Larsen, 1993).

한국사례관리학회(2016)는 「한국 사회복지 사례관리 표준 실천지침」에서 "사례관리란 다양하고 복합적인 욕구가 있는 클라이언트와 그 가족의 사회적 기능 회복을 돕는 통합적 실천방법이다. 이를 위해 사례관리 운영체계를 확립하고, 클라이언트와 함께 강점관점의 체계적인 사정을 해야 하며, 클라이언트의 내적 자원 및 지역사회 자원을 개발·활용하여 삶의 질 향상을 위해 노력해야 한다."라고 규정하였다. 이는 사회복지 사례관리로서의 가치와 철학적 특성을 잘 보여주고, 한국적 상황을 잘 반영하고 있다.

2) 사례관리의 특성

사례관리의 특성을 살펴보면 다음과 같다.

첫째, 사례관리의 대상자는 복합적이고 다양한 욕구를 지닌 클라이언트이다. 사례관리를 의료서비스에 비유하자면 3차 진료기관에서 이루어지는 진료 행위로 볼 수 있다. 3차 진료기관에는 단순한 질병을 지닌 환자가 오는 것이 아니라 복합적이고 회복이 쉽지 않은 중증 환자가 주로 치료를 받게 되는데, 사례관리의 클라이언트도 간단한 정보 제공이나 단순한 서비스로 욕구의 충족이 어려운 대상자라고 볼 수 있다.

둘째, 사례관리는 낙인의 성격이 있으며 해결하기 어려운 문제를 해결하는 데 초점을 두는 것이 아니라 욕구에 초점을 둔다. 사례관리에서 욕구는 클라이언트에게 꼭 필요하면서 클라이언트가 원하는 것이고, 해결 가능한 것으로 구성되어야 한다.

셋째, 사례관리의 궁극적인 목적은 '클라이언트와 그 가족의 사회적 기능의 회복'을 통한 '삶의 질 향상'이다. 사례관리의 기원은 자립하기 어려운 클라이언트의 생활에 대한 사례관리의 지속적인 지원과 유지였으나 이를 위한 인프라가 부족한 한국의 상황에서는 지속적으로 서비스를 제공하고 점검하기 어렵고, 가능한 빠른 기간에 클라이언트의 역량 강화와 사회적 기능 강화인 네트워크를 상대적으로 강조하고 있다.

넷째, 사례관리 실천에서 전제 조건이 되는 것은 사례관리 운영체계의 확립이다. 사례관리는 기본적으로 팀 접근이고, 사례회의, 슈퍼비전 체계 등의 운영체계의 체계성과 구조가 강조되는 실천방법이다(Holosko, 2018). 그러나 한국에서는 이 부분이 간과되어 실행되고 있기 때문에 사례관리의 주요한 요소로 강조하고 있다. 효과적인 사례관리를 위해서는 사례관리 운영체계를 확립하고 사례관리가 원활하게 수행될 수 있도록 지원하여야 한다.

다섯째, 사례관리는 개입방법으로 사정의 중요성이 매우 강조되는데, 사회복지 사례관리에서는 강점관점의 사정을 강조하고 있다. 이는 사례관리가 욕구에 기반한 실천이며 클라이언트의 적극적인 참여를 중요시하기 때문에 클라이언트가 할 수 있는 역량, 즉 강점을 찾는 것이 중요하기 때문이다.

여섯째, 사례관리에서는 자원을 활용함에 있어서 클라이언트의 내적 자원을 강조하고 있다. 왜냐하면 클라이언트의 내적 자원을 살리지 않고 외적 자원만을 지원하는 것은 클라이언트의 바람직한 변화를 늦추는 결과를 초래하기 때문이다. 한국의 사례관리 현장에서 클라이언트를 지원할 때 주로 외부의 자원을 동원하는 데 초점을 맞추고 있어서 상대적으로 활용 빈도가 낮은 내적 자원의 발굴과 활용의 중요성을 역설적으로 강조하고 있다.

2 사례관리의 목적

사회복지 사례관리의 목적은 클라이언트가 사례관리자의 도움 없이 스스로 자신의 삶을 관리할 수 있도록 하는 것이다. 목슬레이(Moxley, 1993)도 클라이언트가 자신의 삶에 주도성을 가진 자기지향(self-direction)을 사례관리가 추구해야 한다고 강조하였다. 그러나 심각한 만성적 문제로 회복이 쉽지 않은 클라이언트의 경우 더 이상 나빠지지 않도록 현 상태를 가능한 한 장기간 유지하는 것이 최선인 클라이언트도 있다. 그렇다면 사례관리의 대상자인 클라이언트가 '사례관리자가 도움 없이 스스로 자신의 삶을 관리하는 것이 과연 가능한가?'라는 의문을 가질 수 있을 것이다. 사례관리자의 도움 없이 클라이언트가 스스로 관리하는 것을 사례관리의 목적으로 규정지을 경우, 사례관리의 모든 클라이언트들이 이 목적을 달성하는 것에는 일정 부분 한계가 있을 수 있다. 따라서 이는 궁극적인 목적으로 설정하고, 그 방향에서 각 클라이언트에게 부합하는 실현 가능한 목표를 설정해야 한다. 보다 현실적이고 합리적인 사례관리의 목적은 클라이언트의 삶의 질을 향상시키는 것이며, 클라이언트의 기능이 호전되거나 더 이상 악화되지 않도록 지원하여 추가적인 개입 비용이 소요되는 것을 방지하는 것이다(Summers, 2016).

서울복지재단(2009)은 사례관리의 목적을 사회복지실천 측면과 서비스전달체계 측면으로 구분하여 제시하였는데, 그 내용을 살펴보면 다음과 같다.

1) 사회복지실천 측면의 목적

- 클라이언트의 잠재력 최대화: 클라이언트의 장점을 강화하여 외부 환경에 적응할 수 있도록 잠재력을 최대화시킨다.
- 클라이언트 및 가족의 지원체계 능력 배양: 클라이언트와 가족의 사회자원을 활용할 수 있는 능력을 습득하도록 한다.
- 비공식체계의 보호능력 최대화: 가족, 이웃, 친구 등 비공식체계가 클라이언트를 보호할 수 있는 능력을 확장시키도록 한다.
- 공식적 도움체계의 능력 최대화: 사회복지기관, 종교기관, 관공서 등의 공식적 도움체계의 능력을 최대화한다.

2) 서비스전달체계 측면의 목적

- 포괄적인 서비스 제공: 클라이언트가 가진 욕구와 문제를 해결하기 위해 포괄적인 서비스를 조정하여 제공한다.
- 서비스의 연속성 보장: 시간의 경과에 따라 변하는 클라이언트의 욕구를 위해 보호의 연속성을 보장하도록 한다.
- 클라이언트의 접근 가능성 역량 강화: 클라이언트가 다양한 서비스 체계와 협상하는 것을 원조하여 서비스를 쉽게 활용할 수 있는 능력을 배양한다.
- 서비스 책임성 제고: 서비스 단편화로 인한 접근성의 문제를 최소화하여 클라이언트에 대한 서비스 제공의 책임성을 이행하도록 한다.
- 서비스의 적정성 확보: 클라이언트의 욕구에 부합한 서비스를 적절하게 제공할 수 있도록 서비스 계획의 효율성을 향상시킨다.

사례관리의 주요 목적은 복합적인 욕구를 지닌 대상자를 위해 가장 효과적이고 효율적인 방식으로 고품질의 서비스를 제공하고 조정함으로써 클라이언트의 기능과 복지(well-being)를 최적화하는 것이다(NASW, 2013). 이러한 사례관리의 목적을 위해 미국사회복지사협회는 사례관리 표준 매뉴얼에서 다음과 같은 전략을 제시하고 있다(NASW, 2013).

- 클라이언트의 발달, 문제해결 및 대처능력을 강화한다.
- 클라이언트의 가치와 목표를 존중하면서, 클라이언트가 지역사회와 상호작용하고 참여할 수 있는 능력을 향상한다.
- 자원, 서비스 및 기회를 제공하는 체계와 사람을 연결한다.
- 서비스 전달체계의 범위와 용량을 확장한다.
- 서비스 체계의 효과적이고 인도적인 운영을 창출하고 촉진한다.
- 사회정책의 발전과 개선에 기여한다.

관련용어의 이해

보호관리(care management)

케어 메니지먼트는 영국의 지역사회보호(community care) 정책으로, 노인, 발달장애, 정신질환 등 보호가 필요한 대상자를 시설이 아닌 지역사회에 보호하기 위한 정책이다. 영국은 케이스 메니지먼트보다 포괄적인 의미로 지역사회 내에서의 보조 정책을 위해 케어 매니지먼트라는 용어를 사용하고 있다.

관리의료(managed care)

관리의료는 미국에서 건강보호 비용의 과대한 지출을 줄이기 위해 1980년대에 개발된 재정통제시스템으로, 과잉진료와 의료남용을 방지하기 위해 고안되었다. 관리의료는 환자 수를 기초로 미리 비용을 선정하여 사전에 할당하여 주는 방식이다.

출처: 최소연(2022). 사례관리론.

3 사례관리의 가치와 윤리

1) 사회복지 사례관리의 표준원칙

사회복지실천에서 가치와 실천원리가 전문적 활동의 지침이 되듯이 사례관리에 있어서도 중시되어야 할 가치와 실천 원칙이 있으며, 사례관리자는 역할수행의 과정에서 윤리적 책임을 이행해야 한다. 사례관리자는 클라이언트를 대할 때 존중하고 중요하게 여겨야 할 가치들은 다양한데, 특히 인간의 존엄성과 개별화에 대한 존중, 클라이언트의 자기결정권, 이용자의 비밀보장, 서비스에서의 사회적 책임성 지향 등은 아무리 강조해도 지나침이 없다.

사례관리가 다양한 사회복지 분야에서 활용되면서 최근 표준 실천 원칙들이 제시되고 있는데, 미국사회복지사협회(2013)에서는 사례관리자에게 사례관리 실천의 분명한 가이드라인과 목적을 준수하도록 「사회복지 사례관리 표준원칙(NASW Standards for Social Work Case Management)」을 총 12개 항목으로 제시하였다.

미국사회복지사협회의 사회복지 사례관리 표준원칙(NASW Standards for Social Work Case Management)

[표준원칙 1] 사회복지 사례관리의 윤리 및 가치(Ethics and Values)
[표준원칙 2] 사회복지 사례관리자의 자격(Qualifications)
[표준원칙 3] 사회복지 사례관리자의 지식(Knowledge)
[표준원칙 4] 사회복지 사례관리자의 문화역량 및 언어역량(Cultural and Linguistic Competence)
[표준원칙 5] 사회복지 사례관리자의 사정(Assessment)
[표준원칙 6] 사회복지 사례관리자의 서비스 계획 및 실행, 모니터링(Service Planning, Implementation and Monitoring)
[표준원칙 7] 사회복지 사례관리자의 옹호와 리더십(Advocacy and Leadership)
[표준원칙 8] 사회복지 사례관리자의 다학제 간 협력 및 조직 간 협력(Interdisciplinary and Interorganizational Collaboration)
[표준원칙 9] 사회복지 사례관리자의 실천평가 및 개선(Practice Evaluation and Improvement)
[표준원칙 10] 사회복지 사례관리자의 기록 유지(Record Keeping)
[표준원칙 11] 사회복지 사례관리자의 합리적인 사례 수 유지(Workload Sustainability)
[표준원칙 12] 사회복지 사례관리자의 전문성 개발 및 역량(Professional Development and Competence)

출처: NASW(2013). NASW Standard for Social Work Case Management.

한국사례관리학회(2016)에서는 「사회복지 사례관리 표준 실천지침」을 다음과 같이 제안하였다.

사회복지 사례관리 표준 실천지침

[실천지침 1] 사례관리 개념

사례관리란 복합적이고 다양한 욕구가 있는 클라이언트와 그 가족의 사회적 기능 회복을 돕는 통합적 실천방법이다. 이를 위해 운영체계를 확립하고, 클라이언트와 함께 강점관점의 체계적인 사정을 해야 하며, 클라이언트의 내적 자원 및 지역사회 자원을 개발하고 활용하여 삶의 질 향상을 위해 노력해야 한다.

[실천지침 2] 가치와 윤리

사례관리자는 사회복지전문가로서 사회복지 가치를 준수하고 「사회복지사 윤리강령」을 따라야 한다. 특히 클라이언트의 생명과 인권에 대한 존중, 자기결정권, 비밀보장 등의 가치를 반영해야 한다.

[실천지침 3] 이론과 지식

사례관리자는 생태체계적 관점, 강점관점 등 사례관리 실천과 관련된 이론, 증거 기반 지식, 정책, 조사결과, 평가에 관한 지식을 획득하고 사용한다. 또한 가족기능 및 지역사회 네트워크와 관련된 이론과 지식을 겸비하고 이를 활용하여 사례관리 실천의 질을 보장하여야 한다.

[실천지침 4] 사례관리 운영체계

사례관리기관은 사례관리를 효과적으로 실천하기 위하여, ① 사례관리 전담인력과 전담조직, ② 사례발굴 및 의뢰체계, ③ 자원체계, ④ 사례회의 및 슈퍼비전체계, ⑤ 내·외부 지원체계 등의 운영체계를 갖추어야 한다.

[실천지침 5] 사례관리자의 자격

사례관리자는 사회복지사 1급 자격증 취득 후 사회복지실천 경력 2년 이상인 자이거나 사회복지사 2급 자격증 취득 후 사회복지실천 경력 4년 이상 되어야 하며, 사례관리와 관련된 교육과 훈련을 받은 자이어야 한다.

[실천지침 6] 초기 면접 단계

초기 면접 단계에서는 ① 관계 형성, ② 정보수집, ③ 클라이언트 선정, ④ 사례관리 과정 안내, ⑤ 동의 및 계약 절차가 이행되어야 한다.

[실천지침 7] 사정 단계

사정 단계에서는 클라이언트의 욕구사정과 자원사정을 수행해야 한다. 욕구사정에서는 클라이언트의 제시된 요구와 욕구를 확인하고, 자원사정에서는 클라이언트의 강점과 자원, 장애물을 파악해야 한다. 또한 이 과정에 클라이언트 및 관련 체계를 참여시켜야 한다.

[실천지침 8] 목표수립 및 계획 단계

목표수립 단계에서는 사정 결과에 근거하여 개별화된 목표를 수립하여야 한다. 서비스 계획 단계에서는 자원체계와의 협력에 기반하여 서비스 제공자, 기관, 달성 방법 및 시간 계획이 제시되어야 한다. 사례관리자는 이러한 계획을 클라이언트와 합의하여야 한다.

[실천지침 9] 실행 및 점검 단계

실행 및 점검 단계에서는 클라이언트와 함께 서비스 계획을 실행하며 클라이언트 목표달성 여부, 변화 상황, 계획실행과 관련된 어려움을 점검한다. 이때 사례관리자는 클라이언트가 목표달성을 할 수 있도록 교육과 상담, 정보 제공, 지지 및 옹호, 자원발굴과 연계, 조정 활동을 수행한다.

[실천지침 10] 평가와 종결 단계

평가 단계에서는 클라이언트와 함께 목표 달성 여부와 변화 정도, 서비스 실행계획 이행 여부, 사회적 지지체계의 활성화 정도를 평가해야 한다. 종결 단계에서는 클라이언트와 함께 종결 시기를 결정하고, 종결에 대한 감정을 다루며, 사후관리 계획을 수립해야 한다.

[실천지침 11] 기록

사례관리자는 사례관리의 과정을 문서화해야 한다. 초기 면접지, 사정기록지, 서비스 계획 및 점검표, 서비스 과정 기록지, 종결보고서 등을 기록해야 하며, 모든 기록은 비밀이 보장될 수 있도록 관리되어야 한다.

[실천지침 12] 적정 사례 수

사례관리의 질적 수준을 유지하기 위하여 집중 사례관리 수는 사례관리 전담 인력 1인당 20사례를 넘지 않도록 해야 한다.

[실천지침 13] 기관의 책임과 사례관리자의 전문적 발전

기관에서는 사례관리자의 교육 참여를 적극 지원하고, 사례관리에 대한 전문적 지식과 풍부한 경험이 있는 슈퍼바이저를 위촉하여 정기적인 슈퍼비전를 시행해야 한다. 또한 사례관리자의 안전보장 및 소진예방을 위한 대책을 마련해야 한다. 사례관리자는 자격 유지와 전문성 향상을 위하여 지속적인 사례관리 교육에 참여해야 하며, 적절한 슈퍼비전을 받아야 한다.

출처: 한국사례관리학회(2016). 사회복지 사례관리 표준 실천지침.

한국사례관리학회의 「사회복지 사례관리 표준 실천지침」과 미국사회복지사협회의 「사회복지 사례관리 표준원칙」 모두 사례관리 실천의 기본이 되는 원칙들이다. 이는 사회복지 전문직의 윤리와 가치, 사례관리자의 자격기준 및 사례관리 실천과정별 지침을 명시함으로써 사례관리 실천의 단계별 원칙과 적절한 업무량에 관한 기준, 적절한 운영체계를 강조하고 있다.

2) 사회복지 사례관리자의 윤리

사회복지 사례관리는 사회복지실천의 고유한 지식과 기술, 가치에 기반한 모델이므로, 윤리 또한 사회복지 윤리를 따른다. 미국사회복지사협회(NASW)는 사례관리자 윤리강령을 특별히 제정하지 않고, 사회복지사의 윤리강령을 활용하여 사회복지 전문직의 윤리와 가치를 준수하도록 권장하고 있다. 미국사례관리자협회(CMSA)에서는 다섯 가지 윤리강령과 윤리적 행동지침을 준수하도록 제공하고 있으며(CMSA, 2016), 영국사례관리자협회(CMSUK)는 「사례관리자를 위한 윤리원칙(Code of professional conduct for case managers)」을 제시하고 있다(CMSUK, 2009).

(1) 미국사례관리자협회의 사례관리자 윤리강령

① 클라이언트의 자율성 추구(autonomy)

자율성을 존중한다는 것은 개인이나 클라이언트에게 상해의 불합리한 위험이 있지 않는 한, 합법적으로 클라이언트의 선택, 결정 및 행동을 존중한다는 것을 의미한다.

② 클라이언트의 이익 추구(beneficence)

클라이언트와 클라이언트의 지지체계를 적절하게 지원하여 클라이언트의 복지와 이익을 최대한으로 추구하는 것을 의미한다.

③ 클라이언트에게 피해 주지 않기(nonmalefficence)

클라이언트에게 피해를 주는 상황은 도전적이거나 분노를 표출하는 일부 클라이언트 또는 지원시스템에 대해 사례관리자가 화를 내거나 회피하는 경우인데, 이때 사례관리자는 공감적 의사소통 기술을 활용하여 자신의 부정적 감정, 생각, 행동을 최소화하도록 노력해야 한다.

④ 클라이언트에게 공평하게 대하기(justice)

클라이언트와 클라이언트의 지지체계를 공평하고 편견이나 선입견 없이 공정하게 대하도록 노력해야 한다.

⑤ 진실성 있게 대하기(veracity)

진실성은 클라이언트와 클라이언트의 지지체계, 동료 사례관리자 및 지역사회 자원 및 기관에게 진실을 말해야 하는 윤리적 원칙이다. 진실을 말하는 것은 사례관리자와 클라이언트, 클라이언트의 지지체계 모두에게 유익하다.

미국사례관리자협회(CMSA)의 윤리적 행동 지침

- 클라이언트의 문화, 선호도, 욕구 및 가치에 반응하는 클라이언트 중심의 협력적 파트너십 접근방식을 사용한다.
- 클라이언트를 옹호하며, 클라이언트와 공유하고 정보에 입각한 의사 결정, 상담 등을 통해 클라이언트의 자기결정과 자기관리를 촉진한다.
- 클라이언트의 의학적, 행동적, 사회적, 심리적, 기능적 및 기타 요구 사항을 통합하는 포괄적이고 통합적이며 적극적 개입을 사용한다.
- 문화적·언어적 감수성을 연습하고, 지역사회 다양한 클라이언트에 대한 최신 지식을 유지한다.
- 클라이언트에게 서비스를 제공할 때 증거 기반 개입을 적용한다.
- 개인, 조직 및 지역사회 수준에서 클라이언트 안전을 촉진한다.
- 사례관리 과정 전반에 걸쳐 클라이언트에 대한 인간 행동 지식과 원칙의 통합을 촉진한다.
- 지역사회 자원을 파악하고 네트워크를 촉진한다.
- 클라이언트가 서비스에 적시에 접근하고 성과를 달성할 수 있도록 지원한다.
- 전문지식을 추구하고 사례관리 전문성을 유지한다.
- 연방 법, 주 법 및 지방자치단계 조례와 표준 인증 지침을 준수한다.
- 사례관리 표준과 윤리강령을 준수한다.

출처: CMSA(2016). Standards of practice for case management.

(2) 영국사례관리자협회의 사례관리자 윤리원칙

영국사례관리자협회는 협회의 등록 사례관리자를 공인사례관리자(board-Certified Case Managers: CCMs)라고 칭하고 다음 8개 전문가 윤리원칙을 제시하였다(CMSUK, 2009).

① 사례관리자는 언제나 공공의 이익(the public interest)을 우선시해야 한다.

② 사례관리자는 클라이언트의 권리와 존엄성(the rights and inherent dignity)을 존중해야 한다.

③ 사례관리자는 클라이언트와의 관계에서 객관성(objectivity)을 유지해야 한다.

④ 사례관리자는 클라이언트 및 타인과 진실성(integrity)과 충실성(fidelity)을 가지고 행동해야 한다.

⑤ 사례관리자는 클라이언트가 높은 질적 서비스(the highest quality of service)를 받을 수 있도록 역량을 유지해야 한다.

⑥ 사례관리자는 협회의 자격요건(the requirements)을 준수해야 한다.

⑦ 사례관리자는 법과 규정(laws and regulations)을 준수해야 한다.

⑧ 사례관리자는 직무행동강령(integrity of the Code)을 준수하고 개정 시 수정강령을 적용하며 실천하도록 한다.

학습과제

1. 한국사례관리학회에서 제시한 사례관리에 대한 정의와 특성에 대해 기술하시오.
2. 미국사회복지사협회의 「사회복지 사례관리 표준원칙」과 한국사례관리학회의 「사회복지 사례관리 표준 실천지침」의 차이점과 공통점에 대해 정리해 보시오.
3. 영국사례관리자협회의 사례관리자 윤리원칙에 대해 기술하시오.

Chapter 02

사례관리의 발달

학습목표

1. 미국과 영국의 사례관리 발달 배경과 과정에 대해 이해한다.
2. 우리나라의 사례관리 발달 배경을 이해한다.
3. 우리나라의 공공 및 민간 영역의 사례관리 전개 과정을 이해한다.

1 외국의 사례관리 발달과 전망

초기의 사례관리는 '개별사회사업(casework)'의 한 부분이라고 여겨졌다(Vourlekis & Greene, 1992). 그러나 1960년대에 이르러 서비스에 대한 개인의 권리가 강조되면서 휴먼서비스 프로그램이 증가하였고 각종 프로그램들은 클라이언트의 문제를 해결하기 위해 다양하게 만들어지고 개별적으로 지원되었다. 그 과정에서 서비스 전달 방식이 중복되었으며 분절화되고 파편화되는 문제점이 발생되었다. 1970년대에 이러한 문제의식이 더욱 증가하였으며 서서히 사례관리가 중요한 사회복지 실천방법으로 등장하게 되었다.

1) 사례관리 발달 배경

(1) 탈시설화에 따른 지역사회보호

사례관리의 중요성을 부각시킨 강력한 원동력은 탈시설화라고 볼 수 있다. 탈시설화

(deinstitutionalization)란 클라이언트가 대규모 수용시설이나 입원시설 등의 격리시설에서 벗어나 지역사회 혹은 가족으로 돌아오도록 하는 운동이다. 제2차 세계대전이 끝난 1950년대부터 서서히 시설이 폐쇄되었으며 클라이언트가 지역사회나 가족으로 돌아가기 시작하였다. 그러다가 본격적인 탈시설화 운동은 1960년대부터 시작된 학생운동, 시민권운동, 반전운동 등과 같은 시대적·사회적 상황과 연결된다. 이 시기에 인권과 사회정의, 시민참여에 대한 활동이 일어나면서, 격리시설에 수용된 클라이언트의 인권 문제에도 관심이 생겨났다. 격리시설이 클라이언트가 가진 인간의 존엄성과 정체성을 파괴시킨다는 비판들이 제기되었으며 이들이 지역 내에서 하나의 지역사회 구성원으로서 살아갈 수 있어야 한다는 움직임이 일어났다. 더불어 향정신성 약물의 발달로 정신장애인들의 정신병적 증상이 호전되면서 장기간 입원하거나 격리되었던 정신질환자도 지역사회 내에 통합되어 살아갈 수 있다는 가능성과 인식을 촉진시켰다. 또한 정부 차원에서도 시설에 수용되어 있는 클라이언트에게 들어가는 어마어마한 비용을 감당하기가 어려워졌다. 이러한 탈시설화의 움직임은 그 당시 사회적·기술적·경제적 요인들로 인하여 클라이언트를 시설보호에서 지역사회보호로 전환하는 결과를 만들었다.

문제는 지역에서 살더라도 과거 수용시설에서 받았던 필요한 모든 서비스를 지역사회에서도 받을 수 있도록 하는 실천방법이 필요하였는데, 그렇지 않을 경우 탈시설화는 가족의 부담을 증가시키고 가족이 없는 경우 노숙인구의 증가라는 사회적 문제를 초래할 수 있기 때문이었다. 이러한 문제를 예방하기 위해 지역사회에 기반을 둔 다양한 프로그램이 클라이언트 상황에 맞게 제때 연결되고 조정되어야 했다. 그러나 지역사회의 서비스는 서로 분절되었고 클라이언트 당사자나 가족은 지역사회 서비스나 프로그램에 대한 정보가 충분하지 않았다. 이러한 클라이언트의 다양한 욕구에 대응하기 위하여, 지속적이고 포괄적이며 통합적으로 서비스를 제공할 수 있는 실천 전략이 필요하였는데 이것이 사례관리의 필요성을 강조시켰던 가장 중요하고 직접적인 배경이 되었다(강흥구, 2016; 최은희 외, 2016).

(2) 복합적 욕구 증가에 따른 서비스의 통합

사례관리 등장 배경의 중요한 요인이 되었던 시대적 상황으로 빈곤, 실업 등의 경제적 구조의 악화, 인구 고령화와 핵가족화 등의 가족 구조의 변화, 돌봄 공백 등 다양한 사회적 어려움이 나타났으며, 클라이언트는 소득, 고용, 주택, 재활, 의료, 정신의료, 주거, 교육 등 다양한 영역에서 복합적 어려움이 발생하였다. 이러한 어려움의 해결을 어느 한 기관이나 하나의 전문 영역에서 포괄적으로 대응하는 것은 사실상 불가능하였다. 이에 클라이언트의 복합적 욕구를 해소하고 이들의 삶의 질을 향상시키기 위해서는 지역사회의 다양한 서비스 조직들이 클라이언트의 욕구에 기반하여 통합·조정되고 클라이언트가 지역사회에서 안정적으로 살아갈 수 있도록 적합한 서비스나 자원을 개발하고 연계하는 사례관리의 역할이 요구되었다(김성천 외, 2022; 민소영, 2010; 최은희 외, 2016). 또한 클라이언트의 복합적 욕구를 대응하기 위하여 보건과 의료, 정신건강 영역 등 다학제적 연계 노력이 시작되었다.

(3) 복잡하고 분산된 서비스 전달체계의 변화 필요성

영국과 미국은 제2차 세계대전 이후 지역사회보호의 전략 속에서 다양한 욕구를 지역사회 내에서 해결하기 위해 수많은 사회복지 프로그램들을 만들기 시작하였다. 특히 이 시기에 개발된 서비스나 프로그램들은 아동, 노인 등 인구집단별로나 정신보건, 고용, 주택 등 문제 영역별로 담당부서와 사회복지기관이 분화됨에 따라 각각 다른 부서에서 프로그램이 진행되었고 서로 연결되는 체계도 갖추어지지 않았기 때문에 복합적인 욕구를 가진 클라이언트는 서비스에 접근하는 데 어려움이 있었다. 또한 클라이언트 중에는 정신적으로나 신체적으로 서비스 이용 능력이 부족하거나 서비스 정보가 부족하여, 다양한 부서에서 복잡하게 제공되는 서비스에 접근하는 것도 힘들었다. 결국 서비스 전달체계가 분절되고 서비스 사이의 연속성이 부족하여 클라이언트의 욕구가 제때 해결되지 못하는 상황이 초래되었다. 이에 클라이언트의 복합적 욕구에 통합적이고 포괄적이며 지속적으로 대응할 필요성이 대두되었으며 서비스 조직들의 파편성과 분절성을 극복하고 클라이언트의 서비스 접근성과 이용 가능성을 높이고 서비스를 조정·통합하기 위한 다양한 전략이 필요하였다.

이러한 환경의 변화로 지역 내에서 이용 가능하거나 접근 가능한 서비스 정보를 클라이언트에게 제공해 주고 그들이 필요로 하는 서비스를 이용할 수 있도록 서비스에 연결시키는 사례관리가 중요하게 채택되었다(Durbin et al., 2006). 사례관리의 실천과정에서 클라이언트의 욕구를 사정(assessment)하고 파악된 욕구가 충족될 수 있도록 광범위한 서비스 조직들을 조정하고 연계하는 실천이 포함되어 있기 때문이다(Intagliata, 1982). 더 나아가 사례관리의 실천방법을 통해 클라이언트의 서비스 접근성을 높이고 이용 가능성을 촉진시키며 지역사회보호의 지속성을 확보하는 것이 적절하다고 인식되었다.

(4) 지방분권화에 따른 지역사회 책무성 증가

신자유주의가 확장되면서 1980년대 이후 사회복지서비스의 전달과 관리감독의 책무성이 중앙정부에서 지방정부로 더욱 빠르게 이양되었다. 중앙정부는 정책적으로 사회복지에 대한 재정을 축소하고자 하였다. 복합적인 사회복지서비스에 대한 욕구에 대해 지방정부는 한정된 자원으로 효율적이고 효과적으로 서비스를 제공해야 하는 필요성이 대두되었다.

그러한 지방정부는 직접적으로 사회복지서비스를 제공하기보다는 시장화와 민영화의 전략을 모색하면서 민간 부문의 서비스 제공에 대한 참여를 강조하였다. 민간 부문의 서비스 참여를 독려하면서 지방정부는 사회복지서비스를 계획하고 조정하고 구매할 수 있도록 간접적 서비스 전달 역할을 수행하였다. 또한 시장경제의 원리를 바탕으로 소비자의 서비스 선택을 강조하였으며 서비스 제공자 간의 경쟁을 통하여 클라이언트가 다양한 서비스 욕구를 충족할 수 있도록 하였다. 이러한 변화 속에서 소비자의 서비스 선택이 제대로 이루어질 수 있도록 클라이언트의 욕구를 체계적으로 사정하는 것이 중요해졌으며, 민간 부문의 다양한 서비스 제공자의 경쟁 속에서 서비스 제공자의 난립과 중복을 예방하고 이들 기관의 서비스를 조정하는 것이 필요해졌다. 이에 클라이언트의 욕구를 정확히 판단하고, 다양한 서비스 제공기관을 연계하고 서비스를 조정하는 실천 전략이 필요하였다(김성천 외, 2022).

(5) 서비스 전달의 비용 억제의 필요성

탈시설화는 의료비용을 절감하는 데 요구되는 전략이라고 볼 수 있는데, 이는 시설보호 서비스를 수행하는 데 막대한 비용이 지출되기 때문이다. 예를 들어, 미국의 경우 정신병원은 주정부에서 운영되었는데 의료 비용의 투입이 상당하였다. 그러나 탈시설화 전략 이후에 지역사회에서 다양한 서비스를 클라이언트에게 연계하고 제공할 수 있도록 하며 이들의 삶을 안정적으로 유지할 수 있도록 돕는 실천전략이 필요하였다. 또한 복지국가의 재정위기와 신자유주의 등장이 사례관리에 대한 요구를 촉진시켰다. 신자유주의 속에서 사회복지에 대한 공공지출이 축소되면서 비용 억제의 필요성을 증가시켰으며 제한된 자원 내에서 서비스 전달의 효과를 극대화하고자 하였다. 사례관리를 통해 클라이언트에게 필요하고 적절한 서비스를 연결함으로써 서비스의 중복과 남용을 예방하며 이를 통해 서비스 전달의 비용을 억제하고자 하였다(권진숙 외, 2012).

2) 미국의 사례관리 발달과정

(1) 사례관리 도입기(~1950년대)

미국의 경우, 이전까지는 보호가 필요한 장애인, 노인, 정신질환자 등을 수용시설에 격리하였으나 제2차 세계대전을 거치면서 지역사회보호의 중요성이 부각되었다. 전쟁 이후 재향군인들은 정신적으로나 육체적으로 장애를 가지게 되었으며 복합적인 서비스가 요구되는 상황이었다. 제2차 세계대전에 참전했던 재향군인을 위해 로스앤젤레스(Los Angeles)에서는 원스톱(one-stop) 형태의 서비스를 통해 복합적인 욕구를 지원하였으며 다양한 서비스를 개발하였다. 무엇보다 1950년대 후반 향정신성의약물의 개발 이후 정신질환자 관리에 대한 전반적인 정책과 서비스의 흐름이 바뀌었으며, 시설이 아닌 지역사회보호가 필요한 클라이언트를 지원하기 위한 사례관리의 중요성이 부각되었다(김성천 외, 2022; 전혜성 외, 2022).

미국의 사례관리서비스는 메사추세츠 청소년정신장애인시설(Massachusetts School of Idiotic and Feeble-minded Youth)에서 실시한 실천서비스에서 시작되었다고 알려졌다(Weil &

Karls, 1985). 1848년 설립된 이 시설은 정신장애인 청소년의 신체기능과 정신기능을 사정하고 청소년들을 개별화하고 맞춤형 서비스를 제공하였는데, 이러한 실천이 사례관리의 시초가 되었다고 평가되고 있다. 그리고 시설에서는 퇴소한 청소년들을 위해 여러 도시와 지역사회에 클리닉을 세우고, 퇴소 청소년들이 가정에 잘 적응할 수 있도록 방문치료사를 배치하여 가정방문서비스를 제공하였다. 이러한 지역사회 방문서비스 활동이 사례관리서비스의 시초라고 볼 수 있다(Woodside & McClam, 2006). 또한 시설에서 퇴소 청소년에 대한 생활상태, 추후 서비스에 대한 자료수집과 정보관리를 하였으며 사례관리 기록이 시작되었다(김성경, 2023; Woodside & McClam, 2006).

지역사회복지관의 사례관리는 1889년 제인 애덤스(Jane Addams)가 시카고에 설립한 헐하우스(Hull House)에서 시작된 것으로 알려져 있다. 그 당시 사회복지관인 헐하우스는 지역주민들에게 사회교육, 주민집단활동, 다양한 서비스 등을 제공하고 클라이언트의 인적 사항에 대한 조사 및 기록을 처음 시도하였다. 또한 설립자인 애덤스와 사회복지사들은 빈곤한 근로자들의 근로조건을 향상시키고 생활 여건을 개선하고자 옹호활동을 하는 등의 간접적 사례관리 실천을 전개하였다(Woodside & McClam, 2006).

한편 메리 리치먼드(Mary Richmond)는 클라이언트의 복합적 욕구를 위해 서비스 기관 간의 협력과 조정이 필요하다는 것을 언급하면서 초기 사례관리를 개념화시켰다. 리치먼드는 직접실천(direct service practice)으로 사례조정(case coordination)과 사회조사 모형을 제시하였다(김성천 외, 2022). 또한 리치먼드는 1917년 개인을 진단할 때 클라이언트가 가진 각기 다른 가족관계, 환경적 여건, 성격 등을 고려한 사회진단(social diagnosis)을 강조하였으며 사례관리의 과정과 기록을 체계화하면서 클라이언트 개인과 그들의 문제에 초점을 맞춘 사례기록 양식을 개발하였다(김성경, 2023).

(2) 사례관리 발전기(1960~1970년대)

미국은 1960년대 인권운동이 일어나면서 서비스에 대한 권리의식도 증대되었으며 소수자의 인권이 강조되고 클라이언트를 적극적 서비스 소비자로 인정하고 클라이언트에 대한 중개와 옹호 역할이 강화되었다. 또한 1970년대 미국은 탈시설화 이후 산발적으로 진행해 오던 지역사회 서비스들을 평가하고 조율해야 하는 시점이었으며 서비스를 조정하고 지역사회보호를 제공하기 위해 사례관리의 필요성이 더 구체화되었다(전혜성 외, 2022). 사회복지 이용자들을 위한 여러 법이 연방법으로 제정되면서 미국 사례관리 발전이 촉진되었다. 1963년 「지역사회정신보건법」 제정으로 정신질환자의 탈시설화가 추진되어 지역사회 사례관리가 도입되었으며, 1965년 「노인복지법」에서도 노인의 경제적·의료적·주거적·직업적·심리적 문제해결을 위한 사례관리가 포함되었다(Woodside & McClam, 2006).

1971년 보건·교육·복지부(HEW) 장관인 엘리엇 리차드슨(Elliot Richardson)은 '사회서비스의 통합(services integration)'을 강조하였으며 휴먼서비스 간의 연결과 조정이 본격화되기 시작하였다. 그 이후 1975년에 제정된 「장애아동복지 및 교육법」은 문제 규정, 욕구의 사정, 서비스 계획 등 사례관리 과정에 클라이언트를 참여시키고 관여하도록 하였다. 1970년대는 대인서비스 프로그램들이 분절되어 전개되면서 서비스체계의 통합과 조정을 통하여 서비스를 효과적으로 향상시키고자 사례관리가 중요한 실천전략으로 주목받게 되었다(김성경, 2023).

(3) 사례관리 확장기(1980년대~현재)

미국에서 사회복지 관련법에서 '사례관리' 용어뿐만 아니라 '사례관리자'의 용어를 사용하면서 1980년대 이후 사례관리가 제도화되기 시작하였다. 1988년 「가족지원법(Family Support Act)」에서 AFDC(Aid to Family with Children, 부양아동가족부조) 수혜가족의 경제적 자립을 도모하기 위한 서비스 이용자는 의무적으로 사례관리를 받도록 함으로써 법 조항을 통하여 사례관리자의 법적 지위를 제도화시켰다.

1996년 「개인책임 및 근로기회법(Personal Responsibility and Work Opportunity Act)」이 제정되어 AFDC 프로그램이 TANF(Temporary Assistant for Needy Families) 프로그램으로 대체되었는데, 부양아동이 있고 근로능력이 있는 여성들은 2년 동안 직업능력의 계발과 교육을 받으면서 구직활동을 하는 과정에서 사례관리자와 공동으로 직업활동을 계획하고 서비스를 받도록 하였다. 이는 공공부조 수혜자들의 자립 역량을 강화시키고 이러한 역량 강화가 사례관리 기능의 핵심적 요소가 되었다(권진숙 외, 2012; 김성천 외, 2022). 1990년대 들어서면서 사례관리라는 용어가 빈번하게 사용되면서 미국사회복지사협회(NASW)에서는 사례관리에 대해 "클라이언트의 복잡한 욕구에 대처하기 위해 전문사회복지사가 적절한 시기에 접근·조정·감독·평가하여 옹호하면서 서비스를 제공하는 방법"이라고 정의하였다. '사회사업백과사전'에는 기존의 사회사업실천을 의미하는 'casework'라는 단어 대신 사례관리를 의미하는 'case management'로 대체되었으며 사례관리자 및 사례관리 과정의 절차도 일반화되었다. 또한 사례관리의 적용 영역도 확대되어 최근까지 고령 계층, 만성질환, 약물중독, AIDS, 출소자, 긴급복지, 아동학대, 직업훈련 및 근로자 지원 프로그램 등 다양한 사회복지 및 보건 분야에서 사례관리가 적용되고 있다(이주연, 2011).

이후 미국에서의 사례관리는 미국사회복지사협회에서 「NASW 사회복지 사례관리 표준원칙(NASW Standards for Social Work Case Management, 1984, 2013)」을 두 차례 발간하면서 사회복지 사례관리의 원칙과 기준을 제시하였으며 전문 사회복지 사례관리의 기능과 사회복지 사례관리자의 역할을 명료화하였다(이주연, 2011). 또한 미국사회복지사협회는 1992년부터 미국사례관리자자격증위원회(the Commission for Case Manager Certification: CCMC)와 공동으로 협력하여 공인 사회복지사 사례관리자(Certified Social Work Case Manager: C-SWCM)와 공인 고급 사회복지 사례관리자(Certified Advanced Social Work Case Manager: C-ASWCM)를 구분하여 자격증을 부여하고 있다. 이와 같이 미국사회복지사협회는 사례관리자가 사회복지 전문직으로서 질적 수준을 갖출 수 있도록 규정하고 있다(김성경, 2023).

3) 영국의 사례관리 발달과정

(1) 사례관리의 도입기(~1950년대)

영국의 사례관리 발달은 지역사회보호의 움직임 속에서 태동되고 본격화되었다고 볼 수 있다. 영국의 사회복지 사례관리는 사회복지실천과 마찬가지로 「구빈법(Poor Law, 1601)」에 기원을 두고 있다. 1834년 개정된 「구빈법」은 노인과 장애인, 아동을 '구제받을 수 있는 빈민(deserving poor)'으로 규정하고, 현금이나 현물을 지원하거나 구빈원(작업장, workhouse) 입소를 통해 지원하는 등 지역사회보호를 실천하였다. 이러한 영국의 「구빈법」은 열등처우의 원칙을 기반으로 한 엄격하고 선별적인 시혜에 불과했지만, 공적인 구제를 통해 교구 단위로 지원이 이루어졌다는 점에서 대상자들에 대한 지역사회 기반의 케어가 시작되는 출발점으로 볼 수 있다(Bauld et al., 2000 : 공선희, 2015 재인용).

1897년 설립된 '정신장애자 에프터케어협회(Mental Aftercare Association)'는 정신병원 퇴원 환자들에게 소규모 주거보호를 실시하였으며 일상생활지도 서비스가 사례관리서비스의 시초가 되었다(김성경, 2023; Yip, 1996). 1959년 「정신보건법」을 제정하여 병원 입원보다는 지역사회보호를 활성화하고자 하였으며 탈시설화가 본격화되면서 지역사회에 거주하게 된 클라이언트에게 지역의 다양한 서비스를 연계·조정하는 실천방법으로 사례관리가 도입되었다(김성천 외, 2022).

(2) 사례관리의 발전기(1960~1970년대)

제2차 세계대전 이후 「구빈법」 체계가 종결되면서 종전의 구빈행정을 대신하고 지역사회의 사회적 의존인구의 다양한 욕구를 충족시키기 위하여 지방정부 내의 여러 부서들에 의하여 서비스가 개발되었다. 지방정부 내의 보건, 주택, 복지 등 관계 부서가 개별적으로 복지서비스를 제공하였다. 이들이 각각 고유한 접근방법과 전문인력을 가지고 업무를 수행하면서 지역사회 내에서 한정된 자원의 분배를 둘러싸고 경쟁관계를 만들었다. 제대로 구성된 체계를 가지고 도입된 것이 아니라 모두 개별적인 입법으로 역할이 부여되다 보니 서로 비슷한 서비스가 아동부, 복지부, 보건부, 교육부 등으로 분산되어 혼란이 가중되었다(김성천 외, 2022).

1968년에 시봄위원회가 결성되어, 이러한 문제의 원인으로 서비스 전달의 분리된 책임소재를 지적하고 서비스 통합을 강조하였다. 1971년 「시봄위원회 보고서(Seebohm Report, 1968)」에 기반한 전면적인 사회복지 개혁을 통해 지방정부에서 사회서비스부(Social Service Department)를 설치하여 사례관리의 기틀을 마련하였다. 이후 본격화된 것은 「그리피스 보고서(Griffith Report, 1988)」 이후이며, 사회서비스부는 직접적 서비스 제공보다는 서비스 계획 및 구입의 역할에 더 비중을 두는 것을 제안하였다(김미숙 외, 2011). 그리피스는 사회복지서비스에 경쟁원리를 도입한 복지 혼합경제(또는 케어 혼합경제)로 보호대상자의 욕구에 부합하는 보호패키지를 제공하는 사례관리의 도입을 제안하였으며, 「그리피스 보고서」의 내용은 책임 주체, 공급의 다양성과 사례관리의 도입, 지역사회보호 계획수립 등에 관한 내용을 포함하고 있다. 그리피스는 정부의 역할에 대해 돌봄서비스를 연결하거나 소비하는 주체이지, 독점적인 권한을 가진 서비스 제공자가 아님을 주장하였다(김성경, 2023).

(3) 사례관리의 확장기(1980년대~현재)

1983년 영국에서 개발된 지역사회보호 모델은 사례관리를 실천하는 사회복지사들에게 서비스와 자원에 대한 권한 부여, 분절된 서비스를 개별 클라이언트의 욕구에 맞춘 적합한 서비스 패키지를 제공하는 것이 기본 전략이었다(Challis & Davies, 1985). 또한 분절된 서비스 제공이 문제라는 의식 속에서 1988년 「그리피스 보고서」, 즉 『지역사회보호: 행동지침』이란 제목의 백서가 발표되면서 '사례관리' 용어가 등장하였는데, 사례관리는 "적절한 욕구사정과 사례관리가 질적인 보호의 초석이 되도록 한다."고 명시되었다(김미숙 외, 2011 재인용). 이 백서를 바탕으로 클라이언트의 욕구에 대한 정확한 판단과 이에 기초한 보호서비스를 제공하기 위해 사례관리를 도입하여 적절한 서비스를 제공하였다.

한편, 1997년 집권한 새 노동당 정부는 『새로운 국민건강서비스(The New National Health Service, 1997)』 정부 백서에서 보건 영역과 복지 영역이 파트너십으로 협력할 것을 권장하였으며 의사들은 다른 의료 종사자들, 즉 간호사, 의료전문가, 사례관리자와 함께 자료를 공유하도록 하였다. 이후 보건과 복지서비스 제공의 공유를 위해 '돌봄 트러스트(Care Trust)'가 지역사회 내 조직되어 지방정부 차원의 보건과 복지 간 파트너십과 협력을 도모하였다(이은경, 2010).

2001년 영국사례관리자협회 설립으로 『사례관리 표준원칙(*CMSUK standards of practice and practice guidelines*)』이 발간되어 사례관리자가 수행해야 하는 핵심 서비스와 가이드라인을 제공하였으며(CMSUK, 2009), 사례관리자 윤리강령도 발표하는 등 사례관리자의 질적 향상을 강화하였다.

2 | 한국의 사례관리 발달과 전망

우리나라의 사례관리는 공공과 민간의 실천현장에서 광범위하게 확산되고 있으며 공공 영역의 사례관리는 2006년 시행되었던 주민생활지원기능의 전달체계 개편 시 전국에 소재한 3,000여 개에 이르는 읍·면·동에 동일한 매뉴얼을 전달하여 사례관리를 수행하도록 독려하면서 시작되었다고 볼 수 있다. 한편 민간 영역은 공공의 사례관리의 역사보다 약 10년 이상 앞선다고 볼 수 있으며, 이용시설이 확대되던 1980년대 후반부터 노인, 장애인, 정신장애인을 위한 인구 집단별 전문 사례관리를 시작하였다. 보건복지부에서 제시한 사회복지관의 3대 기능(사례관리 기능, 서비스 제공 기능, 지역조직화 기능) 중 하나로 사례관리가 포함되어 있다(민소영, 2015).

1) 사례관리 발달 배경

(1) 지역사회보호 중심의 서비스 전달체계 필요성 증가

사회복지서비스를 생산하고 전달·소비하는 과정이 지역사회 중심으로 변화하고 있다. 과거에는 서비스 제공자 중심으로 거주 장소를 이동하여 서비스 제공자가 미리 계획해 놓은 서비스를 의무적으로 받아야 했으며 서비스 제공 방식의 대부분이 시설 중심이었다. 이후 점차 이용시설이 생기고 확대되면서 외부로부터 격리된 시설이 아니라, 자신이 거주하는 지역사회에서 서비스 제공자가 위치한 이용시설 혹은 서비스 이용자가 있는 곳으로 방문서비스를 하는 등 서비스 전달방식이 변화하게 되었다. 이에 과거에 시설에서 각종의 서비스가 빈틈없이 패키지로 돌아가던 방식이 지역사회 속에서 재현되어 서비스 이용자가 안전하게 지역사회에서 보호받으며 살아갈 수 있도록 해야 했으며, 지역사회에서도 시설처럼 여러 서비스가 원활하게 연결될 수 있도록 돕는 실천방식이 필요하였다. 이러한 사회적 요구로 사례관리가 중요한 실천방법으로 도입되었다.

(2) 복합적 욕구에 대한 통합적 접근 필요

전통적 사회 위험은 빈곤이었다. 그러나 가난이라는 전통적인 사회 위험뿐만 아니라, 저출산과 고령화로 인한 인구 구성의 변화, 가족 구조로 인한 돌봄 공백의 문제가 초래되고 경제 위기와 고용불안으로 인하여 청년실업과 사회양극화가 심화되는 신사회적 위험이 증가하였다. 즉, 소득 수준과 무관하게 개인과 가족 내에서 해결하지 못하는 다양한 복지 욕구가 증가하였다. 이에 과거 빈곤 해소를 위해 일률적으로 집행되던 현금이전정책을 넘어서, 다양화되고 복합적인 개인들의 욕구에 맞춤식으로 휴먼서비스를 제공하는 전문적 실천 전략이 필요하게 되었다. 이러한 배경 속에서 사례관리가 개별화된 욕구를 사정하여 필요한 서비스를 연계하는 실천방법으로 지목되었다.

(3) 서비스 전달에 대한 공공 부문의 책임성 증가

공공 영역에서 사례관리가 빠르게 확산되는 이유로는 대상자의 서비스 전달에 대한 공공의 책임성을 들 수 있다. 앞서 언급하였던 신사회적 위험으로 인하여 휴먼서비스 욕구가 급격히 증가하면서, 중앙정부, 광역시·도나 지방정부가 자체적으로 수행하는 복지 사업들까지 추가되면서 휴먼서비스가 다양하게 지원되었다. 그럼에도 여전히 서비스를 받지 못한 사각지대의 대상자가 발생하고 복지체감도가 향상되지 못했다는 비판이 지속되었다. 서비스 전달에 대한 정부의 재정 지원 투입에 비해 국민들의 복지체감도는 높지 않다는 비판적 인식 속에서, 국민들의 욕구에 맞추어 보다 효율적으로 서비스를 전달하려는 정부의 책임성이 공공 사례관리의 확대로 발현되었다.

(4) 서비스 전달체계의 중요성과 통합적 실천 요구

휴먼서비스가 늘어남에도 불구하고 서비스의 중복 및 단절된 행정으로 인하여 서비스 간 원활한 연계구조를 갖지 못하였다. 결국 정작 필요한 대상자에게 서비스 전달이 효율적이지 못하다는 비판이 대두되어 서비스 전달체계의 통합성 요구와 공공의 책임성이 증가되었다(김성천 외, 2022). 또한 주민의 삶의 질 향상을 위해서 복지-보건-교육-고용-주거 등 다양한 휴먼서비스 부서들이 통합적으로 연결되는 체계를 구축하는 것이 필요하다고 주장하였으며(류애정, 2013), 원스톱 통합서비스 제공 기반을 갖춘 맞춤형 복지전달체계를 구축하는 것이 지속적인 국정 과제이기도 하였다. 중앙정부의 각 부처에 이미 분산된 서비스 부서들을 통합하는 것은 매우 어려운 일이었으며, 분절된 서비스 행정 속에서 통합적인 서비스 행정으로 변모하기 위해서는 조직통합이 아니라 다양한 서비스와 프로그램 사이를 효과적으로 연계하고 조정할 수 있는 기능적 통합이 필요하였다. 이에 서비스의 연계와 조정의 기능이 포함된 사례관리가 해결방법으로 지목되었다.

(5) 정부 재정의 효율적 운용에 대한 요구 증가

2000년대 들어서면서 사회복지의 지방분권이 시행되었으며 대부분의 사회복지사업이 지방으로 이양되었다. 그러나 제한된 중앙정부의 예산 지원만으로 늘어나는 복합적 복지 욕구를 감당하기에는 지방정부는 벅찬 상황이 되었다. 따라서 한정된 복지 자원으로 최대의 효과를 볼 수 있는 복지서비스에 선택과 집중을 해야 했으며, 대상자의 욕구를 체계적으로 사정하여 가장 적절한 서비스로 연계함으로써 서비스 성과를 높이고자 하는 움직임이 일어났다. 이러한 정부 재정을 효율적으로 운용해야 하는 시대적 환경으로 사례관리를 실천 전략으로 내세울 수밖에 없었으며 체계적 욕구사정과 이를 바탕으로 서비스를 계획·제공하고 모니터링 기능을 수행하는 사례관리가 중요한 실천 전략으로 떠오르게 되었다(김성천 외, 2022).

2) 공공 부문의 사례관리 발달과정

(1) 사례관리의 출발(2006~2007년)

이 시기에는 주민생활지원 기능 강화 정책을 시행하였다. 이는 시·군·구와 읍·면·동 조직을 재구조화하고 공공 전달체계에 사례관리를 공식적이고 체계적으로 구축한 중앙정부의 첫 번째 노력이라고 볼 수 있다. 읍·면·동 내에 기존에 없었던 주민생활지원팀을 신설하고 사회복지전담공무원을 팀 안에 배치하여 상담 및 사례관리 업무를 수행하도록 하였다. 한편 시·군·구 내에는 통합조사팀을 신설하여 자산조사 및 급여대상자 선정, 급여 제공 등의 기능을 수행하도록 하고, 서비스연계팀을 신설하여 자원 개발 및 관리 기능을 수행하도록 구성함으로써, 읍·면·동에서 사례관리 업무에 보다 집중할 수 있도록 지원하였다(김성천 외, 2022; 행정자치부, 2006).

주민생활지원팀 기능의 강화는 지역 주민의 욕구에 체계적으로 접근하려 했던 중앙정부의 첫 사례관리 시도라는 점에서 의의가 있었다. 그러나 한계점이 지적되었는데, 첫째, 시·군·구의 통합조사팀의 통합조사에 대한 업무와 읍·면·동의 사례관리가 분리되어 업무를 수행하게 되어 클라이언트에 대한 정보나 통합조사 진행과정의 정보가 충분하게 연결되거나 전달되지 않아서 사례관리 업무 수행에 어려움이 있었다. 둘째, 사례관리 수행을 위한 인력이 절대적으로 부족하였다. 사회복지전담공무원의 일부를 시·군·구에 설치된 통합조사팀과 서비스연계팀으로 배치하면서, 실제로 사례관리 업무를 수행해야 하는 읍·면·동의 공무원 수가 감소되는 결과를 초래하였다. 이에 사례관리 수행을 위한 복지직 인력의 절대적 부족 현상이 나타났고 방문상담 및 찾아가는 사례관리 업무를 제대로 수행하기가 어려웠다. 셋째, 읍·면·동의 복지직 공무원은 그동안 주로 자산 조사와 급여대상자 선정, 급여 제공 등의 업무를 수행했기 때문에, 새롭게 부여되는 사례관리 실천에 대해 경험과 지식이 절대적으로 부족하여 사례관리 수행에 어려움이 초래되었다. 또한 클라이언트의 복합적 욕구에 대응하기 위하여 다양한 서비스 기관과 연계가 필요하였으나 공공 부문 사례관리사업들 간의 연계성이 미흡하고 민간기관과의 협력이 부족한 상황이었다(이현주 외, 2007).

(2) 사례관리 기능 정립(2008~2011년)

이 시기는 공공 부문 사례관리가 어떠한 기능을 수행하며 어떻게 수행할 것인지를 구체적으로 정립하기 시작한 시기라고 볼 수 있다.

① 시·군·구 중심 사례관리 도입과 시범사업의 실시(2008~2009년)

공공 전달체계에 사례관리를 체계적으로 시도하고 주민생활지원 기능 강화를 위하여 요구된 읍·면·동의 사례관리는 위에 언급하였던 한계점 때문에 업무 수행에 한계가 있었다. 이 시기 정부의 주요 국정 과제로서 수요자 중심의 선진화된 사회복지서비스 전달체계를 구축하기 위한 시도가 일어나면서, 시·군·구와 읍·면·동 간의 사례관리의 기능 및 역할에 대한 조정이 필요하였다(권진숙 외, 2012). 읍·면·동의 사례관리 대상자 중 위기가구 또는 집중적 개입이 필요한 가구는 시·군·구 사례관리 대상자로 이관되었으며 '위기가구 사례관리사업'이 도입되어 추진되었다. 이는 효과적인 사례관리를 위한 지역자원 개발과 연계, 사례관리 실천 활동에 대한 슈퍼비전 제공 등이 읍·면·동보다는 시·군·구가 규모의 효율성 측면에서 유리하다는 판단이었다(정은희 외, 2013). 이러한 변화로 인하여 읍·면·동 단위에서는 개입하기 어려웠던 위기가구나 집중적 개입이 필요한 가구에 대하여 시·군·구 차원에서 다양한 지원체계를 활용하여 개입이 가능하게 되었다는 점이다.

그러나 복지인력의 실제적 확충 없이 지자체 내 읍·면·동과 시·군·구 조직 및 인력의 재배치만을 시도한 개편이었기 때문에 주민생활지원 기능 강화 개편 당시 제기되었던 복지직 인력난의 근본적 문제는 그대로 안고 있었다. 이러한 문제를 해결하고자 2009년에 계약직 민간 사례관리사인 민생안전전문요원 900여 명을 채용하여 사례관리에 투입하였다(강혜규, 2012). 그러나 급속하게 증가하는 복합적 서비스 욕구를 대응하기에 인력은 여전히 부족하였다. 또한 대상자를 둘러싼 개입 주체들이 읍·면·동, 시·군·구의 통합조사팀과 서비스연계팀, 시·군·구의 각종 사업 부서로 분산되어 있고, 상호 간 협력과 정보교환이 원활하게 이루어지지 않는다는 것이 효과적인 사례관리를 수행하기 어려운 심각한 문제점으로 제기되었다. 이 외에도 새롭게 채용된 민간 사례관리자는 계약직으로 고용되었기 때문에 전문적 인력을 상시적으로 확보하는 것에 어려움이 발생하였다. 공공 부문 사례관리의 체계화를 추구하기는 하였으나 사례관리 실천 활동에 대한 슈퍼비전 등 사례관리의 전문성 강화 기제도 미비하였으며 여전히 민간기관과의 협력 부족, 다양한 공공 부문 사례관리사업들 간의 연계성 미흡 등의 문제가 나타났다(김성천 외, 2022).

② 위기가구 사례관리사업 본격적 추진(2010~2011년)

2010년에 위기가구 사례관리사업이 전국 시·군·구에서 수행되었으며 위기가구 사례관리사업이 보다 체계화된 환경 속에서 실시될 수 있도록 사회복지통합관리망이 구축되었다. 사회복지통합망을 통하여 복지급여 대상자에 대한 자격 조사의 간소화 등 행정업무를 효율화함으로써 기존에 자산조사 및 급여 제공 등에 소요되던 시간과 노력을 상담과 사례관리로 집중할 수 있도록 하였다. 한편 사례관리 인력은 증원되지 않았지만 보다 정교한 사례관리 매뉴얼이 개발되었고 매뉴얼의 내용을 사회복지통합관리망에 연계시켜 전국적으로 활용하면서 업무의 효율화와 체계화를 구축하고자 하였다. 2011년도에는 시·군·구별로 사례관리 예산이 지원되어 집행되었다. 이 시기의 성과로는 사회복지통합관리망이 구축되어 아웃리치와 사례관리 수행의 여건을 향상시키고자 지원하였다는 점이다. 또한 사례관리 업무가 보다 체계화되었다는 점이다. 사례관리 실천과정에서 대상 가구로부터 사례관리 참여에 대한 동의를 확보하도록 하였으며, 클라이언트와의 협력과 권리를 강조하는 수요자 중심의 관점도 반영되었다.

이러한 긍정적인 시도에도 불구하고 여전히 여러 가지 한계가 지적되었다. 첫째, 인력의 증원이 없는 상황에서 기대만큼 사례관리가 효과적으로 수행되기는 어려웠다. 둘째, 사례관리 업무가 읍·면·동과 시·군·구로 분리되어 전문화를 꾀하였으나, 사례관리 수행의 비효율화가 지속적으로 나타났다(박경숙 외, 2012). 동일한 사례관리 대상자에 대하여 자산조사와 욕구조사, 사례관리, 사후관리를 수행하는 주체가 읍·면·동과 시·군·구로 분리되어 있어서 문제해결 시간 증가 및 각 과정별로 담당자의 중복조사 등의 문제가 초래되었던 것이다(민소영, 2012). 이 외에도 슈퍼비전 등 사례관리의 전문성 강화 기제 미비, 민간기관과의 협력 부족, 공공 사례관리사업들 간의 연계성 미흡 등의 문제는 여전히 지적되었다.

(3) 사례관리 확대(2012년~현재)

이 시기에는 사례관리가 서비스 전달체계의 주요한 전략으로 더욱 부각되었는데, 시·군·구와 읍·면·동에 사례관리 수행을 위한 독자적 조직 구축과 추가적 인력 배치를 통해 사례관리를 보다 효율적이고 효과적으로 수행하고자 노력하였다.

① 희망복지지원단 통합사례관리사업(2012년~현재)

늘어나는 사회복지서비스에 대응하기 위하여 지방자치단체 복지담당 공무원을 2011년 7,000명 증원하기로 결정하였으며 그동안 제기되어 왔던 인력난의 문제를 해소하고자 하였다. 충원된 사회복지직공무원 인력을 활용하여 시·군·구의 서비스연계팀을 확대·개편하고 통합사례관리를 강화하도록 하였고 이를 발판 삼아 각 시·군·구에 희망복지지원단이 설치되었다. 이 시기에 희망복지지원단의 가장 큰 의의는 사례관리 업무를 독자적으로 수행할 공공 조직이 설치되었다는 것이었으며 희망복지지원단의 사례관리 업무에 대한 조정과 연계 역할이 강화되었다. 희망복지지원단은 지역사회 내에서 다양하게 이루어지는 공공 사례관리사업들과 방문형 서비스를 서로 조정하며, 지역사회보장협의체와의 협력적인 관계를 강화하고, 지역의 다양한 자원을 연계하는 역할을 하였다.

그럼에도 몇 가지 한계점들이 지적되었다. 먼저 인적 자원 측면에서 살펴보면, 사회복지공무원 채용을 통한 인력은 확충되었지만, 순환보직으로 인하여 지속적인 전문적 개입이 요구되는 클라이언트에 대한 전문적 대응능력이 여전히 부족하다는 점이었다. 더구나 사례관리 업무를 담당하는 민간 전문인력인 통합사례관리사[1]의 낮은 고용 지위, 이들에 대한 적절한 보상체계 미흡, 이로 인한 서비스 질 축적 부족 등이 지속적으로 제기되었다. 그리고 읍·면·동, 시·군·구와의 역할 분담 및 업무 연계가 원활하지 않다는 것과 지역사회 내 다양한 자원을 조정해야 하는 희망복지지원단의 권한 부족, 사례관리에 대한 지역 내 슈퍼비전 역량 부족도 지적되었다.

한편, 지속적으로 비판받아 온 사례관리사업 간 연계성 미흡 문제의 개선을 위해, 공공

1 2013년 기존의 사회복지통합서비스전문요원을 통합사례관리사로 명칭을 변경하였다.

부문 분야에 한정되기는 하였으나 사례관리사업 간 연계·협력 실천 지침이 개발되기도 하였다(보건복지부·사회보장정보원, 2019). 그럼에도 다른 영역의 사례관리사업에 대한 이해 부족, 각 사례관리사업별로 사례관리 수행 인력 부족, 사례관리사업들 간 정보 연계 부족 등의 한계가 지적되었다.

② 읍·면·동 복지허브화 사업(2016년~현재)

읍·면·동에서 보다 체계적인 업무수행을 위해 2014년 6월 6,000명의 사회복지공무원 충원 계획을 발표하였으며 읍·면·동에 독립된 팀이 신설되어 사례관리를 수행하게 되었다. 읍·면·동 단위에서 사례관리를 수행하게 되면서 '찾아가는 방문상담'과 '사례관리사업'에 대해 지역 주민의 만족도 및 공공서비스에 대한 체감도를 높일 수 있었다. 그러나 한편으로는 과거 읍·면·동과 시·군·구 사이에서 사례관리 개입 절차가 분절되어 있었다.[2] 이러한 문제를 해결하기 위해 시·군·구 희망복지지원단에서 수행한 고난도 사례관리가 종결되는 시점에 해당 읍·면·동 사회복지담당 공무원이 희망복지지원단의 종결회의에 참여하거나 또는 희망복지지원단이 반드시 읍·면·동에 사례관리 실천에 대해 통보하도록 매뉴얼이 개정되면서, 읍·면·동과 시·군·구 사이의 연결이 체계화되었다. 한편 읍·면·동에서 사례관리를 실천하고 있는 사회복지공무원의 사례관리 실천에 대한 전문지식과 경험의 부족 문제 등이 여전히 지적되고 있다.

3) 민간 영역의 사례관리 발달과정

민간 영역의 사례관리는 지역사회 대상자의 복합적이고 다양한 욕구에 기반하여 사례관리를 실시하는 대표적인 기관인 사회복지관을 중심으로 전개되었다. 사회복지관은 지역 단위에서 공공의 사례관리 실천 영역의 대상자와 유사한 가구를 대상으로 하고 있으며 전국

2 기본적 절차는 읍·면·동에서 서비스 연계형 사례관리, 일반 사례관리를 담당하며, 시·군·구에서 고난도 사례관리를 담당한다. 읍·면·동의 초기 상담 단계에서 고난도 사례관리 유형이라고 판단되면 시·군·구로 이관한다. 이후 시·군·구에서 고난도 사례관리를 종결하면, 읍·면·동으로 통보하여 사후관리를 진행하도록 한다.

적으로 분포되어 조직·운영되고 있다는 점에서 민간 영역의 사례관리 발달과정을 살펴보는 데 적절한 조직이라고 볼 수 있다.

(1) 사례관리 실천의 시작과 발전(1992~2004년)

우리나라의 사회복지 사례관리의 태동은 서구의 사례관리 전달체계를 한국의 실정에 맞게 도입하면서 시작되었으며 이러한 과정에서 지역사회 단위의 사회복지관과 여러 민간 복지기관이 기여했다고 볼 수 있다. 한국의 사례관리 시작은 1992년 「사회복지신문」에 사례관리가 소개되면서였다(이근홍, 2014). 사회복지실천에서 사례관리가 본격적으로 학계 및 실천현장에서 소개되고 도입되기 시작한 시기는 1990년대 초반이라고 볼 수 있다. 이후 재가복지를 포함한 지역사회복지 중심의 서비스가 강조되면서 대상자에게 복합적인 서비스를 개별적으로 다양하게 제공하는 사례관리의 필요성이 대두되었다. 국내에서의 사례관리 실천은 비교적 빠르게 확산되었으며 노인, 장애인, 아동 등 다양한 사회복지실천 분야로 발전되어 적용되었다. 특히 지역사회복지관에서 적극적으로 사례관리를 도입하고 적용하면서 복합적인 대상자의 욕구를 충족시키기 위해 다양한 서비스를 연결하였다.

우리나라의 사례관리 초기 형태는 지역사회복지관의 재가복지사업이었다(김성경, 2023; 전혜성 외, 2022). 이러한 배경에는 1980년대 후반 저소득층 노인 및 장애인을 대상으로 가정봉사원 파견사업을 시작하였고, 1992년 정부가 재가복지봉사센터를 사회복지관 부설로 설치하여 예산을 지원하면서 정부 차원의 재가복지가 이루어지기 시작하였다(이경은 외, 2016). 또한 1993년 「노인복지법」 개정 시 재가복지가 사회복지사업의 분야로 규정되었으며 이로 인해 사례관리는 사회복지관, 노인복지관, 장애인복지관에서 운영하는 재가복지사업의 주요 실천방법으로 도입되었다(장인협·우국희, 2001).

1990년대는 분야별 사회복지 관련 법의 제정과 개정을 통하여 사례관리의 기반이 마련되었는데, 정신보건 영역에서는 1995년 12월 「정신보건법」[3]이 제정되어 지역사회 정신보건

3 현재 「정신건강증진 및 정신질환자 복지서비스 지원에 관한 법률(약칭: 정신건강복지법)」

이 주요한 정책 방향이었다. 이에 정신질환자의 입원을 최소화하고 지역사회 중심의 치료와 재활을 보장하면서 정신장애인의 단기입원과 지역사회 거주가 시작되었다. 1997년 개정 「장애인복지법」, 2000년 개정 「아동복지법」 등 개정 사회복지 관련법에서 탈시설화와 함께 기능별로 사회복지시설을 다양화하고, 지역사회보호를 강조하였으며 더불어 전문화 방향을 강조함으로써 사례관리 실천의 기반을 마련하였다.

(2) 사례관리의 정착(2005~2011년)

2000년대의 사례관리는 사회복지관 및 사회복귀시설을 중심으로 전반적인 사회복지실천 영역에서 확대되었다. 사회복지관에서 사례관리가 보다 체계적으로 확대된 시기는 사회복지관 평가에 사례관리 항목이 채택되면서였다. 2006년 서울시 사회복지관 평가 영역에서 '사례관리체계 우수성'이라는 지표가 포함되었다(서울시복지재단, 2006). 이후 2009년에 전국 사회복지관을 대상으로 사례관리 평가가 실시되었다. 사례관리 평가 도입은 사례관리가 지역사회복지관 지역사회보호사업에서 대상자의 복합적인 욕구나 문제에 개입·활용하는 사회복지 실천현장의 상황이 반영된 것이라고 볼 수 있다.

사회복지관 사례관리에 대한 평가의 도입은 그동안 자율적으로 수행해 오던 다양한 사례관리의 실천 전략을 최대한 수용하되 사례관리를 수행하는 데 필요한 기준점이 제시되었다는 데 의의가 있다. 그 이후 사회복지실천에서 사례관리의 중요성이 더욱 강조되었다. 2010년 '행복e음'이라는 정보시스템이 운영되어 급여대상자의 서비스 수급 관련 정보를 전산화시키고 서비스 대상자 관리를 체계화하고자 하였다. 이러한 사례관리 정보시스템 활용은 서비스의 중복과 누락의 문제를 해결하고자 하였으며 서비스 전달체계의 투명성과 효율성을 증가시켰으나 전산입력화로 인한 과다한 업무와 실적 위주의 사례관리서비스라는 비판적 평가도 있었다. 2000년대 이후 민간 영역에서는 지역 내 종합사회복지관, 노인복지관, 장애인복지관, 정신건강복지센터 등 사례관리사업이 도입되면서 사례관리는 사회복지의 전 분야에서 주요 실천방법으로 정착하였다.

(3) 사례관리의 확장(2012년~현재)

이 시기에는 보건복지부 사례관리의 평가 항목이 보다 정교화되었다. 또한, 2012년 「사회복지사업법」의 시행규칙 개정에 따라 사회복지관 3대 기능에 사례관리 기능이 포함되어 명시되면서 사례관리를 중요시하였으며 업무수행에 대한 평가도 확대되었다. 2012년 사례관리 평가와 관련하여 평가 범위가 넓어졌는데, 사례회의뿐만 아니라 사례관리 운영체계까지 영역을 넓혀 평가하도록 하였다. 이후 2015년도에는 사례관리 수행의 전문성, 실행체계, 인력, 자원 연계 등을 평가하였다. 2018년도 평가부터는 사례관리 자원 연계 대신해서 사례관리 협력 연계로 변화하였다(보건복지부·사회보장정보원, 2017). 즉, 자원 연계 실적이라는 정량적 평가에서 지역사회와의 협력 과정을 평가하는 정성적 평가로 변화된 것을 의미한다고 볼 수 있다. 좀 더 구체적으로 바뀐 평가계획은 사례관리를 사회복지관의 3대 기능으로 명시한 맥락과 연결시켜 설명될 수 있다. 이전에 사회복지관의 주요 핵심사업인 5대 사업(가족복지사업, 지역사회보호사업, 지역사회조직사업, 교육·문화사업, 자활사업)에서 사례관리 기능, 서비스 제공 기능, 지역조직화 기능인 3대 사업으로 개편되었다. 사회복지관의 기능 개편과 맞물려 평가 항목이 정교화되면서 그동안 활발히 진행되어 왔던 민간 영역의 사례관리가 보다 체계화되고 발전되는 기반이 조성되었다.

클라이언트의 다양한 욕구를 기반으로 성공적인 사례관리를 수행하기 위해서는 기관 내부 자원 및 서비스 항목과 함께 지역사회 자원과 서비스를 발굴·연계하고 조정할 수 있는 기능이 중요할 것이다. 이렇듯 정교한 사례관리 운영체계를 갖추고 지역사회 사례관리의 핵심적인 기관의 역할 수행을 요구하는 평가제도와 기능 재편이 사회복지관의 사례관리 실천에 도전을 주고 있으며 이러한 환경 변화에 사회복지관이 얼마나 대응 역량을 갖추었는가도 함께 고려해야 할 것이다.

4) 한국 사례관리의 전망과 도전

공공 부문과 민간 영역의 사례관리 발달과정 속에서 알 수 있듯이 사례관리 기능은 공공과 민간의 실천현장에서 모두 확대되고 있다. 공공과 민간 영역 모두에서 클라이언트의 복합적 욕구에 대한 통합적인 관리를 위해 사례관리를 중요한 실천방법으로 채택하고 있다는 것이다. 통합적인 사례관리를 위해 전담 조직을 설치하고 전담 인력을 배치하는 등 공공과 민간 영역에서 사례관리에 대한 체계적 역할 수행이 시도되고 있다.

민간 영역은 가족복지 및 재가복지 사업을 통하여 오랫동안 사례관리를 수행하면서 상당한 경험과 노하우를 쌓아 왔다. 공공 영역은 사례관리 역사와 경험이 짧음에도 민간의 사회복지관보다 더 근거리에서 지역 주민을 만날 수 있는 읍·면·동 조직을 활용하여 사례관리 수행을 추진하고 있다. 무엇보다도 공공 영역에서는 인적 및 물적 자원과 기획력, 전달체계를 이용하여 조직적이고 신속하게 사례관리를 체계화시키고 있다.

지금까지 살펴본 공공 부문과 민간 영역의 사례관리 발달과정 속에서 나타난 특성과 쟁점을 제시하면서 다음과 같다.

(1) 사례관리 수행 인력의 전문성 개발 필요

사례관리 인력의 전문성 축적을 위한 지속적 노력이 필요한데, 이는 사례관리를 수행해야 하는 사회복지 공무원과 민간 통합사례관리사, 그리고 사회복지관 사례관리사 모두에게 해당된다. 클라이언트 중심적 가치를 유지할 수 있는 실천 윤리, 끊임없이 변화하는 클라이언트 상황에 유연하게 대처할 수 있는 전문적 대응 전략과 기술, 지역 내의 여러 곳에 산재되어 있는 다양한 자원의 발굴과 동원 및 관리 능력, 클라이언트의 복합적 욕구 충족을 위해 연계해야 하는 지역의 다양한 기관과의 협력과 조정 능력 등이 필요한 역량일 것이다. 이러한 사례관리 수행 인력의 전문성 향상을 위해서는 사례관리자의 인적 자원 개발과 운영체계가 필요하며 무엇보다도 가장 중요한 것은 지속적인 교육과 슈퍼비전이라 할 수 있다.

(2) 공공과 민간 사이의 사례관리 협력체계 구축

최근에 급격하게 확대되고 있는 공공 영역의 사례관리 체계 속에서 민간 영역의 사례관리는 개입 대상과 기능 면에서 공공 영역의 사례관리와 많은 중첩 현상을 보이고 있다. 공공과 민간 사이의 사례관리 협력체계 구축이 필요한 이유를 살펴보면 다음과 같다(김성천 외, 2022).

첫째, 공공과 민간 영역 사이의 사례관리 대상자 중복 문제가 발생할 수 있다. 이는 공공과 민간 사이에 사례관리자의 역할 충돌과 이로 인한 마찰을 피할 수 없게 만들기도 한다. 실제로 사회복지관은 '종합복지서비스 제공'이라는 법적 근거에 부합하여, 개입 대상으로는 '국민기초생활보장수급자, 차상위계층 등 저소득 주민, 장애인, 노인, 모·부자 가정 등 취약계층 주민, 직업·부업 훈련 및 취업알선이 필요한 주민, 유아·아동 또는 청소년의 보호 및 교육이 필요한 주민, 기타 긴급지원이 필요하다고 인정되는 주민'을 포함한다. 이는 현재 공공 영역의 희망복지지원단에서 개입하는 대상과 매우 유사하다.

둘째, 공공과 민간의 사례관리 확대 과정에서 지역자원과 관련하여 충돌이 나타날 수 있다. 민간 사회복지관에서는 자원봉사자나 후원금을 개발하고 관리하는 등 지역 단위의 자원을 발굴하고 동원하는 노력을 지속적으로 펼쳐 왔다. 한편, 읍·면·동 단위에서도 공적 급여나 서비스 이외의 지역자원을 발굴하기 위해 노력하고 있다. 지역자원에 대한 공공과 민간 영역의 공동 관심이 자칫 한정된 자원을 놓고 불필요한 경쟁을 낳을 수 있다.

더구나 사회복지기관의 경우 공공기관에 비하여 자원 동원력이나 서비스 조정력, 지역자원의 정보 접근권에서 상당한 한계를 가진다. 그래서 지역자원을 동원하고자 하는 공공 영역의 노력이 민간 영역의 자원 공유 및 사례관리 실천을 위축시킬 수 있다. 그러므로 공공과 민간 영역의 사례관리 역할에 대한 명확한 분담과 유기적 연결이 필요하다.

(3) 보편적 욕구에 대한 대응 필요

최근 보건복지부의 커뮤니티 케어 방향 속에서 과거의 저소득층 및 취약 위기계층 대상 중심에서 돌봄 욕구계층 대상 중심으로 사례관리의 대상이 넓어지고 있다. 즉, 사례관리 개입 범위가 과거의 기준이었던 경제적 여건에 제한되지 않고 돌봄이라는 보편적 욕구 기준으로 변화하고 있으며, 읍·면·동에 간호직 공무원을 배치하여 보건과 복지의 연계를 추구하고 있다. 이에 읍·면·동의 사례관리 기능은 돌봄 욕구까지 종합적으로 사정하여 필요한 지역자원으로 연계하고 관리하는 방향으로 갈 수 있다. 공공 영역의 사례관리 기능 전환에 발맞추어, 민간 영역도 공공으로부터 의뢰된 클라이언트의 넓어진 욕구에 적절한 서비스를 제공하고 사례관리 실천과정에서 공공기관과 공유하는 체계를 구축하는 것이 필요할 것이다.

학습과제

1. 우리나라 사례관리의 발달과정과 미국와 영국의 사례관리 발달과정의 차이를 비교해 보시오.
2. 우리나라 공공 부문과 민간 영역의 사례관리 발달과정에서 나타나는 쟁점에 대해 기술하시오.

Chapter 03

사례관리의 이론

학습목표

1. 생태체계이론의 개념과 실천 원칙을 습득한다.
2. 임파워먼트이론의 개념과 실천 원칙을 습득한다.
3. 강점관점의 개념과 특성을 이해한다.
4. 네트워크이론의 개념과 중요성을 이해한다.

1 | 생태체계이론

사회복지실천은 항상 '환경 속의 인간'을 강조해 왔다. 그러나 전통적인 사회복지실천에서는 개인을 변화시키는 방법 및 기술 개발에 치중하였고, 환경을 변화시키는 방법 및 기술 개발에는 상대적으로 관심이 부족했던 것이 사실이다. 이러한 관점에서 생태체계이론은 두 가지의 관점을 하나로 묶어 주는 계기가 되었다.

생태체계이론은 사회복지실천 영역에서 인간의 행동을 포괄적으로 이해하는 데 널리 이용되는 중요한 패러다임으로서, 인간과 환경 간의 관계를 더 넓고 깊게 이해하는 방법을 제공하여 사회복지사가 심리사회적 특성을 가진 클라이언트 또는 클라이언트 체계에 대해 좀 더 상호관계적인 개입을 가능하게 하는 개념적인 틀을 제공하였다(Miley et al., 1995).

1) 생태체계이론의 기본 개념

일반체계 이론(general systems theory)과 생태이론(ecological theory)을 접목시킨 생태체계

이론(ecosystems theory)에서는 인간을 신체적·심리적·정치적·경제적·교육적·정신적·사회적 부분들로 구성된 체계로 보고, 인간과 환경 사이의 공유 영역에서 발생하는 상호작용과 교류를 강조한다. 인간과 환경은 별개의 분리된 존재가 아니라 지속적으로 상호 교류하면서 존재하기 때문에, 클라이언트의 문제해결을 위해서는 인간과 인간이 속한 다양한 체계의 사회환경을 모두 이해해야 한다. 사회환경은 서로 경계를 가지면서도 연결되어 상호작용하기 때문이다. 상호작용하는 영역을 네 가지로 구분하면 미시체계, 중간체계, 외적체계, 거시체계로 구분할 수 있는데, 다음의 [그림 3-1]과 같다.

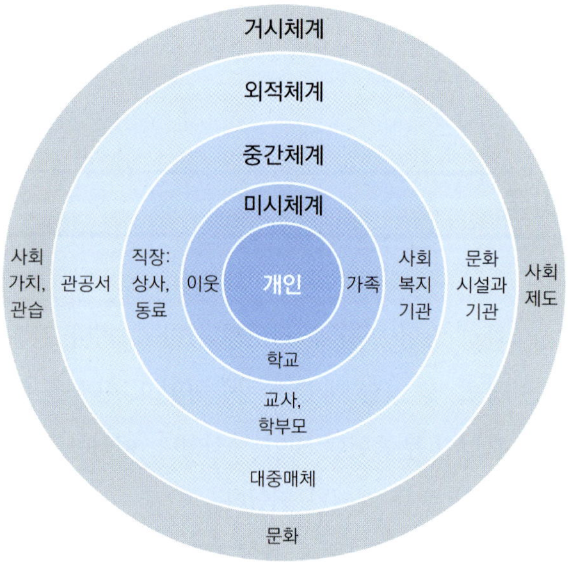

그림 3-1 생태체계 수준에 따른 개인, 가족, 지역사회 자원의 구분

[그림 3-1]에서 살펴볼 수 있듯이 미시체계(microsystem)는 일반적으로 개인이 직접적으로 영향을 받고 교류하는 체계인 가족과 이웃, 학교 등으로서, 개인의 심리사회적인 발달과 밀접한 관련이 있다. 중간체계(mesosystem)는 둘 이상의 미시체계들 사이에서 연결고리로 작용할 수 있고 그 관계와 상호작용을 알려줄 수 있는 체계로서, 직장, 종교기관, 복지기관 등

이 이에 속한다. 외적체계(exosystem)는 개인에게 간접적인 영향을 주는 체계로 볼 수 있는데, 예를 들어 대중매체, 관공서, 문화시설 등이 있다. 거시체계(macrosystem)는 클라이언트뿐만 아니라 사회구성원 전체에게 영향을 주는 체계로서, 거시적 수준의 사회가치와 관습, 사회문화 구조, 사회제도를 포함한다. 이들 네 가지 영역의 체계는 내부 하위체계의 균형을 유지하고자 하는 항상성(homeostasis)을 가지고 있으며, 다른 체계와의 경계(boundary)를 가지고 상호 분화된다. 동시에 체계는 개방성과 폐쇄성의 수준에 따라 외적 환경이나 다른 체계들과의 에너지와 정보를 나누고 교류하는 방식과 수준이 달라진다. 복합적인 욕구가 있는 클라이언트를 돕기 위해서는 클라이언트와 직접적으로 연결되어 있는 네 가지 영역을 이해하고 접근해야 한다.

생태체계이론은 인간과 환경 사이의 상호 보완성에 초점을 두고, 인간과 환경을 하나의 총체적인 존재로 보면서, 인간과 환경 간의 적합성과 상호적 교환에 대한 통합적 실천지식을 제공한다. 생태체계이론은 인간과 환경의 상호 교류 결과물인 인간의 성장과 발달에 관점을 가지며, 이를 설명하는 주요 개념을 살펴보면 다음과 같다.

- 적응, 스트레스, 대처 등 인간과 환경 속에서 나타나는 상호 교류에 관한 개념
- 인간의 속성과 관련한 자율성, 역량, 정체성, 관계성 등과 같은 교류적 성격의 하위 개념
- 인간의 성장을 촉진하는 시간과 공간, 영역과 같은 환경의 특징에 관한 개념

여기에서는 생태체계이론의 주요 개념의 총체성, 상호 교류, 적합성, 적응, 스트레스, 대처 등을 살펴보고자 한다(설진화 외, 2022; 이종복 외, 2007; 장인협·우국희, 2001).

(1) 총체성

생태체계이론에 있어서 가장 우선적 개념 중 하나는 총체성(holism)으로, 총체성은 체계의 각 부분이 서로 밀접하게 관련되어 있기 때문에 어느 한 부분의 변화는 전체의 변화에 영향을 준다는 것을 의미한다. 이러한 관점에서 볼 때 인간과 환경은 양자 간의 관계를 통해서만 이해가 가능하다고 볼 수 있다.

전통적인 관점에서는 인간과 환경에 대한 전체적 이해보다는 부분적 이해가 주된 목적이었으나, 생태체계이론에서는 인간과 환경의 부분적 이해는 전체에 대한 이해를 통해서 가능하며 전체적 이해가 아닌 부분으로서의 분리된 이해는 불가능함을 강조하고 있다. 또한 생태체계이론에서는 인간과 환경의 분리가 불가능한 특성을 나타내기 위해 콜론(:)을 사용하여 '인간:환경'이라 표현하고 있는데, 이는 인간과 환경을 절대 분리할 수 없는 관계, 즉 총체성을 상징하는 의미로 해석할 수 있다. 이러한 총체성의 개념은 체계의 경계를 넘어 체계가 인간이 속한 환경에 반응하여 변화하는 방법뿐만 아니라 환경이 체계 내에서 변화하는 방법을 잘 설명해 준다.

(2) 상호 교류

인간과 환경은 지속적으로 상호작용하면서 발달해 나가는데 이를 상호 교류(transaction)라 한다. 상호 교류는 총체성과 밀접한 개념으로도 볼 수 있으며 호혜적인 상호작용으로, 인간이 '지속적으로, 반복하여' 그들의 환경을 형성하고 또 인간에 의해 더 큰 환경이 형성되는 과정을 의미한다. '지속적으로, 반복하여'라는 말의 의미는 문제의 원인과 결과에 대해 문제의 시작점이 어디인지를 단순하게 규정하는 것이 아니라 한 사람이 다른 사람의 행동 원인이 아니라 양자가 서로 관련되어 상호작용한다는 상호 교류의 개념으로 이해할 수 있다. 상호 교류라는 용어 속에는 상호작용이라는 용어보다 더 풍부한 의미, 즉 단순히 주고받는 관계가 아닌 상호 호의적이고 긍정적인 관계가 내포되어 있다. 또한 모든 체계의 행동에 대해 인간과 환경 상호 간에 이익이 되는 편안한 균형을 찾고 유지하기 위한 것으로 볼 수 있다.

상호 교류적인 특성을 이해하는 데 있어서 중요한 개념으로는 항상성과 피드백이 있다. 항상성은 체계 내의 균형 또는 현상 유지의 특성을 잘 나타내는 용어이며, 체계의 균형이 깨어졌거나 위협을 받았을 때 이러한 상태를 극복하고 새로운 균형을 유지하려는 것을 말한다. 피드백(feedback)은 체계의 유형을 유지 혹은 파괴시키는 지속적인 정보의 흐름을 제공하는 것을 말하는데, 피드백에서 제공하는 정보는 크게 두 가지로 구분할 수 있다. 첫째,

기존의 균형 상태를 유지하게 하는 정보로, 클라이언트 체계의 존재하는 기존 강점과 유형을 유지하고 강화시키는 피드백을 제공한다. 둘째, 불일치를 수정하여 새로운 균형 상태를 향한 변화를 이끌어 내는 정보를 말하는데, 이는 문제가 되는 유형을 깨기 위한 체계 변경적인 피드백을 제공한다.

(3) 적합성

적합성(goodness of fit)의 의미는 개인의 적응적 욕구와 개인이 속한 환경이 어느 정도 부합되는지와 관련되며, 인간이 일생을 통해 성취해야만 하는 것이다. 적합성은 인간과 환경의 상호 교류를 통해 성취되며, 이러한 상호 교류는 적응적일 수도 있지만 부적응적일 수도 있다. 대부분 개인과 환경의 상호 교류가 적응적이어서 주요 타인, 사회 조직, 정치·경제적 구조, 정책과 물리적 환경 등이 인간의 성장과 발달, 물리적·정서적 안녕을 지지할 때 적합성이 이루어진다. 인간과 환경은 서로의 요구에 적응하면서 변화하고 발달해 가며 서로에게 더 유익한 효과를 얻을 수 있다. 그러나 인간과 환경은 항상 협력적 상호관계가 유지되는 것은 아니며 어느 한쪽이 희생을 함으로써 그 생존과 발달이 보장되기도 한다. 이러한 상황에서 힘의 불균형과 갈등이 초래될 수 있으며 결국 양쪽의 발전을 저해하는 부적합성이 발생한다.

(4) 적응

적응(adaption)은 상호 교류의 결과라고 볼 수 있는데, 생태체계적 관점에서는 인간과 환경은 전체를 구성하는 부분들이기 때문에 인간과 환경 간의 상호 교류는 적응적 균형 상태를 지향한다고 볼 수 있다. 또한 적응은 현상을 있는 그대로 인정하고 수용하여 현재의 환경이 아무리 부적합하더라도 맞추는 순응과는 달리, 행동 지향적이며 적극적인 개념이라고 볼 수 있다. 적응은 최적의 적합성을 위해 자신이나 환경을 변화시켜 적응적인 균형 상태를 추구한다.

또한 생태체계적 관점에서는 인간과 환경이 최적합의 상태를 성취하기 위해서 상호 영향을 주고 반응한다고 보았다. 다시 말해, 인간은 새로운 환경에 처하면 그 상황과 요구에 적응하게 되고, 상황은 구조적 변화를 가능하게 한다. 따라서 적응이란 인간이 성장하고, 능력을 얻게 되고, 타인과 협력할 때 생기는 인간과 환경 사이의 상호 의존적이고 역동적인 과정이라 할 수 있다(Germain, 1979).

(5) 스트레스

스트레스(stress)는 개인의 욕구와 이러한 욕구를 충족시킬 수 있는 자원의 활용 능력 사이의 불균형으로 인해 발생되는 생리적·심리적·사회학적 현상이라 볼 수 있다. 또한 스트레스는 인간의 마음의 평형 상태를 깨고 위협하는 모든 내적·외적 자극을 의미한다. 스트레스 반응을 초래하는 외적 요구, 상황, 환경이 스트레스 요인이 되며 이러한 요인으로 개인의 내적 평형 상태가 깨진다. 생리적 현상에서 나타나는 신체적 스트레스는 내분비 및 신체적 변화 등이 포함되며, 심리적 수준에서는 개인의 사건에 대한 인식 또는 지각, 의미, 평가가 포함된다. 사회적 수준에서는 상황적 요구나 긴장이 포함된다. 그 외에 스트레스의 인자는 매우 다양한데, 직업 상실, 큰 소음, 은퇴, 배우자 사망, 논쟁, 중증의 질병, 인생목표의 상실 등이 있다. 우리의 신체는 살아 있는 순간마다 적응을 요하는 스트레스 인자에 반응하고 있으며 신체의 반응은 계속해서 항상성과 균형을 추구한다.

일반적으로 스트레스를 피해야 할 것, 해로운 것 등 부정적인 것으로 인식하는 경향이 있다. 이러한 인식과는 달리 세일(Seyle, 1950, 1956), 버나드(Bernard, 1968), 퀵과 퀵(Quick & Quick, 1984)은 긍정적이고 건설적인 유스트레스(eustress)와 불쾌하며 고통스럽고 부정적인 디스트레스(distress)로 나누어서 설명하였다. 즉, 우리가 적응해야 할 외부 자극이나 변화, 그때 느끼는 생리적이고 행동적 반응도 스트레스로 보았는데, 이러한 반응은 부신피질 호르몬의 분비와 같은 것에 의한 신체적 불균형에서 초래되는데, 긍정적 또는 부정적 사건 모두가 스트레스를 일으킨다고 설명하였다. 생태체계이론의 관점에서 스트레스는 단순히 환경적인 사건만을 의미하지 않고 인간과 환경 간의 상호작용을 의미하며 객관적인 사건이 아니라 환경적 속성과 개인의 특성이 상호작용한 결과로 간주한다. 생활상의 문제로 경험되는 스트레스는 불안, 죄책감, 분노, 무력감, 우울, 낮은 자존감 같은 부정적인 감정을 수반하는 반면, 도전으로 경험되는 긍정적 스트레스는 개인에게 적절한 긴장을 주면서 성공에 대한 추진력과 자신감 등을 경험하게 한다.

(6) 대처

대처(coping)란 스트레스와 개인적 능력, 즉 개인이 가진 자원 간에 불일치가 인식되면 스트레스를 다루어 이전의 인간:환경 간의 적합한 상태로 돌아가기 위한 적응적 노력을 의미하며, 적응이나 스트레스와 같이 상호 교류의 결과로 나타나는 반응이라고 볼 수 있다(장인협 외, 2001).

대처는 문제해결 기능과 문제해결을 저해하는 부정적인 감정을 조정하고 통제하는 기능 등이 있으며, 이 두 가지 기능은 상호 연쇄적으로 이어진다. 즉, 성공적인 대처는 부정적인 감정을 어느 정도 소멸시켜 희망이 유지되고 현실지각 능력을 조금씩 명확하게 하는데, 이로써 부정적인 감정이 보다 더 많이 통제되고 감소된다(Germain, 1991). 스트레스를 경험함으로써 자연적으로 발생하는 대처기술은 정서적 고통을 통제하기 위해 내적 자원과 외적 자원을 필요로 하게 되는데 내적 자원에는 자존감과 문제해결기술 등이 포함되며, 외적 자원으로는 가족이나 사회적 지지망, 조직 또는 지역사회 자원 등이 포함된다.

2) 생태체계이론의 장·단점

생태체계이론은 클라이언트가 지역사회에서 관계하고 잠재적으로 이용 가능한 공식적이고 비공식적 사회체계들과의 교류, 역동, 체계의 변화를 파악할 수 있는 장점이 있다. 생태체계이론은 개인의 사회 적응을 전제로 하고 있으며 사회구조가 기능적으로 작동하는 원리를 설명하는 체계 이론을 토대로 한다는 점을 인식하고, 개인의 자율성과 자기결정의 원리, 사회환경 변화의 필요를 반영할 수 있는 이론과 실천 모델을 함께 사용할 필요가 있다. 또한 생태체계이론은 클라이언트의 욕구를 실질적으로 해결할 수 있는 구체적인 개입기술과 기법을 직접적으로 제공하지는 못했다는 한계가 있으므로 임파워먼트, 인지행동, 해결중심 모델 등 개입방법을 제시하는 이론이나 모델을 함께 응용하여 사용해야 한다(김성천 외 2022; 백은령 외, 2006).

생태체계이론의 장·단점을 살펴보면 〈표 3-1〉과 같다.

표 3-1 생태체계이론의 장점 및 단점

구분	내용
장점	•개인의 내적인 사고와 감정보다는 개인에게 미치는 영향을 강조한다. •심리적 접근보다는 개인과 환경의 변화를 중요하게 생각한다. •개인·집단·지역사회에 대한 개입을 포함하는 통합적이고 총체적인 접근이므로 어떤 특정한 방법만을 강조하지는 않는다. •복합적 욕구가 있는 클라이언트를 돕기 위한 통합적 사례관리 접근에 적용될 수 있다.
단점	•문제의 원인에 대해 정확히 설명하기 어렵기 때문에 실증적인 검증이 어렵다. •무엇을, 어떻게 접근해야 하는지 알려주지 못하며 추상적이다. •체계의 유지와 통합을 강조한 나머지 갈등이 주는 긍정적인 요소들을 고려하지 못하였다. •일반화된 이론이어서 어떤 특별한 상황에서는 적용하기가 어려우며, 동일한 사안에 대한 해석과 판단이 어려울 수 있다. •문제해결을 위한 구체적인 개입기술과 기법을 제시하지 않는다.

출처: 설진화 외(2022). 사례관리론, 재구성.

3) 생태체계이론의 실천 원칙

사례관리에서는 생태체계이론을 통하여 개인의 기능을 향상시키고 환경 변화를 통하여 클라이언트를 지원하고자 한다. 이러한 과정에서 사례관리자는 체계적인 개념을 사정 영역의 수준에 따라 고려해야 한다. 앞서 살펴보았던 개인적·상호적 수준의 미시적 영역, 기관·조직·지역사회 문제 수준의 중간 영역, 개인에게 간접적으로 영향을 주는 관공서, 문화시설, 대중매체 등 외적 영역, 가치, 관습, 사회제도정책, 사회문화 구조 문제 수준의 거시적 영역 등이다. 통합적 사례관리를 위한 체계적인 접근은 네 가지 영역 모두의 개입이 요구된다. 또한 생태체계이론의 관점을 활용한 사례관리의 기본 전제는 클라이언트와 사례관리자를 상호 교류 과정에서 보다 더 큰 상호성을 조장하는 역할을 가지는 동반자로 규정한다. 따라서 사례관리자는 클라이언트의 주관적 현실에 대해 경청하고 이해해야 하며, 클라이언트와 함께 문제를 발생시키는 요인을 판별하고 문제를 해결하기 위한 방안을 수립해야 한다. 클라이언트의 적응적 능력을 강화하기 위해서 사례관리자는 실천과정에서 조력자, 교사, 촉진자, 중개자, 대변자, 조직가 등의 역할을 수행해야 한다.

생태체계이론을 기반으로 한 주요 실천 원칙은 다음과 같다(김동배·권중돈, 2005).

- 환경과 개인을 분리할 수 없는 존재로 보아야 한다.
- 실천과정에서 클라이언트와 파트너십을 형성한다.
- 클라이언트의 적응에 영향을 미치는 모든 환경을 사정하고, 개인과 환경 간의 상호 교류를 분석한다.
- 클라이언트의 생활 상황과 생활 주기의 단계를 사정한다.
- 개인과 환경 사이의 적합성을 증진시킬 수 있는 개입방법을 모색한다.
- 긍정적 관계와 경험을 통해 클라이언트의 개인적 역량을 강화한다.
- 사회적 지지는 사례관리자의 원조와 조화를 이루어야 하며, 전체적인 원조 전략에 필수적인 요소이다.
- 클라이언트와 함께 해결 방안을 모색하고 클라이언트의 임파워먼트에 초점을 둔다.

4) 생태체계이론의 실천을 위한 개념적 틀

생태체계이론은 클라이언트 체계의 자원을 발굴하며, 클라이언트 체계의 역량을 강화시킬 수 있는 개념적 틀로 다음과 같은 실천을 제시한다(장인협·우국희, 2001).

(1) 초점체계를 확인

클라이언트의 생태체계에 대한 첫 번째 분석은 다음의 분석을 위한 준거점을 제공하는 초점체계를 확인하는 것이다. 초점체계는 다양할 수 있는데, 예를 들어 우리 자신의 이해를 증대시키고자 한다면 우리의 생각, 감정, 다른 사람들과의 상호작용을 포함하는 우리들 자신에 초점을 둘 수 있다. 또한 새로운 클라이언트와 일을 시작할 때 전문적 관계가 초점체계가 될 수 있고, 클라이언트 체계의 기능을 평가하려면 클라이언트가 초점체계가 된다.

개입 전략을 수행하려 할 때에는 클라이언트 체계, 클라이언트 체계의 하위체계, 클라이언트의 환경 중에서 다른 영향력이 있는 체계를 포함하는 변화를 위한 몇몇 체계들 중의 한 체계가 표적이 될 수 있다.

(2) 체계 내부의 상호작용 인식

체계의 기능에 대한 각각의 관점들은 가치 있는 정보를 제공해 준다. 상호작용적 관점은 체계 내부의 성원들이 의사소통하는 방식, 그들이 발달시키는 유형, 그들이 균형을 유지하는 방법 등에 관한 정보를 제공한다. 생리·심리·사회학적 차원을 조사하는 것은 생물학적 건강, 사고, 감정에 관한 정보를 제공한다. 가치, 신념, 태도, 의사소통의 유형, 규범 등의 문화적 영향을 고려하는 것은 초점체계의 내부 기능에 대한 이해를 돕는다.

(3) 체계 외부의 영향을 확인

초점체계의 외부, 즉 물리적·사회적 환경의 영향을 조사한다. 초점체계 환경의 구조, 상호작용, 사회·문화적 차원을 검토한다. 많은 체계들이 같은 환경의 측면을 공유할지라도 어떤 한 체계의 특정 생태체계는 초점체계에 대한 독특한 유형이 있다. 환경은 초점이 되는 특정 체계가 누구이며 어떤 상황에 처해 있느냐에 따라 다양하다.

(4) 체계의 변화를 인식

생태체계이론은 인간 체계 발달의 진보적인 특성을 강조하는데, 체계는 지속적으로 내적·외적 사건에 반응하여 적응하고 변화한다. 체계의 내·외부 간의 연결을 살펴보는 것은 이러한 지속적인 적응 및 변화에 대한 단기적인 관점을 제공한다. 장기적인 관점은 다양한 체계를 이해하는 또 다른 차원을 제공하기 때문이다. 사회복지사는 체계의 진보를 이해하기 위해 초점체계에 관한 충분한 정보를 수집함으로써 역사적·발달적 상황을 통합시켜야 한다. 예를 들어, 출생, 결혼, 사망, 질병 등으로 인하여 예기치 않은 변화도 발생하며, 체계가 새로운 균형을 재확립하기 위해 노력할 때 일시적인 파괴가 일어나기도 한다. 보다 큰

체계의 경우에는 조직의 확대 및 축소이다. 이러한 변화는 체계의 기능을 변화시키고 능력에 도전한다. 개인에서 사회에 이르는 모든 수준의 체계는 기대된 것과 예상하지 못한 사건에 반응하여 그들의 발달 경로를 따라 변화한다.

2 | 임파워먼트이론

임파워먼트(empowerment)는 권한부여, 역량강화, 세력화 등으로 번역되며 사회복지실천 영역에서 의미 있는 실천 기반으로 적용되고 있다. 임파워먼트이론은 개인, 집단, 조직 및 지역사회 등이 기능을 잘 수행할 수 있도록 지원하는 과정에서 각 주체가 변화의 힘을 갖도록 자신감과 가치감을 제공하고 스스로 환경과 변화에 대한 통제력을 갖도록 돕는 실천이다(이기연·유서구, 2012). 임파워먼트이론은 개입을 필요로 하는 클라이언트와 그들의 문제 상황을 어떻게 볼 것인가에 대한 개념적 의미와 클라이언트와 어떤 관계를 형성하고 어떤 방식으로 문제해결 과정을 규정하고 수행해 나갈 것인가에 대한 지침을 제공한다. 즉, 클라이언트에 대한 임파워먼트이론은 사회복지실천의 분야의 오랜 전통적 실천 기반이며, 클라이언트의 강점을 중요시하는 이론을 보다 더 체계화시키고 실체화한 것이라 볼 수 있다.

1) 임파워먼트이론의 기본적 개념

(1) 임파워먼트이론의 개념

임파워먼트이론은 클라이언트로 하여금 자신의 삶의 중요한 결정과 행동에 있어 힘(power)을 가질 수 있도록 돕는 것을 말하며, 클라이언트의 능력을 발휘하지 못하게 하는 사회적·개인적 장애물을 제거하고, 자신의 기능과 능력을 통해 자신에게 주어진 권한을 찾아가게 하는 적극적인 활동이다. 즉, 임파워먼트이론은 클라이언트에게 자신감, 가치감을 제공하고 환경에 대한 대처 능력과 통제력 등을 스스로 갖출 수 있도록 지원한다.

임파워먼트이론은 스티그마(stigma) 집단의 구성원이라는 사실에서 시작된 부정적인 평가로 인해 발생한 무기력 상태를 줄이기 위해 클라이언트 또는 클라이언트 체계에 대응하여 사회복지사가 개입하는 일련의 활동 과정(Solomon, 1976)이라 할 수 있다. 임파워먼트 관점은 개인이든 지역사회든 어느 체계나 이미 잠재적인 힘과 가능성, 기회들을 가지고 있다고 본다. 만약 어떤 체계가 제 기능을 유지하지 못하였다면 이것을 체계만의 문제로 보는 것이 아니라 제 기능을 도와야 할 사회구조나 자원의 부족 현상으로 파악하는 것이다. 따라서 임파워먼트 관점에 기반한 사례관리자는 다양한 환경 속에 내재되어 있는 자원을 찾아내서 클라이언트가 접근할 수 있도록 도와주며, 클라이언트로 하여금 강점이나 잠재력 등 클라이언트에게 내재된 힘을 내면화할 수 있도록 도와야 한다(이기연·유서구, 2012).

임파워먼트이론에서의 힘은 다음과 같은 능력을 말한다.

- 자신이 필요한 것을 획득할 수 있는 능력
- 다른 사람의 생각, 감정, 행동, 신념에 영향을 미칠 수 있는 능력
- 가족, 조직, 지역사회 나아가 전체 사회 내에서의 자원 분배에 영향을 미칠 수 있는 능력

궁극적으로 임파워먼트이론은 생태체계적 관점을 통합하고 강점관점을 지향하고 있다. 클라이언트가 가지고 있는 힘을 행사하는 데 있어서 방해가 되는 사회적·개인적 장애 요인들의 영향을 감소시키고, 힘의 사용에 대한 역량과 자신감을 증가시키며 힘을 환경으로부터 개인에게로 전환시킬 수 있는 능력을 가지게 한다. 또한 임파워먼트이론은 법률과 집단의 가치 및 개인의 가치 욕구 등에 따른 사회적 승인이 뒷받침되어야 하며, 사회적 승인의 기반이 약할수록 실천의 뒷받침이 약하다고 볼 수 있다(설진화 외, 2022 재인용).

따라서 사회복지사는 다음과 같은 임파워먼트의 구조에 따른 체계, 즉 개인, 대인 관계, 다양한 사회구조적 차원의 임파워먼트를 충분히 이해하고 있어야 한다(Miley et al., 1995).

① 개인적 차원의 임파워먼트

개인적 차원의 임파워먼트는 강점, 능력, 성취, 변화를 초래할 수 있는 힘에 대한 개인의

인식이나 감정을 의미하며, 자신의 삶에 대한 통제감이라 볼 수 있다. 개인적 차원의 임파워먼트는 자기 가치에 대한 생각이나 느낌의 수준, 자신을 둘러싼 외부 체계와 차별화할 수 있는 수준, 영적인 수준까지도 포함한다.

② 대인관계에서의 임파워먼트

대인관계에서의 임파워먼트는 타인에 대한 영향력을 의미한다. 즉, 대인관계에서의 임파워먼트란 일방적인 관계가 아닌 상호 교환하는 평형관계를 형성하는 것을 의미하며, 타인과의 관계에서 효율적인 상호작용을 의미한다.

③ 사회구조적 차원의 임파워먼트

사회구조적 차원의 임파워먼트는 구조적 변화를 통해 자원을 재분배하고, 사회적 자원에 대한 접근을 용이하게 하며, 권력의 장벽을 제거하여 새로운 기회구조를 창출하는 능력을 의미한다. 사회구성원은 자기 자신을 변화시킴으로써 힘을 얻고 새로운 기회를 창출할 수 있으며, 사회적 수준에서의 자원 창출은 그 사회의 모든 개인에게 힘을 부여한다.

(2) 전통적인 사회복지실천 방법과의 차별성

임파워먼트의 특성은 지각된 자기효능, 사회적 지지, 문제해결능력, 의사결정에 관한 권한과 책임을 갖는 것 등이며, 임파워먼트이론은 개인, 가족, 집단, 지역사회 등과 같은 클라이언트에게 기존의 전통적인 실천방법들과는 다른 방식으로 접근할 것을 요구한다.

강점관점과 임파워먼트이론은 거의 유사한 개념으로서 차이점을 찾기가 쉽지 않다. 강점관점은 클라이언트의 잠재능력, 재능, 자질을 강화하여 줌으로써 사회 적응을 보다 용이하게 하는 데 초점을 두는 반면, 임파워먼트이론은 동기, 능력, 기회 등을 제공하여, 사회적 기능을 가능하게 하는 클라이언트의 힘을 끌어 내어 스스로의 힘으로 문제 상황을 해결하도록 돕는 데 초점을 두는 것이 상이한 점이다.

전통적인 사회복지실천 방법과 임파워먼트의 비교를 제시하면 다음의 〈표 3-2〉와 같다.

표 3-2 전통적인 사회복지실천 방법과 임파워먼트의 비교

전통적인 사회복지실천 방법	임파워먼트
욕구, 결함, 증상, 병리 등 문제 중심의 시각을 가지고 있다.	소망, 열망, 재능, 기술, 지식 등 강점 중심의 시각을 가지고 있다.
부정적인 문제 인식을 가지고 있다.	적극적이고 긍정적인 문제인식, 즉 기회, 도전으로 인식한다.
분석적이다.	총체적이다.
전문가적 관점 중심의 질문식 면담을 한다.	클라이언트 관점에서 정보수집, 목적 있는 대화를 한다.
과거와 현재에 초점을 둔다.	지금, 현재에 초점을 두고 미래 지향적이다.
전문가 중심이다.	클라이언트와의 협력적 동반자 관계를 중시한다.
클라이언트를 수동적 수혜자로 인식하고, 전문가에 의해 통제된다.	클라이언트를 적극적인 권리 행사자, 소비자, 서비스 이용자로 인식한다.
최종 목적은 문제 해결에 있다.	최종 목적은 클라이언트의 삶의 질 향상에 있다.

출처: 장인협, 우국희(2001). 케어·케이스 매니지먼트, 재구성.

2) 임파워먼트이론의 목표

사례관리의 주요 기능은 클라이언트의 잠재력을 극대화하여 문제를 해결하고 환경체계를 활용할 수 있는 능력을 향상시키는 것이다. 이러한 개인과 환경 간의 최적화를 위해 사례관리자는 다양한 체계에 효율적으로 개입하고 관리하는 역할을 수행하게 된다. 이러한 사례관리의 실천은 임파워먼트의 목표와 다르지 않다.

임파워먼트의 구체적인 목표를 제시하면 다음의 네 가지 항목이다(Solomon, 1976).

- 사회복지사나 사례관리자는 클라이언트로 하여금 자신이 문제해결의 주체임을 인식하도록 한다.
- 사회복지사나 사례관리자의 지식과 기술은 클라이언트의 임파워먼트를 위해 노력하고 지원하며 활용할 수 있는 것임을 클라이언트가 알게 한다.
- 사회복지사나 사례관리자는 문제해결에 있어서 클라이언트의 동료이자 협력자 또는 파트너라는 것을 인정해야 한다.

- 사회복지사나 사례관리자는 학교, 복지기관, 법원 등과 같은 사회제도의 억압적인 부분에 의한 부정적인 영향을 최소화하기 위해 활동하는 사람이라고 인식할 수 있도록 해야 한다.

3) 임파워먼트이론의 실천 원칙

임파워먼트이론에서 클라이언트와 사회복지사는 전통적인 개입방법에서와 달리 상호 책임적인 관계이며, 클라이언트를 자신의 생활이나 경험에 관하여 누구보다 잘 아는 전문가로 인식한다. 또한 휴먼서비스나 정치 면에서 자기 주장을 할 수 있으며, 자신의 권한을 누릴 수 있고, 스스로 힘을 가지고 있음을 인식해야 한다(Parsons, 1991; Simon, 1994). 따라서 클라이언트는 자신과 가족, 친구, 이웃, 사례관리자 등에게 자신의 문제를 해결하는 주체적인 존재이며, 문제를 해결하는 과정을 통해 자신의 역량을 발휘할 수 있는 잠재력을 가진 존재로 인식되어야 한다(설진화 외, 2022).

이러한 관점에서 임파워먼트이론의 실천 원칙은 다음과 같다(Parsons, 1991).

- 원조관계는 협력, 신뢰, 힘의 공유에 기초한다.
- 집단행동을 활용한다.
- 클라이언트의 강점을 확인하고 활용한다.
- 계급과 힘에 관한 이슈에 대해서 클라이언트의 의식을 고양시킨다.
- 변화의 전 과정에 클라이언트를 관여시킨다.
- 특정한 기술을 가르친다.
- 상호 지지나 자조의 네트워크나 집단을 활용한다.
- 클라이언트가 가지고 있는 힘을 느끼게 한다.
- 클라이언트를 위해 자원을 동원하거나 그의 권리를 옹호해 준다.

4) 임파워먼트이론의 실천과정

임파워먼트이론의 실천은 클라이언트와의 관계(rapport) 수립, 실천가로서의 전문적 기술의 확립, 클라이언트의 강점에 대한 올바른 사정과 평가, 클라이언트를 자신의 문제해결의 주체자로 인식하기 등과 같은 활동 과정을 중요시한다.

사회복지현장에서 임파워먼트의 구체적인 실천과정을 제시하면 다음과 같다(장인협, 1999).

(1) 대화 단계: 발전시키기

대화를 통해 클라이언트는 자신이 처한 상황에 대해 스스로 어떻게 생각하고 있는지를 보여주는데, 이를 통해 클라이언트의 강점을 파악한다. 이러한 정보의 공유는 초기의 방향 설정 및 관계가 지향해야 할 목적을 정해 준다.

① 함께 활동하기 위한 준비하기: 임파워먼트의 분위기를 활성화하기 위한 생산적인 준거틀을 만드는 과정이다.

② 파트너십(partnership) 형성하기: 사회복지사와 클라이언트가 상호 협력적인 관계를 정의하고 발전시키는 과정이다.

③ 도전 탐색하기: 클라이언트의 상황에 대해서 클라이언트의 관점에서 이야기하는 과정이다.

④ 강점을 구체화하기: 바람직한 변화를 할 수 있는 클라이언트의 강점과 역량을 강조하는 과정이다.

⑤ 방향 정하기: 클라이언트와 사회복지사는 초기의 목적을 설정하고 다음 단계를 준비한다.

(2) 발견 단계: 사정, 분석, 계획하기

사회복지사와 클라이언트가 함께 목표를 설정하고, 변화를 위한 계약을 위해서 개인적·제도적 자원체계를 탐색하는 과정이다.

① 자원체계 탐색하기: 개인, 가족, 집단, 조직, 지역사회, 사회적·정치적 체계 내에서의 잠재적인 자원을 사정한다.

② 자원의 능력을 분석하기: 변화를 위한 표적과 자원을 구체화하기 위해 수집된 정보를 조직화하고 통합한다.

③ 해결점 형성하기: 사회복지사와 클라이언트는 구체적인 목적에 동의하고 바람직한 결과를 달성하기 위한 계획을 구체화한다.

(3) 발달 단계: 실행 및 변화를 안정화시키기

기존 자원을 활성화하고 클라이언트의 목적을 달성하기 위해 새로운 대안을 형성한다. 이 단계의 모든 활동은 클라이언트 체계와 사회적·물리적 환경의 변화를 시작하게 하고 강화하고 안정시킨다.

① 자원 활성화하기: 이미 가지고 있거나 접근 가능한 자원을 활용할 수 있는 방향을 모색한다.

② 기회 확대하기: 사회복지사와 클라이언트는 현재는 없으나 꼭 필요한 자원을 활용 가능한 환경 내에서 개발한다.

③ 성공 인정하기: 목적 달성의 측정, 과정의 효과성 평가, 함께 활동한 것 등에 대해 서로 파트너로서 인정하는 작업이 필요하다.

④ 달성한 결과를 통합하기: 개입을 종결하며 지속적으로 클라이언트가 독립성을 유지할 수 있도록 클라이언트와 클라이언트의 체계를 임파워먼트 한다.

3 강점관점

1) 강점관점의 기본적 개념

강점관점은 모든 사람은 강점을 가지고 있으며, 자신의 삶에서 원하는 것에 초점을 두어야 한다는 인식에서 출발하였다. 강점관점은 클라이언트의 욕구를 해결하는 과정에서 클라이언트의 문제나 병리적 측면보다는 클라이언트의 강점에 초점을 두고 개입하는 것을 전제로 한다. 강점관점은 인간이 본래 가지고 있는 장점의 중요성을 바탕으로 그들의 재능, 역량, 경쟁력, 가능성, 비전, 희망 등에 중점을 두고 클라이언트의 내재된 힘을 지지할 때 긍정적인 성장의 가능성을 높일 수 있다고 보았다(Saleebey, 2008).

강점사정은 클라이언트가 스스로 원하는 구체적인 목표들을 성취할 수 있도록 사례관리자가 클라이언트 삶의 여러 영역에서 강점을 발견하도록 지지하는 것이다. 강점에 기반한 사례관리는 정신보건 영역에서 적용·발전되었는데, 사례관리자는 클라이언트의 욕구와 목표에 초점을 두고, 성공으로 이끄는 데 도움이 되는 서비스 계획을 클라이언트가 수집하도록 지원한다. 이러한 과정에서 사례관리자의 역할은 클라이언트가 목표를 발견할 수 있도록 돕는 것이며, 클라이언트의 재능과 능력을 인식하고 그들의 목표를 성취하는 데 도움이 되는 가족, 이웃, 지역사회의 자원을 발견하는 것이다(김성경, 2023; Weick et al., 1989).

사회복지실천에서 강점관점의 실제와 성과를 체계화한 샐리비(Saleebey, 1992, 1997)는 강점의 실천적 기반이 되는 여섯 가지 개념을 다음과 같이 제시하였다(백은령 외, 2006).

(1) 임파워먼트

임파워먼트란 소외되고 침체되었던 사람들이 자신의 생활을 변화시키고 자신의 내부에 존재하고 있는 힘을 발견하게 하는 것이다. 이는 개인이나 지역사회가 지닌 강점을 발견하고 주장함으로써 나타나며, 강점은 임파워먼트의 기초적인 요소이다.

(2) 사회구성원

사회의 구성원들은 서로 영향을 주고받는데, 이는 사회구성원의 공통된 인식에서 출발한다. 사회구성원 중에서 도움이 필요한 사람은 사회로부터 소외되어 자신들의 권리나 이익을 주장하지 못하는 경우가 많다. 따라서 사회구성원들이 소외된 사람들의 권리나 이익을 보장해 주고자 노력한다면 클라이언트들은 자신들의 강점을 나타낼 수 있을 것이다.

(3) 회복력

사람은 어려움에 직면하게 될 때에 많은 고통을 경험한다. 회복력은 그러한 시련을 참고 견디는 능력을 말한다. 회복력은 도전에 대응하게 되며, 능력, 지식, 통찰 등의 장점을 끊임없이 성장하게 한다. 이러한 회복력은 강점관점의 기초가 된다.

(4) 치유의 전체성

치유는 총합적이고 자연적인 회복 능력을 말하며, 어려운 상황과 환경에 처해 있을 때, 질병 또는 와해의 위기에 직면하게 될 때, 이를 극복하거나 저항할 수 있는 정신을 요구한다. 강점관점은 모든 사람들에게는 전체적이고 잠재적인 치유능력이 있다는 것을 전제로 한다.

(5) 대화와 협동

모든 인간은 지속적으로 외부와 상호작용을 하면서 살아가고 있다. 주로 타인과의 상호작용은 대화나 협동적인 관계 활동에 의해서 이루어지는데, 이러한 상호작용이 제대로 이루어지지 않는다면 자기 자신의 생각이나 내면적인 강점을 찾아내기가 어렵다.

(6) 의혹의 불식

클라이언트는 자신이 처한 상황에 따라 불안하고 의혹이 많을 수 있어, 진실을 말하지 않을 수도 있다. 이러한 상황에서 사회복지사는 클라이언트가 가지고 있는 불안과 의혹을 불식시키고 클라이언트가 진실을 말하지 않고 있거나 왜곡하고 있다는 것을 알려주어야 한다. 클라이언트는 의혹을 해소하지 않고서는 그들의 강점을 나타낼 수 없기 때문에 강점 관점에서 중요한 요소이다.

샐리비(1999)는 정신분석학과 의료적 모델의 영향을 받아 클라이언트의 약점, 결함, 부적응, 실패 등을 강조하는 경향이 짙은 전통적인 사회복지실천 방법론에서의 병리적 관점과 강점관점을 비교하여 <표 3-3>과 같이 제시하였다.

표 3-3 병리적 관점과 강점관점의 비교

구분	병리적 관점	강점관점
개인	개인을 진단에 따라 증상을 가진 사례로 규정한다.	개인을 독특한 존재, 즉 강점을 가진 존재, 재능, 자원을 가진 유일한 존재로 규정한다.
초점	클라이언트의 문제에 초점을 둔다.	해결 가능성에 초점을 둔다.
클라이언트의 진술	전문가에게 재해석되어 진단에 활용된다.	그 사람을 알고 올바르게 인식할 수 있는 중요한 방법으로 활용된다.
사회복지사의 태도	클라이언트에 대해 부정적, 회의적이다.	클라이언트에 대해 긍정적이며, 본성을 파악하려고 노력한다.
외상의 경험	정신병리를 예측할 수 있는 전조이다.	개인을 약하게 할 수도, 강하게 할 수도 있다.
치료활동	전문가의 치료 계획에 따른다.	개인, 가족, 지역사회의 열망에 따른다.
전문가	사회복지사가 클라이언트 인생의 전문가이다.	개인, 가족, 지역사회가 인생의 전문가이다.
개인적 발전	가능성은 병리에 의해 제한된다.	가능성은 항상 열려 있다.
변화를 위한 자원	전문가의 지식과 기술이다.	개인, 가족 혹은 지역사회의 강점 역량과 적응적 기술이다.
원조 목적	부정적 감정, 사고, 행동, 관계의 개인적이고 사회적인 결과와 증상의 영향을 최소화하는 것이다.	클라이언트의 삶을 인정하고 가치를 개발하고 확인하도록 하는 것이다.

출처: Saleeby, D. (1996). The strenths perspective in social work practice.

2) 강점관점의 영역과 전제 가치

사회복지실천의 현장에서 사회복지사나 사례관리자가 기본적으로 갖추어야 할 이론적 관점 중의 하나가 강점관점이라고 볼 수 있다. 강점관점을 체계화한 샐리비(1992, 1997)는 강점의 영역을 일상생활에서 개인이 가지고 있는 재능, 기술, 자신에 대한 가치와 특성, 상호작용 기술, 인적·환경적 자원, 문화적 의식에 관한 지식, 가족과 가족 간의 이야기, 역경을 통하여 얻은 지식, 영성과 믿음, 희망과 꿈 등을 포함한다고 주장하였다.

샐리비(1992, 1997)가 제시한 강점의 영역을 살펴보면, 일상생활에서 무의식적이며 습관적으로 수행하고 있는 내용들이 대부분이어서 일반적으로 강점이라 생각하지도 않고 가치를 부여하지도 않는 것들이다. 그러나 강점의 영역에 포함된 것들은 모든 사람들이 일상생활을 지속시키거나 발전시켜 나가기 위해서는 절대적으로 필요하며, 누구나 다 할 수 있고, 가지고 있는 것들이다. 중요한 것은 일상생활에서 누구나 다 경험할 수 있는 것들을 강점으로 인식하고 새로운 의미를 부여하는 것이다. 이것은 사회복지사가 지식과 기술에 의존하여 문제를 해결하거나 감소시키는 변화에 대한 패러다임이 아니라, 이미 클라이언트가 경험을 하였고 갖고 있는 강점들을 자신의 성장과 변화를 촉진시키기 위하여 활용하는 것이다.

이러한 강점관점은 다음과 같은 여섯 가지의 가정을 전제가치로 보고 클라이언트가 가지고 있는 약점과 한계보다는 클라이언트의 강점을 이해해야 한다(서혜석 외, 2008; Saleebey, 1992).

- 클라이언트의 강점을 존중한다. 클라이언트가 가지고 있는 강점인 긍정적 성향과 능력, 재능과 자원, 욕구와 소망 등을 존중해야 한다.
- 클라이언트는 많은 강점을 가지고 있다. 모든 사람들은 신체적·정서적·인지적 대인관계, 사회적·정신적 에너지, 자원, 능력 등을 가지고 있다.
- 클라이언트의 동기는 강점을 인식할 때 강화된다. 모든 사람은 자신이 가지고 있는 능력, 지식, 기술 등을 발견하였을 때 자발적이며 지속적으로 발전하고 성장하며, 자신이 인식한 강점을 인식하고 일상생활에서 확인할 수 있을 때 동기는 더욱 강화된다.
- 사회복지사는 클라이언트의 협력자이다. 클라이언트가 자기 문제와 상황에 대한 전문가이기 때문에 그들의 지식을 무시하거나 경시한다면 협력관계의 형성과 유지는 어려

워진다.

- 모든 사람은 피해자라는 생각에서 벗어나야 새로운 것에 도전할 수 있는 힘이 생긴다.
- 모든 환경은 자원이다. 아무리 열악한 환경이라도 자원과 가능성을 가지고 있으며, 그 자체로서도 자원이다.

3) 강점관점의 특성

강점관점은 클라이언트의 약점과 단점보다 강점과 능력에 중점을 둔다. 이러한 강점관점의 시각에서는 모든 개인, 집단, 가족, 지역사회가 강점을 가지고 있으며, 모든 환경은 자원으로 가득 차 있다는 것을 기본 전제로 한다.

강점관점의 다섯 가지 기본 전제는 다음과 같다(Saleebey, 1997: 백은령 외, 2006 재인용).

- 모든 개인, 집단, 가족, 지역사회는 강점을 가지고 있다.
- 모든 질병과 학대 등 고통이 수반되는 것은 도전과 기회의 원천이기도 하다.
- 클라이언트의 희망과 비전 및 가치는 성장과 변화를 가져오고, 성장과 변화는 무궁무진하다.
- 클라이언트에게 가장 좋은 서비스를 제공하기 위해서는 클라이언트와 협동적인 관계가 되어야 한다.
- 모든 환경에는 자원이 풍부하다. 환경이란 공식적·비공식적 자원을 모두 포함하며, 어떠한 특정 영역과 종류를 구분하지 않는다.

강점관점에서는 사회복지사가 클라이언트 스스로 자신의 강점과 능력을 인식하고 개발하도록 도와주며, 자신의 자원과 환경을 이용하여 욕구를 적절하게 충족하도록 원조하는 역할을 수행한다.

강점관점의 특성은 다음과 같다(Miley et al., 1995: 백은령 외, 2006 재인용).

첫째, 문제가 아닌 기회를 강조한다. 문제는 사회복지실천의 개입에서 클라이언트로 하여금 수치심, 비난, 죄책감, 낙인을 수반하며, 부정적인 전제를 야기하였다. 그러나 사회복지사가 클라이언트의 문제를 성장의 기회, 도전, 전환점으로 볼 때, 클라이언트들은 자신의 관점을 의미 있게 변화시킬 수 있다. 따라서 강점 지향적인 사회복지사는 손상모델에서 도전모델로 전환하여야 한다.

둘째, 병리가 아닌 강점을 강조한다. 병리적 관점으로 진단하는 것은 클라이언트의 강점을 발견하지 못하게 되며 병리에 초점을 두기 때문에 강점을 드러낼 클라이언트와 사례관리자의 능력을 활용하지 못하게 한다.

셋째, 과거가 아닌 미래를 강조한다. 의료적 모델에 초점을 둔 개입과정은 언제, 왜, 어떻게 클라이언트 체계가 잘못되기 시작했는지 과거를 탐색한다. 그러나 강점을 지향하는 사회복지실천은 미래의 성장을 위해 이용할 수 있는 자원을 발전하기 위해 현재를 탐색한다.

4 | 네트워크이론

사례관리에서 네트워크(network)를 활용한다는 의미는 클라이언트에게 적절하고 포괄적이며 지속적인 서비스를 제공하기 위해 지역사회 자원망을 연계하여 보호의 연속성 및 서비스의 책임성을 제고한다는 것이다. 이러한 배경으로 인해 네트워크이론도 사례관리 실천의 중요한 기반이 된다고 할 수 있다.

1) 네트워크의 개념

사회복지 분야에서 네트워크는 '사회적 관계망', '조직 간 관계 또는 연결망', '서비스연계망', '기관 간 연계', '조직 간 협력', '지역사회 관계망' 등으로 사용되고 있다. 이준영(2007)은 이러한 개념을 종합해서 네트워크란 자원, 기술, 사회관계, 지식, 신뢰 등을 서로 공유할 수 있는 사람들 또는 단체의 공식적 혹은 비공식적 관계의 망으로서 유대(tie) 또는 연계(linkage)라고 정의하였다.

사회복지 분야에서 네트워크의 개념은 국가복지의 대안으로 등장하였는데, 1970년대 중반 이후 경기 침체로 재정적 위기의식이 증대되어 공식적 서비스를 비공식적 지지망(informal support network)을 통해 제공하고자 하는 움직임이 일어났다. 또한 공식적 서비스 기관이 관료적 성격의 조직으로 변화하여 더 이상 클라이언트의 서비스 욕구에 적절하게 반응하지 못한다는 비판 때문에 다른 부문과의 네트워크를 통한 복지 제공 방안을 모색하게 되었다. 복합적 클라이언트의 욕구에 대응하기 위해서는 사회복지서비스 제공기관 간 네트워크가 필요하다. 서비스 제공기관 간 네트워크는 서비스의 중복과 누락을 방지하고 자원의 효율성을 높이며 클라이언트의 만족이라는 효과성을 확보하는 방안이 될 수 있다는 점에서 매우 중요하다고 볼 수 있다(김희연·한인숙, 2002).

사례관리는 다양한 조직과 자원의 연계를 통해 대상자의 욕구에 부합되는 최적의 서비스 제공을 목표로 하기 때문에 자연스럽게 사회적 관계망이나 조직 간 협력(collaboration)이 필요하다. 사례관리에서 네트워크가 중요한 이유는 클라이언트 측면과 사례관리자 측면으로 나누어 설명할 수 있다. 클라이언트 측면에서는 클라이언트 체계의 욕구 복합성과 그에 대응하는 조직의 단일목표 지향성 때문이며, 사례관리자 측면에서는 사례관리 운영체계가 네트워크를 통해 이루어지고 네트워크를 통해 목표 달성을 함께할 수 있기 때문이다. 이러한 점에서 볼 때 사례관리는 네트워크 조직을 통한 협업이라고 할 수 있다(이기연·유서구, 2012; 함철호, 2016).

2) 사회복지조직이 네트워크를 추구하는 근본적인 이유

네트워크의 상호작용적 특성을 살펴보면 조직 간 네트워크 과정 속에서 실질적으로 교환되는 조직 간 관계 또는 적절성을 파악할 수 있는 것으로 조직 간의 네트워크 내용, 상호호혜성, 조직 간 상호작용 빈도, 네트워크의 지속성이 대부분 사용되고 있으며, 그 외에 특성으로 연결성, 다양성, 강도, 확장 정도 등을 포함시키기도 하였다(김현숙, 2012). 네트워크의 기능적 특성은 네트워크가 조직 구성원들에게 어떤 역할을 하는가를 의미하는 것으로,

참여한 행위자의 의도, 필요, 자원, 전략 등에 의존하게 된다(김희연·한인숙, 2002).

오늘날에는 어떠한 조직이나 기관도 네트워크 없이 단독으로 생존해 나가기 어렵다. 더구나 조직에 필요한 자원을 외부 환경에서 조달할 수밖에 없는 사회복지조직의 경우 지역사회 환경 속에서 다양한 조직과 네트워크 체계를 갖추지 않을 수 없다. 이러한 이유로 공공과 민간의 영역에서는 조직의 크기, 서비스 제공 범위에 상관없이 다른 조직과 협력 또는 네트워크 관계를 추구하게 되는 것이다.

(1) 네트워크를 추구하는 이유

사회복지조직이 네트워크를 추구하는 구체적이고 근본적인 이유를 다음과 같이 다섯 가지로 설명하고자 한다(황성철 외, 2015 재인용).

① 자원에 대한 필요성

자원에 대한 필요성은 조직이 다른 조직과 협력 또는 네트워크 체계를 구축하는 가장 큰 이유가 된다. 한 조직이 단독으로 획득하기 어려운 고도의 전문화된 자원이나 정치적 과정을 통해서 얻을 수밖에 없는 자원에 대해서는 네트워킹을 시도하면 효율적이다.

② 조직 영역의 확장 필요성

조직이 새로운 사업을 통하여 시장을 확대하여 개척하고자 할 때 개별 조직의 위험을 감소시키면서 새로운 시장에 진입하기 위하여 조직 간에 협력과 네트워크를 한다.

③ 경쟁력 강화를 위한 필요성

조직 간 협력을 통하여 경쟁력을 높일 수 있기 때문에 네트워킹을 시도하는데, 특히 비교 우위를 점하는 특정 조직이 규모나 지위에서 크게 차이가 날 때 약소 조직들이 서로 협력하여 경쟁력을 높일 수 있다.

④ 변화에 적응하기 위한 필요성

급변하는 환경에 적응할 수 있는 능력을 갖추기 위하여 네트워킹을 할 수 있다.

⑤ 규모의 경제와 비용절감을 위한 필요성

협력과 네트워크 체계의 구축은 효율성을 담보로 한다. 지역사회 차원에서 유사한 서비스 대상에게 각기 다른 서비스를 제공하는 조직들이 있는 경우, 접수나 진단, 평가 단계 등의 업무수행을 공유하여 서비스 제공 비용을 절약하거나 감소시킬 수 있다.

(2) 네트워크의 특징

네트워크는 다음과 같은 특징이 있다(한국사례관리학회, 2019).

① 조직 및 구성원 사이의 의미 있는 상호관계가 존재한다.
② 네트워크 구성원들이 교환하고 공동의 목적을 달성하기 위해 지속적인 상호작용을 한다.
③ 신뢰에 바탕을 둔 상호작용이 있다.
④ 네트워크 구성원 사이에서 합의된 규칙에 의한 통제가 있다.
⑤ 구성원 사이에 상당한 자율성이 유지된다.

3) 네트워크의 중요성

홀(Hall, 1982: 한국사례관리학회, 2019 재인용)은 사회복지에서 네트워크의 중요성을 강조하였는데, "조직 간 네트워크는 무엇보다도 의료보호, 청소년 보호조직, 복지조직, 취업알선 등의 인적 서비스 전달을 다루고 있다. 그 이유는 이러한 조직 상호 간의 조정으로 서비스 전달을 개선할 수 있고 비용을 절감할 수 있다는 신념이 있었기 때문이며, 사회서비스 조직체의 클라이언트들은 조직 상호 간의 관계에 의해 크게 영향을 받을 수 있기 때문이다." (김성천 외, 2022b; 한국사례관리학회, 2019). 이러한 이유로 네트워크이론은 사례관리를 위한 운영체계 구축 과정과 사례관리 실천 기반에 널리 사용되어 왔다. 사례관리를 위한 운영체계 구축에서는 통합사례관리팀 구축, 지역사회기관과의 협력, 인적·물적 지원망 구축 등에 적용될 수 있다. 사례관리 과정 및 계획수립 및 실행에 있어서는 공식적·비공식적 지원체계를 구축하고 지역사회기관과 연계 및 협력을 수행하는 데 적용이 가능하다. 또한 사례관리 평가 영역에서는 클라이언트에게 제공된 공식적·비공식적 자원, 서비스에 참여한 지역사회기관과의 연계 및 협력 정도를 파악하는 데 활용할 수 있다(남미애, 2018).

이처럼 네트워크이론은 사례관리 운영체계 구축을 통해 효과적인 사례관리를 수행하게 하며, 사례관리의 운영체계가 효율적으로 운영되면 지역사회기관과 함께 진행되는 통합사례회의 등을 통해 사정, 자원 활용, 계획수립 및 점검 등의 일련의 사례관리 실천과정도 협력적으로 이루어져 사례관리의 간접실천이 원활하게 이루어진다.

효과적인 사례관리를 위한 네트워크 형성이 중요하나 서비스 제공자, 기관별 속성, 네트워크 안에 관계가 중요한 영향을 미치므로(정순둘, 1997), 네트워크 내에서 수행되는 상호작용의 경험을 통해서 신뢰를 형성하고 그 신뢰를 바탕으로 안정화되어야 할 것이다(김용학, 2003). 이에 민간기관과 공공기관, 민간기관 간, 공공기관 내 부서 간, 공식적 자원과 비공식적 자원 간 등 원활한 상호작용을 통해 신뢰를 형성하고 그 신뢰의 경험으로 네트워크가 효과적이고 효율적으로 연계될 때 사례관리자와 클라이언트, 지역사회에서도 긍정적인 성과를 창출할 수 있을 것이다.

학습과제

1. 생태체계이론에 대해 설명하고 장점과 단점에 대해 정리하시오.
2. 강점관점에 대해 설명하고 어떠한 점에서 유용한 이론인지 설명하시오.

Chapter 04

사례관리의 모델

학습목표

1. 사례관리 모델의 의미를 이해한다.
2. 사례관리자의 역할을 기준으로 한 모델(얼리와 포트너의 사례관리 모델)을 이해한다.
3. 서비스 전달 기반에 따른 사례관리 모델(우드사이드와 맥클램의 사례관리 모델)을 이해한다.
4. 서비스 복합성 수준에 따른 사례관리 모델(황성철의 사례관리 모델)을 이해한다.
5. 아이오와 사례관리 모델(홀 등의 사례관리 모델)을 이해한다.

사례관리는 사회복지실천의 다양한 영역에서 중요한 실천방법으로 적용되고 있다. 사례관리 모델의 분류기준은 다양한데, 기본적으로 공통적인 틀을 유지하지만 표적 집단과 목적, 사례관리의 주체, 활동, 장소, 또는 사례관리자의 역할에 따라 다르며 직접서비스와 간접서비스의 비율과 개별 클라이언트와 클라이언트 체계, 사례관리자와 사례관리팀, 주요 이론적 기반 등에 따라 차이를 보인다(권진숙 외, 2012; 이근홍, 2006).

우드사이드와 맥클램(Woodside & McClam, 2003)은 사례관리 모델 이해의 중요성을 다음과 같이 설명하였다.

- 서비스 전달이 다양한 방식으로 제공될 수 있는 유연한 과정임을 알 수 있다.
- 각 모델의 서로 다른 목표는 사례관리자의 책임성, 역할, 개입기간에 대한 다른 관점을 갖게 한다.
- 각 모델마다 장점과 단점을 가지고 있는데, 이러한 것을 파악함으로써 어떠한 특정한 상황에 어느 모델이 적합한지 선택할 수 있게 한다.

여기에서는 사례관리자의 역할을 기준으로 한 모델(Early & Poertner, 1995)과 사례관리서비스 전달 기반에 따른 사례관리 모델(Woodside & McClam, 2003), 서비스의 복합성 수준에 따른 모델(황성철, 1995), 아이오와 사례관리 모델(ICM 모델)에 대해 소개하고자 한다.

1 사례관리자의 역할을 기준으로 한 모델

얼리와 포트너(Early & Poertner, 1995)는 사례관리자의 역할을 중심으로 하여 사례관리 모델을 분류·제시하였다. 치료자 사례관리자, 중개인 사례관리자, 기관 간 팀 사례관리자, 강점관점 사례관리자의 네 가지 유형으로 제시하고 있는데, 그 내용은 다음의 〈표 4-1〉과 같다.

표 4-1 얼리와 포트너의 사례관리자의 역할에 따른 사례관리 모델

기능	치료자	중개인	기관 간 팀	강점관점
특징	기존의 치료에 사례관리자를 추가하였다.	서비스 체계가 잘 조정되어 있지 않으므로 클라이언트가 서비스를 잘 받도록 중개한다.	클라이언트가 다양한 서비스 체계와 관련되어 있을 경우 다양한 분야의 전문가 팀이 조정하는 기능을 수행한다.	클라이언트와 클라이언트의 체계가 가진 강점에 주목한다.
사정	DSM-Ⅲ-R에 의하여 사정을 한다.	기능적 사정에 의해 서비스 욕구를 결정하고 재정 지원을 목적으로 프로그램 자격조건을 사정한다.	각 분야의 전문가에 의한 사정 후 팀이 만나 함께 종합적이고 임상적인 사정을 한다.	클라이언트와 가족의 능력과 자원, 즉 강점을 사정한다.
계획	사회복지기관에서 치료 계획을 한다.	사례관리자가 클라이언트의 욕구에 맞는 서비스를 찾고 이를 중개한다.	서비스에 대한 팀 계획을 주선한다.	클라이언트와 가족이 필요한 자원과 기술을 스스로 습득하도록 한다(사례관리자에게 의존하지 않도록 한다).

기능	치료자	중개인	기관 간 팀	강점관점
옹호	클라이언트와 가족을 위해 필요할 것으로 보이는 다른 서비스를 얻을 수 있도록 옹호한다.	서비스 자격 요건의 유동성을 얻기 위해 다른 서비스 제공자에게 초점을 둔다.	모든 서비스 제공자가 동의를 하고 있으므로 옹호 노력이 필요 없다.	클라이언트와 가족이 자원을 획득하는 방법을 배울 수 있도록 하고, 기관의 변화를 위해 노력한다.
모니터링	클라이언트의 피드백을 통해 진행 정도가 모니터링 된다.	위기 상황이 다가오면 계획은 수정된다. 주기적으로 점검하고, 타 기관의 전문가가 모니터링하기도 한다.	정기적인 팀 모니터링을 한다.	클라이언트와 가족을 지속적으로 모니터링한다.
연계	부가적인 서비스 제공을 위해 지역사회 내의 다른 기관에 수동적으로 연계한다.	특정한 서비스에 대한 가족의 인지부터 재정적 보증을 포함한 능동적 의뢰를 한다.	사례관리자 팀의 리더가 연계에 대한 책임을 지기도 하고, 팀원으로 구성된 사례관리자가 각각의 기관서비스와 연계한다. 가족이 초기 사례관리자의 역할을 수행하기도 한다.	클라이언트와 가족이 자원의 효과적인 소비자가 되도록 하며, 연계에 대한 책임은 사례관리자, 클라이언트, 가족이 지게 된다. 공식적 자원이 없을 경우에는 비공식적 자원을 창출한다.

출처: 김성천 외(2022b). 사례관리론: 개념, 기술, 실천역량 이해; Early, T., & Poertner, J. (1995). Examining current approaches to case management for families with children who have serious emotional disorder에서 수정.

1) 치료자 모델

치료자 모델은 기존의 사회복지 치료 모델에 사례관리자의 자원 연결의 기능을 강화한 것이다. 따라서 사정은 미국의 「정신장애 진단 및 통계편람(Diagnostic and Statistical Manual of Mental Disorders: DSM)」에 근거하여 이루어지며, 직접적 치료가 계획의 우선이 된다. 모니터링은 클라이언트의 피드백을 통해서 하게 되고, 치료가 우선이며 부가적 서비스 제공을 위해 지역사회 다른 기관과의 연계는 수동적이다.

2) 중개인 모델

중개인 모델은 치료자 모델에서 발전한 것으로, 서비스 기관들 간의 협력체계가 잘 구성되어 있지 않은 상태에서 보다 좋은 서비스를 제공하기 위해 중개 역할을 적극적으로 진행하는 모델이다. 사정은 DSM에서 더 나아가 프로그램의 자격 요건으로 확대되며, 주기적으로 모니터링하며 사례관리자가 클라이언트의 욕구에 부합하는 서비스를 찾아 적극적으로 중개한다.

3) 기관 간 팀 모델

기관 간 팀 모델은 서비스 조정에 합의된 기관들의 적극적인 협력을 통해 서비스를 제공하는 모델이다. 사정은 각 기관의 전문가에 의해 이루어지며, 서비스에 대한 팀 계획을 우선한다. 사례관리팀의 리더와 팀원인 사례관리자 모두 연계를 진행하고 책임을 질 수 있다. 클라이언트가 다양한 체계와 관련되어 있을 경우에 다 직종 간의 조정이 강조되는 모델이며 팀에 의해 정기적인 모니터링을 진행한다.

4) 강점관점 모델

강점관점 모델은 클라이언트와 클라이언트 체계가 가지는 강점에 초점을 두고 그들 스스로 자원을 찾아 연계할 수 있는 능력을 가질 수 있도록, 즉 사례관리자의 역할을 수행할 수 있도록 지원하는 모델이다. 사정은 클라이언트 체계의 강점사정까지 포함하여 사정하고, 클라이언트 중심의 사례관리 모델과 같은 맥락으로 이해할 수 있다.

강점관점 모델은 1980년대 캔자스 대학교의 찰스 랩(Charles Rapp)에 의해 개발되었으며 그 당시 클라이언트가 원하는 것을 성취하는 데 사례관리가 비효과적이라는 인식에서 비롯하였다. 강점관점 모델은 클라이언트의 병리나 결함에 대한 사정보다는 클라이언트의 강점에 기초하여 사정하는 것을 기본 전제로 하며 사례관리 과정에 클라이언트의 참여가 강조된다. 이러한 과정에서 사례관리자는 클라이언트의 자기결정과 클라이언트의 목표가 달성될 수 있도록 지원하는 것이 주된 역할이 된다.

2 서비스 전달 기반에 따른 사례관리 모델

우드사이드와 맥클램(Woodside & McClam, 2003)은 사례관리자의 업무 초점과 기관 상황에 따라 사례관리 구조체계와 기능이 변화될 수 있다고 보고, 사례관리자 역할 기반 사례관리 모델, 조직 기반 사례관리 모델, 책임성 기반 사례관리 모델의 세 가지 유형으로 분류하여 제시하였다.

표 4-2 우드사이드와 맥클램의 서비스 전달 기반에 따른 사례관리 모델

구분	역할 기반 사례관리	조직 기반 사례관리	책임성 기반 사례관리
목적	•클라이언트의 욕구를 충족시키기 위해 다양한 서비스의 연결 •치료적 케어 제공 •서비스의 효과성과 질 평가	•단일 장소에서 복합적 욕구 충족을 위한 서비스 제공	•사례관리자의 단·장기 참여 •서비스의 조정 •자원봉사자의 도움 •클라이언트의 임파워먼트 강조
책임성	•사례관리 전 과정	•서비스 조정에서 서비스 제공을 위한 전문가 팀 운영까지 책임	•조정, 서비스 평가 등과 문제 규명, 계획, 수행 등에 따라 다양
주요 역할	•중개자, 협력자, 조정자, 상담자, 평가자, 촉진자, 계획자, 문제해결자 등	•옹호자, 중개자, 협력자, 조정자, 평가자, 촉진자, 계획가, 문제해결자, 체계 수정자	•중개자, 협력자, 조정자, 평가자, 촉진자, 계획가, 문제해결자, 기록보관자, 체계 수정자
개입 기간	•단기, 장기	•단기, 장기	•단기: 위기개입 •장기: 신체적·정신적 질병장애 또는 노화 문제
장점	•서비스 제공자와 조정자로서 사례관리자의 다양한 역할, 클라이언트와의 강력한 관계 형성	•서비스는 입원, 외래환자 또는 주거 중심으로 제공 •총체적 방법으로 다방면의 사정이 이루어짐 •계획이 개별화되어 평가하기 쉬움 •사례관리자들은 공동의 목적과 계획을 가지고 팀으로 기능	•사례관리자, 가족, 이웃, 자원봉사자, 클라이언트 등 다양한 개인이나 집단에 의해 수행 •서비스 접근이 어려운 클라이언트에게 용이 •비용 효과적 •지역의 독립적인 참여

구분	역할 기반 사례관리	조직 기반 사례관리	책임성 기반 사례관리
단점	• 사례관리자의 과중한 사례 양과 기관의 서비스 제공 제한에 따른 불충분한 서비스 제공	• 필요로 하는 서비스가 없을 때, 서비스 제공에 한계 • 서비스 통합은 분명한 조직구조와 위계질서에 의존 • 비공식적 지지체계의 접근이 가장 어려운 모델	• 사례관리자의 클라이언트에 대한 이해 부족 • 필요한 지식과 기술의 부족 • 비효과적인 서비스 평가
세부 모델	• 일반적 실천가 모델 • 중개자 모델 • 일반적 치료자 모델 • 비용절감 모델	• 포괄적 서비스센터 모델 • 다학문간 팀 모델 • 심리사회적 재활센터 모델	• 가족 모델 • 지지적 보호 모델 • 자원봉사자 모델 • 사례관리자로서의 클라이언트 모델

출처: 정순둘(2005); Woodside & McClam(2003): 설진화 외(2022). 사례관리론, 재인용.

1) 사례관리자의 역할에 기반을 둔 사례관리 모델

사례관리자의 역할에 기반을 둔 사례관리 모델은 사례관리자에게 요구되는 역할에 초점을 두고 구성된 모델이다. 필요에 따라 사례관리자는 자원을 중개하는 중개자의 역할, 직접적인 치료를 제공하는 치료자의 역할을 수행한다. 또한 서비스에 대한 중개 및 조정의 역할, 비용 효과성과 효율성에 중점을 두고 사례관리서비스를 제공하는 사례관리자의 역할, 일반적 실천가로서의 역할 등을 수행하는 사례관리자도 포함된다.

사례관리자의 책임은 사례관리의 전 과정에 걸쳐 있으며, 서비스가 제공되는 기간은 클라이언트의 욕구와 서비스의 제한 정도에 따라, 혹은 클라이언트가 장기간의 보호를 필요로 하는 경우인지 단기간의 보호를 필요로 하는지 등에 따라 달라진다.

사례관리자의 역할에 기반을 둔 모델의 장점은 사례관리자가 서비스의 제공자이면서 동시에 자원과 서비스의 조정자로서 클라이언트와 강력한 관계를 형성할 수 있다는 것이다. 반면, 단점은 사례관리자가 너무 많은 사례를 담당하기 때문에 효과적인 사례관리에 어려움이 생길 수 있으며, 기관에 따라 서비스에 제한이 있기 때문에 클라이언트의 욕구 충족 및 서비스 제공에 한계가 있을 수 있다는 점이다.

(1) 일반적 실천가 모델

일반적 실천가 모델(generalist model)에서 사례관리자는 개별 클라이언트나 클라이언트 집단의 서비스 조정에 전문적인 책임을 지고 클라이언트에게 제공되는 모든 서비스의 유일한 접촉 창구 역할을 하게 된다. 한 명의 사례관리자가 클라이언트 개개인의 치료계획을 세우고 서비스 문제에 관여하므로 책임성 있는 대처가 가능하고, 여러 기능을 수행함과 동시에 자율성이 보장되는 장점이 있다.

(2) 중개자 모델

중개자 모델(broker model)은 사례관리 모델 중에서 가장 단순한 모형이라고 볼 수 있다. 이 모델은 서비스의 전달체계가 잘 갖추어지지 않은 환경에서 유용하게 활용된다. 사례관리자는 서비스를 직접적으로 제공하기보다는 다양한 서비스를 클라이언트에게 중개하는 역할을 하므로, 사례관리자가 반드시 서비스 제공자인 것은 아니다. 중개자로서 사례관리자는 클라이언트의 욕구에 민감해야 하고, 클라이언트와 서비스 제공자 간의 연계를 위해 전문적인 훈련이 요구된다.

(3) 일차적 치료자 모델

일차적 치료자 모델(primary therapist model)은 사례관리자와 클라이언트의 관계가 주로 치료적이며, 사례관리 과정에서 클라이언트는 한 명의 사례관리자와 관계를 맺기 때문에 원조 과정에서 편안함을 느낄 수 있는 장점이 있다. 반면에 많은 치료자들이 사례관리를 클라이언트 치료의 부수적인 업무로 여긴다는 문제점도 있다. 따라서 일차적 치료자 모델의 사례관리자는 유능해야 하며 사례관리를 우선시해야 할 의무로 인식해야 한다.

(4) 비용절감 혹은 비용효과 모델

비용절감 모델은 사례관리자가 클라이언트에게 제공되는 서비스의 비용을 효과적으로 사용하려고 노력해야 한다. 그 이유는 사례관리는 클라이언트가 서비스 체계 내에서 보호,

서비스, 치료 등을 받을 수 있는 과정이며, 동시에 클라이언트에게 자원이 효율적이며 비용면에서도 효과적으로 제공될 수 있도록 하는 과정이기 때문이다.

2) 조직에 기반을 둔 사례관리 모델

조직에 기반을 둔 사례관리 모델은 클라이언트의 욕구에 대한 기관의 서비스가 종합적으로 이루어지는지, 다학문적으로 이루어지는지, 심리사회적 재활에 초점을 두고 있는지 등에 따라 구분된다. 클라이언트의 문제가 매우 복잡할 경우 한 기관에서 해결이 어렵기 때문에 여러 학문 분야의 전문가가 필요하다.

이 모델의 장점은 사례관리기관의 서비스가 기관이나 시설에 입소 중인 클라이언트(inpatient client), 기관이나 시설의 외부에서 서비스를 이용하는 클라이언트(outpatient client), 주거시설을 이용하고 있는 클라이언트(residential basis client) 등으로 구분하여 제공되지만, 기본적으로 한 장소에서 서비스가 제공된다는 점이다. 또한 서비스 계획은 개별적으로 진행되며 모니터링이 쉽게 이루어질 수 있고, 사례관리팀의 구성원들은 하나의 팀으로 사례관리를 수행하게 된다. 조직에 기반을 둔 사례관리 모델의 단점은 사례관리기관에 없는 자원을 클라이언트가 필요로 할 때 서비스 제공에 제한점이 발생할 수 있다는 것과 서비스의 통합은 분명한 조직 구조와 권한에 따라 이루어지기 때문에 클라이언트의 가족 등 비공식적인 체계가 가장 접근하기 어렵다는 점이다.

(1) 포괄적 서비스센터 모델

포괄적 서비스센터 모델(comprehensive service center model)은 만성 정신장애인, 발달장애인, 시설 또는 자립생활센터에 거주하는 대상자 등에게 사회·정서적 지지, 직업훈련, 기숙사 시설 등을 포함한 서비스를 제공한다. 그리고 만성 정신장애인과 약물남용자 등에게는 타 기관에서 진행하는 재활프로그램과 같은 서비스를 제공받도록 연계한다. 포괄적 서비스센터 모델은 서비스센터 내에서만 사례관리서비스가 제공되는 한계가 있지만, 클라이언트가 독립생활 기술과 방법을 습득할 수 있도록 지원하는 장점이 있다.

(2) 다학문간 팀 모델

다학문간 팀 모델(interdisciplinary team model)은 사례관리 과정에서 전문적인 서비스를 제공하는 전문가들로 구성되어 있으며 특정 분야의 전문가인 사례관리자는 특정한 사례관리 기능을 수행하는 동시에 공동으로 사례관리의 전 과정에 책임을 지는 독립적이면서 협력적인 관계를 유지하게 된다.

(3) 심리사회적 재활센터 모델

심리사회적 재활센터 모델(psychosocial rehabilitation center model)은 특히 클라이언트의 욕구와 목적에 초점을 두며, 사례관리 실천과정에서 클라이언트의 약점을 파악하여 이를 극복할 수 있도록 여러 가지 기술을 습득하도록 한다.

3) 책임성에 기반을 둔 사례관리 모델

책임성에 기반을 둔 사례관리 모델은 사례관리자의 역할을 수행하는 사람에 따라서 구분된다. 즉, 가족의 구성원 중 한 사람, 지지적 보호를 제공하는 네트워크, 자원봉사자 또는 클라이언트 스스로가 사례관리자의 역할을 수행하는지에 따라 구분된다. 이 모델의 특징은 보호의 제공이 휴먼서비스 전문가에서 비전문가로 옮겨졌다는 데 있다. 지속적인 보호를 필요로 하는 클라이언트의 특성으로 볼 때, 전문적인 사례관리자의 보호 서비스가 끝난 후에도 지속적인 돌봄이 필요하다. 이때 클라이언트의 가족 등 비공식적 지지체계를 통해 클라이언트를 보호할 수 있으며, 이들 비전문가를 대상으로 사례관리서비스를 지속적으로 제공할 수 있도록 훈련을 실시할 수 있다. 물론 전문적인 사례관리자는 위기 상황 발생 시 또는 스트레스 상황이 발생할 때 언제든지 도움을 제공하는 것이 가능하다.

이 모델의 목적은 주로 사례관리자의 단기적·장기적 관여의 필요성에 초점을 두면서 서비스의 조정, 자원봉사자의 지원, 클라이언트가 가지고 있는 강점을 강조한다. 따라서 서비스 제공기관도 비상사태의 발생 여부, 장기 또는 단기 서비스의 필요성, 신체적·정신적 질병, 장애, 노인성 문제 등에 따라 달라진다.

이 모델의 장점은 비용을 절감할 수 있다는 데 있으며, 지역사회가 관련되어 있으면서도 독립성을 강조한다는 데 있다. 반면에 단점으로는 사례관리자가 클라이언트에 대한 지식과 기술을 중점적으로 가지고 있지 못하며, 효과적인 모니터링을 할 수 없다는 것이다. 또한 사례관리자가 비공식적 지지체계라는 의미는 서비스 제공자가 공식적 서비스 전달체계에 있지 않기 때문에 서비스의 조정과 승인에 한계가 있음을 나타낸다.

(1) 가족 모델

가족 모델(family model)은 발달장애, 만성 정신장애, 신체적 무능력 등을 가진 클라이언트에게 가족이 가장 빠르고 적절한 서비스를 제공할 수 있기 때문에 보호의 연속성을 가질 수 있다는 점에 초점을 둔다. 따라서 클라이언트의 부모, 성인 자녀, 배우자에게 적절한 보호할 수 있도록 교육하여 보호의 연속성을 유지하도록 해야 한다. 이 모델에서 사례관리자는 가족이 제공하지 못하는 서비스를 지원하는 보충적 역할을 수행하는데, 클라이언트와 가족, 사례관리자의 협력이 중요하다.

(2) 지지적 보호 모델

지지적 보호 모델(supportive care model)은 정신건강 영역에서 만성 정신장애인에 대한 심리적 지지를 제공하는 지역사회 역할의 중요성에 초점을 두고 있다. 이 모델에서 지역사회 주민은 직접적 정신보건서비스를 제공할 수 있으며, 클라이언트와 그들에게 제공되는 지역사회 지지를 효과적이고 경제적인 방법으로 연결할 수 있다.

(3) 자원봉사자 모델

자원봉사자 모델(volunteer model)은 지역사회 자원봉사자가 일정 기간의 훈련을 거쳐 사례관리 전문가의 도움을 받으면서 만성 정신장애, 정신장애인, 신체장애인, 허약한 노인 등의 사례관리자로 활동하는 것으로, 사례관리 과정에서 사례관리자와 자원봉사자의 협력적인 실천이 중요하다.

(4) 사례관리자로 기능하는 클라이언트 모델

사례관리자인 클라이언트 모델(client as care manager model)은 클라이언트로서 서비스를 받은 경험이 있는 사람들 중에서 선별하여 전문적인 훈련과 지도감독을 통해서 사례관리팀의 구성원으로서의 역할을 수행하게 하는 것이다. 이 모델의 대표적인 예로는 약물남용자들과 함께하는 프로그램에서 회복 상태에 있는 클라이언트가 사례관리자로서 현재 약물남용자들의 매개체 역할을 하여 클라이언트들을 직접적으로 직면시키는 역할을 하는 것이다.

3 서비스의 복합성 수준에 따른 모델

황성철(1995)은 외국의 사례관리 모델을 목적과 기능, 역할, 사례관리자의 전문성, 사례관리자의 위치와 슈퍼비전, 적절한 사례 양, 업무에 관한 자율성 등에 따라 분석·종합하여 한국의 실정에 맞는 사례관리의 모델을 단순형, 기본형, 종합형, 전문관리형으로 구분하여 다음의 〈표 4-3〉과 같이 제시하였다.

표 4-3 황성철(1995)의 한국형 사례관리 모델

구분	단순형	기본형	종합형	전문관리형
사례관리의 근본 목적	지역사회 자원과 서비스 연계	지역사회 자원과 서비스 연계 및 기초 상담, 조언	지역사회 자원과 서비스 연계 및 심층상담, 치료	직접적·간접적 서비스 제공과 관리자로서 서비스 관리
사례관리의 기능	욕구 인식 및 사정, 사례계획과 서비스 연계, 서비스 점검	적극적 사례발굴, 사정, 계획, 개입, 서비스 연계, 상담, 서비스 점검	로스만(Rothman)[4]의 15가지 기능 수행	기본적인 사례관리 기능과 자원 분배, 통제, 의사결정 기능 포함
사례관리자의 역할	자원과 서비스 중개자	중개자, 상담자, 교육자, 지지자, 서비스 점검자	자원과 서비스 중개자, 상담/치료자, 교육자, 클라이언트 옹호자	연계자, 상담자, 치료자, 교육자, 관리자
사례관리자의 교육 및 전문성 정도	비전문가, 준전문가 (전문대 졸업자/훈련된 자원봉사자)	준전문가, 전문가 (전문대 졸업자/신임 사회복지사)	전문가 (경력이 풍부한 선임 사회복지사)	특별 분야별 전문가
조직 내 사례관리자의 위치와 슈퍼비전	기존의 조직과 업무수행 부서에서 수행, 전문가에 의한 엄격한 슈퍼비전	기존의 조직 내에서 수행, 경험이 많은 사회복지사의 슈퍼비전이 필요	독립된 사례관리 부서, 최소한의 슈퍼비전	독립된 팀 형성, 슈퍼비전이 필요 없음
사례관리자의 사례 양	비교적 많음	적합함 (30case 내외)	비교적 적음 (10~20case)	최소한의 case (10case 미만)
개별/팀 접근	팀 접근도 가능하나 주로 개별적 접근	개별적 접근	개별적 접근	팀 접근
사례관리자의 업무에 관한 자율성 및 권위의 정도	자율적인 결정권이 없음. 전문가와 협의 요망	어느 정도 자율성이 보장됨	자율적인 의사결정이 보장됨	전문 분야별 자율성이 보장되나 공동 결정 요망

출처: 황성철(1995). 사례관리 실천을 위한 모형개발과 한국적 적용에 관한 연구.

4 로스만이 제시한 15가지 사례관리자의 기능
사례발견과 의뢰, 적극적인 클라이언트 발굴, 접수, 사정, 목표 설정, 서비스 계획 및 개입, 클라이언트와 서비스 또는 자원 간의 연계, 자원 파악 및 목록 작성, 서비스 제공의 점검, 재사정, 결과 평가, 기관 상호 간의 조정, 상담, 치료, 클라이언트 옹호

1) 단순형

단순형 사례관리 모델은 클라이언트와 지역사회의 자원 및 서비스를 단순히 연계시키는 데 초점을 두고 준전문가의 수준에서 실천된다. 단순형 모델에서 수행하는 사례관리 기능은 욕구 인식 및 사정, 사례관리 계획과 서비스 연계, 전달한 서비스에 대한 효과성을 점검하는 기능이다. 단순형 사례관리 업무는 준전문가나 비전문가에 의해서도 수행될 수 있다. 그러나 스스로 서비스에 대한 독자적인 판단 능력이 부족할 수 있으므로 전문가의 슈퍼비전이 반드시 필요하다.

2) 기본형

기본형 사례관리 모델은 기초 상담, 지역사회 자원과 서비스를 연계하는 수준의 업무 수행으로, 준전문가의 수준에서 실천된다. 이 모델의 사례관리는 적극적 사례발굴, 사정, 사례계획 및 개입, 서비스 연계 및 상담, 서비스를 점검하는 기능을 수행한다. 사례관리자의 역할은 중개자, 상담자, 교육자 및 지지자, 서비스 점검자이며, 사례관리 업무 수행에 있어서도 자율성이 어느 정도 보장되며 사례관리자는 준전문가의 역할이나 일부 전문가로서의 업무를 수행한다. 사례관리는 기본적으로 한 사례관리자가 클라이언트를 대상으로 종합적인 서비스를 관리하는 체계이므로 팀 접근보다는 개별적 접근으로 수행하며, 사례관리자의 담당 사례 수는 30case 정도가 적당하다. 기본형 사례관리는 기관 내에서의 상담과 조언뿐만 아니라 가정방문 및 현장 방문서비스를 제공할 수 있어야 한다.

3) 종합형

종합형 사례관리 모델은 지역사회 자원과 서비스를 연계하고 심층상담과 치료적 기능을 수행한다. 사례관리 업무는 경력이 많은 전문가 수준에서 실천되며, 사례관리 기능은 로스만(Rothman)의 15개의 다양한 역할과 기능을 수행한다. 사례관리자의 역할은 자원과 서비스 중개자, 상담 및 치료자, 교육자 및 옹호자 역할이며, 종합형 모델은 서비스 개입에 있어 사례관리자의 자율적인 의사결정이 보장된다. 기존의 서비스 전달체계와는 별도의 독립된 부서를 공식화하여 업무를 수행하는 것이 바람직하다. 담당 사례의 수가 많을수록 행정적인 업무에 치중되기 때문에 전문적 사례관리서비스를 위해 10~20case를 담당하는 것이 바람직하다. 사례관리의 효과성에 관한 기존의 연구결과를 종합해 보면, 전통적인 사회복지실천 방법론의 접근보다 사례관리 실천을 통해 클라이언트의 삶의 질 향상, 스트레스와 고독감 감소, 재입원율 감소, 지역사회서비스 이용률 증가, 클라이언트의 행동 변화 등의 차원에서 긍정적인 평가를 보이는 것으로 나타난다.

4) 전문관리형

전문관리형 사례관리 모델은 직간접적 서비스 제공과 전문관리자로서의 역할을 수행한다. 사례관리 기능은 기본적인 사례관리 기능을 포함하여 자원 배분, 통솔, 의사결정 기능을 하며, 사례관리자의 역할은 연계자, 상담자, 치료자, 교육자, 관리자이다. 사례관리 실천은 개별적 접근보다 팀 접근이 효과적이라는 평가가 조사연구를 통해 입증되고 있다. 이러한 관점에서 전문관리형은 특수 분야별 전문가들과 함께 독립된 팀을 형성하여 개입하는 것이 바람직하다. 클라이언트에 대한 서비스 지원계획과 의사결정에 있어서 전문 분야별 자율성이 보장되나, 필요한 경우 동료 슈퍼비전을 통한 공동 결정을 권장하고 있다.

4 | 아이오와 사례관리 모델

홀과 그의 동료들(Hall et al., 2002)은 자신들이 개발한 아이오와 사례관리(Iowa Case Management: ICM) 모델을 설명하고자 기존의 4개의 사례관리 모델과 12개 차원을 활용하여 사례관리 특성을 비교하였다. 이들은 라이즈리와 윌렌브링(Ridgely & Willenbring, 1992)의 11개 차원의 서비스 유형에 서비스 기간, 접촉 강도와 빈도, 사례 양, 서비스의 초점과 서비스 유형, 사례관리 장소, 사례관리 권한 등 12개의 차원을 통해 각각의 사례관리 모델의 공통점과 차이점을 구분하여 비교하였다. ICM 모델과 비교한 4개의 모형은 라이즈리와 윌렌브링이 제시한 Pole A, Pole B, PACT(Program for Assertive Community Treatment), 관리보호(managed care) 모델이다.

ICM 모형은 홀과 그의 동료들(2002)이 미국 아이오와 주의 농촌 지역에 거주하는 약물 남용 및 중독의 어려움을 겪는 대상자들을 돕기 위해 그 당시 혁신적인 방법으로 개발한 것이다. 이 모형은 국립약물남용연구소(National Institute on Drug Abuse)로부터 5년간의 재정 지원을 받아 개발되었다. 아이오와 주에서 특화된 ICM 모델은 대상자의 현재 어려움에 대처하고 해결하는 전략을 개발하는 데 중점을 두며 강점관점의 해결 중심 치료적 접근을 통해 집중적인 사례관리서비스를 제공하고자 하였다.

홀과 그의 동료들(2002)이 제시한 다섯 가지 사례관리 모델을 살펴보면 〈표 4-4〉와 같다.

표 4-4 홀의 다섯 가지 사례관리 모델의 특성

구분	Pole A	Pole B	PACT	관리보호	ICM
서비스 기간	무제한	시간 제한적	무제한	필요 시(최소한)	1년까지
접촉빈도	빈번함/ 매일 접촉	분기별 접촉	자주	필요 시(최소한)	주나 월 단위의 혼합
사례관리자의 사례 양	적음 (1:10)	많음 (1:75)	적음 (1:5~1:15)	매우 많음	중간 범위 (집중서비스 1:15 최소서비스 1:30)
서비스 초점	넓음(포괄적)	좁음(배타적)	넓음	좁음(1분야)	넓음
서비스 유형	모든 종류의 서비스	타 기관이 제공하는 서비스 관리	치료 팀에서 대부분의 서비스 제공	타 기관이 제한 서비스 관리와 통제	주로 타 기관이 제공한 서비스의 기초적 관리
서비스의 이용 가능 시간	24시간	근무시간 내	24시간	24시간	근무시간 내와 저녁시간
사례관리 장소	클라이언트의 생활 환경	사무실	클라이언트의 생활 환경/사무실	전화	혼합 (사무실과 지역사회)

구분	Pole A	Pole B	PACT	관리보호	ICM
클라이언트 관점	클라이언트 중심	전문가 중심	전문가 중심	(재정 지원 단체에 의한) 전문가 중심	클라이언트 주도 목표 설정, 계획, 달성
옹호/ 초기 접촉자	클라이언트를 위한 옹호자	사례관리기관 초기 접촉자	혼합	초기 접촉자	클라이언트를 위한 옹호자
사례관리자 훈련	최상위의 전문 학위	근무기관 훈련	전문 학위	전문 학위	사회복지 또는 휴먼서비스 분야의 석사학위
사례관리 권한	광범위한 권한, 행정적 통제	권한 없이 설득 가능	PACT팀 내에서 광범위한 권한	재정에 관한 모든 권한	권한 없이 설득 가능
사례관리팀 구조	전체 팀의 대상자 공유	개별 사례관리, 초기 사례관리	다학제적 치료체제	개별적 사례관리	개별적 사례관리, 팀 슈퍼비전

출처: 김성천 외(2022b). 사례관리론: 개념, 기술, 실천역량 이해; 전혜성 외(2022). 현장 사례관리; Hall, J. A. et al. (2002). Iowa case management: Innovative social case work에서 수정.

1) Pole A 모델

Pole A 모델은 라이즈리와 윌렌브링에 의해 제시된 모델로서, 장기간 통합적 사례관리서비스로 대상자에게 24시간 제공되는 클라이언트 중심적인 사례관리 모델이다. 사례관리자의 사례 양이 1:10으로 적어 강도 높게 진행되며, 사례관리자의 자격과 권한이 높은 편이다. 서비스 진행은 팀을 중심으로 수행되며, 모든 사례관리자가 대상자의 정보를 공유하고 클라이언트의 생활 환경에서 서비스가 이루어진다.

2) Pole B 모델

Pole B 모델은 전문가 지향적 사례관리 모델이며, 사례관리자의 사례 양이 1:75로 다른 모델에 비해 관리해야 할 클라이언트 수가 상당히 많은 편이다. 서비스 진행은 개별적인 사례관리로 이루어지며, 클라이언트는 사례관리자의 근무시간에만 서비스를 이용하는 것이 가능하고 사례관리자가 근무하는 사무실에서 서비스가 제공된다.

3) PACT 모델

PACT 모델은 만성적인 정신장애를 가지고 있는 클라이언트를 위한 사례관리 모델로, 수준 높은 의료서비스를 제공한다. 이 모델은 집중 사례관리 모델로서 다학문 간 전문 치료팀이 사례관리의 각 측면에서 서비스를 제공한다. 사례관리자의 사례 양이 1:5~1:15 정도로 집중적인 사례관리가 이루어지며 서비스 제공은 24시간 가능하며 서비스 제공 장소도 클라이언트의 생활 환경이나 사무실 모두 가능하다. PACT 모델은 10~12명의 전문가들로 구성된 팀으로 활동하며, 중증 정신질환자를 대상으로 하고 지역사회를 기반으로 하는 포괄적인 치료 제공 서비스 전달 모델이다. 다른 서비스 제공자에게 클라이언트를 연계시키는 것보다 대상자에게 실질적인 서비스를 제공하는 방법을 지향한다. 병원치료와의 차이점은 서비스의 초점이 치료 중심보다는 재활 중심이며 단기간의 서비스 제공이 아닌 평생관리 차원의 개념으로 접근한다. 이에 가족개입 및 환자에 대한 사회기술훈련 등 지역사회에서 독립적으로 살아갈 수 있는 훈련과 교육이 강조된다(김미숙 외, 2011; 전혜성 외, 2022).

4) 관리보호 모델

관리보호 모델은 비용 절감이 강조되는 모델로, 이러한 면에서 Pole B 모델과 유사하다고 볼 수 있다. 관리보호 모델에서는 개별적인 서비스가 강조되지만, 재정에 관한 모든 권한이 사례관리에 주어진다는 점이 다른 모델과의 차이점이다. 서비스 제공 시간은 24시간 가능하지만, 사례관리자의 사례 양이 매우 많은 편이며 주로 전화를 이용하여 서비스를 제공한다.

5) ICM 모델

ICM 모델은 다른 모델의 중간적인 성격을 가지고 있는 모델이다. PACT 모델과 비교하면, 집중적인 관리라는 측면에서는 제한적이며, 비용의 절감을 강조하는 측면에서는 관리보호 모델보다 부족하다. 이 모델은 클라이언트에게 직접적인 상담 서비스를 제공하며, 클라이언트에게 필요한 서비스를 제공하기 위해 지역사회 다른 기관에 대상자를 의뢰한다. 따라서 지역사회기관들과 접촉한다는 목표를 가지고 있으면서 클라이언트 지향적인 성격을 가지고 있다고 할 수 있다. ICM 모델은 클라이언트의 강점에 초점을 둘 때 변화가 가능하다는 철학에 기초하고 있으며, 이러한 과정에서 사례관리자는 클라이언트가 자신의 전문성을 발휘하여 변화의 주체적 역할을 할 수 있도록 지원한다.

학습과제

1. 우드사이드와 맥클램의 사례관리 모델의 중요성에 대해 기술하시오.
2. 얼리와 포트너의 사례관리 모델에 대해 정리하시오.
3. 황성철의 사례관리 모델의 단순형, 기본형, 종합형, 전문관리형의 차이점에 대해 정리하시오.
4. 홀과 동료들의 사례관리 모델 중 Pole A와 Pole B의 차이점을 기술하시오.

Chapter 05

사례관리의 구성체계

학습목표

1. 사례관리 대상자인 클라이언트의 유형을 이해한다.
2. 사례관리자의 역할을 이해한다.
3. 사회자원 및 네트워크의 중요성을 이해한다.
4. 사례관리 운영체계를 이해한다.
5. 사례관리 과정을 이해한다.

사례관리를 구성하는 요소는 일반적으로 사례관리를 필요로 하는 클라이언트, 클라이언트의 욕구를 충족시키는 사회자원, 사례관리를 실시하는 사례관리자를 들 수 있다(김만두, 1993). 사례관리의 구성체계는 학자들마다 조금씩 다른 견해를 보이는데, 정순둘(2005)은 클라이언트, 사례관리자, 서비스 체계로 분류하였으며, 이준우와 최희철(2020)은 서비스 이용자, 사례관리자, 서비스 체계, 사례관리 과정, 사례관리기관, 사회적 자원, 사례관계망을 구성체계로 보았다. 한국사례관리학회(2012)에서는 복합적이고 다양한 욕구가 있는 대상자, 욕구를 충족시키는 사회자원, 사례관리기관의 사례관리자, 사례관리 과정, 사례관리 운영체계가 포함된다고 하였다. 이렇듯 사례관리를 구성하는 요소는 학자들마다 상이하나 여기에서는 '사례관리 대상자', '사례관리자', '사회자원과 사회적 네트워크', '사례관리 운영체계', '사례관리 과정'의 다섯 가지로 분류하여 살펴보고자 한다.

1 사례관리 대상자

사례관리 대상자는 대부분 복합적인 욕구를 가지고 있어 하나 이상의 사회자원을 필요로 하지만 자원의 소재와 이용방법에 대해 잘 모르거나 스스로 문제를 해결할 수 없는 사람을 말한다(한국사례관리학회, 2012). 복합적인 욕구란 사례관리 대상자의 욕구가 한 가지 이상으로 빈곤, 가족기능 결손, 비행, 장애, 노화, 학대, 폭력 및 성폭력 등 신체적·정신적·경제적 문제 등 대상자의 욕구가 서로 연결되어 더 큰 어려움에 노출된 상태를 의미한다(이준우·최희철, 2020).

초기 사례관리 대상자는 탈시설화 이후 병원에서 퇴원하고 지역사회에 거주하는 정신질환자를 중심으로 시행되었다. 이후 정신건강 영역뿐만 아니라 아동, 노인, 장애인, 그 외 취약계층 등 장기적이고 만성적인 욕구를 가진 대상으로 확대되었다(최은정 외, 2020). 사례관리의 대상이 될 수 있는 영역으로는 정신건강 영역, 재가보호 영역, 직업재활 영역, 사례관리의 주된 대상이 될 수 있는 영역으로는 재가보호 영역, 노인복지 영역, 정신건강 영역, 직업재활 영역, 발달장애 영역 등이 포함된다(정순둘, 2005).

공공전달체계에서 사례관리 대상자를 살펴보면 희망복지지원단은 통합사례관리 대상자를 '위기 대상자', '사례관리 대상자', '서비스연계 대상자'와 같이 세 가지 유형으로 구분하고 있다(보건복지부, 2016).

표 5-1 희망복지지원단 통합사례관리 대상자 유형

구분	유 형
위기 대상자	정신질환자의 응급인원, 학대 가해자와 피해자의 긴급 분리 조치 등 대상자의 욕구가 긴급히 충족되어야 하는 사례
사례관리 대상자	복합적인 욕구와 문제로 1개월 이상 사례관리가 필요한 대상자
서비스연계 대상자	단순한 서비스 연계로 욕구해결이 가능하고 1개월 미만의 사례관리 종결이 가능한 대상자

출처: 보건복지부(2016). 희망복지지원단 업무안내.

희망복지지원단 통합사례관리 지원대상은 통합사례관리를 통해 빈곤에서 벗어나고자 하고 자활을 도울 수 있는 가구이다. 구체적으로는 다음과 같다.

- 생계·의료·주거·교육급여 수급자 중 특히 신규 수급자, 생계·의료·주거·교육급여 수급 탈락자 등
- 차상위 빈곤가구, 특히 긴급지원 대상 가구 및 생계·의료·주거·교육급여 수급 탈락가구 중 통합사례관리를 통해 빈곤을 예방할 수 있도록 도울 수 있는 가구
- 지방자치단체 복지사각지대 조사를 통해 발굴된 위기가구 중 통합사례관리가 필요한 가구(청·중장년 1인 가구, 돌봄 위기가구, 저소득 한부모 및 청소년 한부모 가구, 휴·폐업자, 실직자, 자살 고위험군 등)

서울시복지재단(2013, p. 31)은 가장 보편적으로 사례관리 대상자의 유형을 구분하였는데, 〈표 5-2〉와 같이 '위기사례', '일반사례', '통합사례', 세 가지 개입 유형으로 구분하여 제시하였다.

표 5-2 사례관리 대상자 유형

구분	유형
위기사례	•위기 상황의 안정화를 주요 목적으로 하며, 현재 클라이언트의 삶을 위협하는 요소를 제거 또는 보호장치를 마련하는 데 초점을 두는 개입 유형
일반사례	•클라이언트의 욕구를 충족시키기 위한 방법이 사례관리 수행기관 내부의 서비스와 지원으로 가능한 수준의 사례를 의미 •일반사례는 조직 내부의 협력체계나 서비스를 조정하는 것이 중요한 개입 유형
통합사례	•클라이언트의 욕구 충족이 기관 내부의 자원으로는 부족하고 외부자원을 동원해야 충족이 가능한 경우 •사례관리 통합형은 지역사회 연계체계를 구축하거나 네트워크 활성화를 위한 노력이 필요 •사례관리자의 역할이 개인 혹은 집단상담, 교육 등 내부서비스의 조정 역할에서부터 지역사회 자원 개발, 지역조직화의 간접실천 역량을 필요로 하는 개입 유형

출처: 서울시복지재단(2013). 통합사례관리 가이드라인, 재구성.

2 사례관리자

사례관리자는 사례관리의 가장 중요한 구성요소로서, 전문적 지식, 기술, 가치를 바탕으로 클라이언트의 욕구 충족과 문제해결을 위해 사회자원을 효과적이고 체계적으로 연결하는 역할을 수행한다. 또한 다른 서비스 제공자와의 협력을 통해 사례관리 대상자를 전문적으로 도와주는 실천가라고 볼 수 있다. 사례관리자는 클라이언트가 수동적인 서비스 수혜자의 역할에 머무르지 않고, 자신의 문제를 스스로 해결할 수 있는 문제해결자로 사례관리 과정에 참여하고 자신에게 필요한 사회적 자원을 직접 이용할 수 있는 능력을 함양하도록 도와야 한다(이준우 외, 2022).

사례관리자가 소속되어 있는 기관을 사례관리 수행기관이라고 한다. 클라이언트를 도울 때 기관이 정한 지침과 절차에 따라 사례관리 실천이 이루어지는데 성공적인 사례관리를 위해서는 사례관리자의 역할이 매우 중요하다. 왜냐하면 사례관리자의 역량에 따라 대상자와의 관계 및 사회자원 동원 범위가 달라질 수 있으며, 사례관리의 성과에 커다란 차이가 발생할 수 있기 때문이다. 이러한 측면 때문에 사례관리자의 기본적인 자질과 역량 증진을 위한 교육 및 훈련이 강조되고 있다(최은정 외, 2020). 사례관리자는 자신의 역할을 효과적으로 수행하기 위해 사례관리에 대한 지식과 기술을 충분히 배우고 숙련하여야 한다. 특히 사례관리 실천에서는 사회복지 전문직의 특성이 반영되어야 하며, 사회복지의 기본 철학과 가치, 전문지식과 기술을 반영하여 실제 현장에서 사회복지사가 수행하는 전문적인 사례관리 실천으로 발휘되어야 한다(박미은, 2020).

사례관리자는 공식적 서비스와 가족을 포함한 1차 집단에 의해 제공되는 비공식적 서비스의 성공적인 통합에 결정적인 역할을 수행하게 된다. 이러한 역할들은 다음과 같은 사항이 요구된다(서울시복지재단, 2010).

- 기관 간의 정책과 프로토콜(protocol: 기관의 규칙과 절차 등)에 대한 지식을 포함한 중개(brokerage) 능력

- 클라이언트의 권리를 주장하기 위한 옹호와 서비스 체계의 경직성을 극복하기 위한 능력인 정치적 기술(political skills)
- 비공식적 원조망 등과 같은 자원체계를 발굴하고, 증대시키거나 연구하고, 이러한 체계에 클라이언트를 연계시키는 능력을 포함한 지역사회 업무(community work) 능력
- 체계적 진단과 치료적 지식과 기술을 포함한 임상적 기술(clinical skills)
- 클라이언트의 기본적인 생활에서 매우 작고 단순한 변화를 위한 노력과 인내심을 발휘할 수 있는 재활(rehabilitation)에 대한 신념 등

우드사이드와 맥클램(Woodside & McClam, 2006)이 제시한 유능한 사례관리자가 되기 위한 방법은 다음과 같다(양정남 외, 2009).

- 다양한 역할 소화하기
- 시간을 효율적으로 조직화하여 사용하기
- 의사소통능력 강화하기
- 사회복지 분야 외 다양한 방면의 지식 쌓기
- 윤리적 의사결정을 유지함으로써 함정에 빠지는 오류 방지하기
- 클라이언트와의 관계를 항상 명심하기
- 비판적이고 명확하게 생각하도록 노력하기
- 유능한 사례관리자가 되고자 하는 열망을 드러내고 노력

1) 사례관리자의 핵심 역할

효과적인 사례관리를 위해서 사례관리자는 다양한 영역에서 클라이언트에게 서비스를 제공하는데, 쉬퍼와 호레이시(Sheafor & Horejsi, 2006)가 제시한 사례관리자의 핵심 역할을 살펴보면 다음과 같다.

(1) 사정가

사례관리서비스 제공 대상자인 클라이언트는 복합적이고 만성적인 욕구를 안고 있다. 이들에 대한 서비스가 효과적이고 체계적으로 제공되기 위해서는 이들 클라이언트의 욕구를 잘 파악할 수 있는 정보 수집과 사정평가가 무엇보다 중요하다. 클라이언트의 욕구를 파악하는 과정에서 문제해결에 대한 클라이언트의 관심을 확인해야 한다.

(2) 계획가

사례관리자는 서비스 계획에 있어 클라이언트 욕구를 파악하고 무엇에 중점을 두는지를 파악하게 된다. 서비스 실행이 현실적으로 가능한가에 대해 판정하고 클라이언트의 동기를 높이는 노력이 수행된다.

(3) 서비스 연계 및 조정자

사례관리자는 사례관리 대상 클라이언트에게 적합한 서비스를 제공하고 담당 전문가를 배정하며 클라이언트의 욕구에 맞추어 필요한 서비스 체계를 구축한다. 이때에 다양한 서비스가 연속적으로 이어질 수 있도록 서비스를 조정하는 역할이 진행된다.

(4) 점검자

사례관리자는 서비스 제공이 잘 진행되는지, 이러한 서비스 제공이 클라이언트의 욕구를 충족시키고 해결하고자 하는 문제해결과 삶의 질 향상으로 이어지는지를 확인해야 한다. 사례관리가 계획대로, 목표대로 잘 진행되고 있는지 확인하여 효과를 살펴보아야 한다. 클라이언트에게 보다 적합한 서비스를 제공하기 위한 결정으로 서비스 계획과 조정이 수행되기도 한다.

(5) 의사소통 전문가

사례관리는 다양한 인적 자원이 투입되고 사례관리 과정에 기관이 합류하게 된다. 이러한 과정에서 서비스 제공과 자원 제공을 담당하는 담당자 간의 원활한 의사소통이 중요하다. 사례관리자는 이들의 의사소통을 진행시키고, 최종적으로 확인하고 조율하는 역할을 담당하게 된다. 클라이언트와의 의사소통의 중요성도 매우 강조되는데 클라이언트가 자신이 제공받는 서비스나 자원, 기관과 관련 전문가에 대한 궁금증을 나눌 수 있도록 클라이언트 중심의 서비스 관점이 중요하다.

(6) 옹호자

다양한 기관에서 서비스와 자원이 연계되는 경우, 각 기관이나 전문가에 따라 클라이언트 문제에 대한 이해와 시각이 다를 수 있다. 서비스 전문가 체계 간에도 각 영역에서의 교육과 훈련 배경에 따라 클라이언트 문제에 대응하는 방법이나 수단이 달라질 수 있다. 여기에서 문제점은 이러한 차이가 때로는 클라이언트에 대한 서비스 장벽이나 편견과 차별로 이어질 수 있는데, 이러한 상황에서 사례관리자의 옹호활동이 중요하다.

(7) 지역사회 운동가

지역사회의 자원은 공유되고 긍정적으로 확장되어야 하나, 대부분 주류 지역 주민의 욕구에 선도적으로 부응하고 있는 것이 현실이다. 사례관리 대상자인 클라이언트에게 필요한 정보나 자원이 부재한 경우, 이들의 욕구에 대한 지역사회의 관심과 의무를 환기시키는 지역사회 운동이 필요하다. 사례관리자는 여기에서 교육자, 홍보자, 자원개발자 등의 역할을 담당하게 된다.

2) 사회복지 사례관리자의 자격

사회복지 사례관리자는 사회복지에 대한 전문적 역량, 자질과 태도, 윤리와 철학이 중요한 요소가 된다. 우리나라는 사회복지 사례관리자에 대해 사회복지사 자격증과 경력, 최소한의 사례관리 관련 교육과 훈련을 요구하는 반면, 미국은 사례관리자를 전문 사회복지사로 규정하고 엄격한 자격 요건을 갖추도록 강조하고 있다.

미국사회복지사협회(NASW)와 미국사례관리자자격증협회(the Commission for Case Manager Certification: CCMC)는 '공인 사회복지 사례관리자(Certified Social Work Case Manager: C-SWCM)', '공인 고급 사회복지 사례관리자(Certified Advanced Social Work Case Manager: C-ASWCM)' 두 종류의 자격제도를 갖추고 있다(김성경, 2023).

미국에서는 공인 사회복지 사례관리자가 되기 위해서 세 가지 자격조건, 즉 교육, 실천 경험, 슈퍼비전 모두가 필요하다. 세 가지 자격조건을 모두 갖춘 사회복지사는 미국사례관리자자격증위원회(CCMC)에 신청하여 자격시험을 통해 사회복지 사례관리자 자격증을 취득하게 된다.

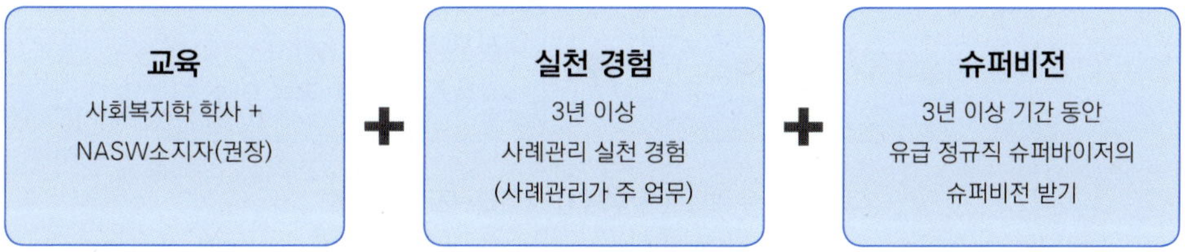

그림 5-1 미국의 공인 사회복지 사례관리자(C-SWCM) 자격증 신청기준

미국 공인 사회복지 사례관리자(C-SWCM)의 신청자의 기준

미국 사례관리자 자격증은 NASW와 CCMC의 협력사업으로 운영하며, 공인 사회복지 사례관리자(C-SWCM)의 자격을 철저히 관리하고 있다. 신청자의 세 가지 자격조건은 다음과 같다.

- 교육: 사회복지 사례관리자 자격증 신청자는 사회복지교육위원회가 인증한 대학의 사회복지학과 학사학위 이상의 소지자여야 한다. 그리고 자격증 신청자는 NASW 자격증 소지가 반드시 필요한 것은 아니지만 NASW 자격증을 권장한다.
- 실천 경험: 자격증 신청자는 사례관리기관에서 최소 3년의 사례관리 실천 경험(4,500시간, 주당 30시간의 사례관리 실천의 경험, 행정적 업무시간은 제외)을 가지고 있어야 한다.
- 슈퍼비전: 3년 이상(4,500시간 이상) 반드시 유급 정규직 슈퍼바이저의 슈퍼비전을 받아야 한다. 그리고 자격증 신청자는 주업무가 사례관리 업무이며, 현직의 5년 이하 경력의 사례관리자여야 한다.

출처: NASW(www.socialworkers.org)

우리나라는 「사회복지 사례관리 표준 실천지침」에 따라 사회복지 사례관리자는 사회복지사 1급 자격증 취득 후 사회복지실천 경력 2년 이상이거나 사회복지사 2급 자격증 취득 후 사회복지실천 경력 4년 이상이 되어야 하며, 사례관리와 관련된 교육과 훈련을 받은 자여야 한다고 제시하고 있다(한국사례관리학회, 2016). 우리나라는 사례관리사 자격증이 별도로 있는 것은 아니며 사회복지사의 실천 기능의 하나로 규정하고 있다.

사회복지사 1급 자격증	+	•실천경력 2년 이상 •사례관리 관련 교육 이수
사회복지사 2급 자격증	+	•실천경력 4년 이상 •사례관리 관련 교육 이수

그림 5-2 우리나라 사회복지 사례관리자 자격기준

3 | 사회자원과 사회적 네트워크

사례관리란 클라이언트의 문제와 욕구를 해결하기 위해 공식·비공식적 체계를 조정하고 통합하는 일련의 과정으로, 사례관리가 효율적으로 수행되기 위해서는 지역사회의 활용 가능한 자원체계를 작동할 수 있어야 한다. 사회자원은 클라이언트의 욕구를 충족시키고 사회적 기능을 향상시키는 데 결정적인 역할을 수행하는 핵심적인 요소가 되며 사례관리의 성공 여부는 사회자원의 활용과 밀접한 관련이 있다(이근홍, 2006). 사회자원은 인간의 욕구를 충족시키기 위해 동원되는 시설, 자금이나 물자 또는 개인이나 집단의 지식과 기능 등을 의미하는데, 현대 사회의 다양하고 복합적이며 고도화되고 있는 클라이언트의 욕구를 충족시키기 위해 사회자원의 종류를 확대하고 질적 향상을 추구할 필요가 있다(이채식 외, 2020).

사회복지 실천현장의 사례관리자가 사회자원을 중요하게 생각하는 이유는 다음과 같다. 첫째, 사례관리 대상자의 욕구가 복합적이고 만성적이기 때문이다. 이러한 욕구를 지속적이고 포괄적으로 충족시키기 위해서는 특정한 기관을 넘어 지역의 다양한 자원을 활용하는 것이 불가피하다. 둘째, 자원에 대한 사례관리 대상자의 인식이 부족하기 때문이다. 사례관리 대상자는 여러 가지 육체적·정신적 한계로 인해 자신에게 필요한 자원을 스스로 찾기 어렵고 자원에 대한 구체적인 정보가 없거나 접근하는 방법을 몰라 쉽게 포기하거나 체념해 버리는 경우가 많다. 이에 사례관리 대상자들이 지역사회의 다양한 자원에 접근하여 필요한 자원을 이용할 수 있도록 도와주어야 한다(박미은, 2020).

사회자원은 자원의 본질, 원천 및 유용성에 따라, ① 내적 자원과 외적 자원, ② 공식적 자원과 비공식 자원, ③ 실제적 자원과 잠재적 자원 등으로 나눌 수 있다(이근홍, 2006). 내적 자원에는 지식, 정보, 기술, 건강, 신뢰 등이 있으며, 외적 자원에는 재산, 친구, 직장 등이 있다. 공식적 자원에는 학교, 병원, 사회복지관 등이 있으며, 비공식적 자원에는 친척, 이웃, 동료 등이 속한다. 실제적 자원은 클라이언트의 욕구 충족과 기능 향상을 위해 현재 활용하고 있는 자원이며, 잠재적 자원은 현재 활용하고 있지 않으나 장래에 활용할 가치가 있는 자원을 말한다(강홍구, 2016).

여기에서는 사회자원의 분류기준 중 서비스 공급 주체에 따른 공식적 자원과 비공식적 자원을 중심으로 설명하고자 한다(김만호·정일교, 2022; 정순둘, 2005).

1) 공식적 자원

공식적 자원은 공식적인 조직을 통해 대상자에게 서비스를 제공할 수 있는 자원으로, 국가기관, 지방자치단체, 공공법인, 민간기관이나 시설, 사회단체, 공식협의체, 회원조직 등이 있다. 이러한 공식적 자원은 특수한 욕구를 가진 대상자를 중심으로 서비스를 제공하는 경우가 많으므로 사례관리자는 이러한 공식적 자원조직이 제공하는 서비스를 확인하고 목록화하여 활용도를 높여야 한다. 또한 관련 규정이나 지침의 변화를 빠르게 파악하여 가장 최근의 정보를 소유하고 있어야 한다. 각 공식적 자원의 특징은 다음과 같다.

표 5-3 공식적 자원의 특징

유 형	특 징
국가기관	•보건복지부, 여성가족부, 국·공립병원, 보건소, 지역사회 정신건강복지센터 •국가에서 시행하고 있는 「사회복지사업법」에 의한 각종 제도(국민기초생활지원, 장애인활동지원 등)
지방자치단체	•사회복지공무원, 복지재단, 지역사회복지협의체, 희망복지지원단, 건강가정지원센터, 다문화가족 지원센터, 지역자활센터 등
공공법인	•사회복지법인이 운영하는 사회복지관, 주간보호센터, 장애인직업재활시설 •사회복지이용시설과 사회복지생활시설, 노인요양시설, 장애인거주시설, 아동양육시설, 모자보호시설 등
민간기관과 시설	•사회복지 증진을 위해 운영하는 기업의 사회복지재단, 민간이 출자하여 운영하는 유료 사회복지 이용시설과 복지기업 등
사회단체	•사회적 상호작용, 취미생활, 기능교육, 레크리에이션 등을 실시하는 YMCA, YWCA, 여성단체 등
공식협의체	•전국에 소재한 사회복지협의회 및 사회복지사협회, 사회복지관협회, 각종 사회복지시설협회, 여성단체협의회, 지역사회보장협의체 등
회원조직	•의사회, 약사회, 변호사회, 노인회, 각종 공제회 등

출처: 김만호, 정일교(2022). 사례관리의 이론과 실제; 전혜성 외(2022). 현장 사례관리, 재구성.

2) 비공식적 자원

비공식적 자원은 제도화되지 않은 형태를 띠고 있으며, 사례관리 대상자에게 개별적이면서 융통성이 있는 서비스를 제공하는 공급 주체로, 가족, 친족, 친구, 이웃, 동료, 종교단체, 자원봉사자 등이 있다. 비공식적인 자원은 대상자의 곁에 있으면서 가깝게 지내거나 도움을 주고받으며 대상자의 문제에 대한 감정적 지지와 현실적인 도움을 제공한다. 이러한 비공식적 자원의 이타적 행동, 협력, 상호부조 등은 사회복지에 있어 매우 중요한 역할을 하고 있으며, 인간의 행복 추구를 위해 필수적인 것으로 인식되고 있다(설진화, 2022; Rothman & Sager, 1998). 사례관리 대상자는 위기 상황이나 어려움에 직면했을 때 공공자원이나 민간자원보다 비공식적 자원에 먼저 도움을 요청하는데, 그 이유는 사례관리 대상자에게 비공식적인 자원이 익숙한 환경에서 도움을 줄 수 있고, 비록 지금은 자신이 도움을 요청하는 입장이지만 추후 자신도 그들에게 도움을 줄 수 있다는 점에서 부담이 적기 때문이다. 사례관리에서 비공식적 자원의 적극적인 활용 전략은 공식적 자원의 한계를 극복하고 비용 효율성을 높일 수 있다는 점에서 매우 유용하다(최은정 외, 2020).

4 사례관리 운영체계

사례관리 운영체계는 사례관리 실천과정이 효과적이고 효율적으로 실행될 수 있도록 지원하는 역할을 하며, 효율적인 사례관리 운영체계를 구축함으로써 사례관리 대상자의 발굴, 의뢰, 연계가 활발하게 진행될 수 있다. 또한 사례관리 대상자를 지원하는 데 있어 서비스 제공기관 간의 협력을 강화할 수 있으며 지역사회 자원 동원이 원활하게 이루어질 수 있다. 이러한 면에서 보면 사례관리기관 내부 자원뿐만 아니라 외부 자원과 연계된 사례관리 운영체계는 서비스 전달체계로서의 기능을 수행할 수 있게 된다(이채식 외, 2020).

사례관리 운영체계는 내부 운영체계와 외부 운영체계로 구분하며, 내부 운영체계는 기관 내부 조직으로 사례관리자, 사례관리팀, 전문 슈퍼바이저가 있다. 외부 운영체계는 통합사례관리협의회, 통합사례관리지원단이 있으며 통합사례관리협의회 또는 통합사례관리지원단의 솔루션위원회 등을 들 수 있다(김성경, 2017).

1) 내부 운영체계

(1) 사례관리자

사례관리자는 사례관리 대상자와 가족을 대상으로 초기 정보 수집 및 사정, 개입 계획의 수립과 조정 및 점검, 평가, 종결 등 사례관리의 전 과정을 총괄하는 실천 전문가이다. 사례관리자는 클라이언트와 사회적 자원을 효과적이고 체계적인 방법으로 연계하는 역할을 수행한다. 사례관리자가 연결한 사회자원을 클라이언트가 활용하여 욕구를 충족할 수 있도록 촉진·조정하고, 연결시켜 나감으로써 사례관리 대상자의 능력을 향상시키고 서비스 제공 주체들의 능력 또한 발전시키는 역할을 한다(이채식 외, 2020).

(2) 사례관리팀

사례관리 수행기관 내 사례관리팀은 기본적으로 사례관리 팀장과 2인 이상의 사례관리자로 구성된다. 필요한 경우 기관 내부의 다른 사회복지 실천가들이 참여할 수 있다. 사례관리 팀장의 자격은 기관 유형이나 업무 특성에 따라 달라질 수 있으나 대체로 최소 3년 이상의 현장 경력(가능한 사례관리 업무 경력)을 갖춘 사회복지사가 맡는 것이 바람직하다. 팀장은 사례관리 업무 매뉴얼이나 지침을 숙지해야 하며, 사례관리 업무를 수행하면서 기관 내 다른 부서와 협력을 도모하고, 사례관리자에게 상시적인 슈퍼비전을 제공한다(박미은, 2020). 사례관리팀의 사례관리자는 2년 이상 사례관리 업무를 수행하고 사례관리 전문가 교육과정을 연 10시간 이상 이수하여 업무에 있어 지속성과 전문성을 유지해야 한다(김성경, 2017).

사례관리팀은 사례관리 대상자에게 제공되는 맞춤형 통합서비스를 설계·실행·점검·평가하는 임상적 역할을 수행하며 사례관리의 내부 운영체계의 구축을 위한 기관 정책 건의, 사례관리 연관 부서와의 협력, 기관 내부의 자원을 조직화하고 슈퍼비전체계의 구축 및 사례회의 등을 주도한다. 뿐만 아니라 사례관리 운영체계를 확장하여 지역사회와 함께하는 통합사례관리팀의 조직화를 지원하고 통합사례회의를 개최와 지역사회 자원을 조직화하는 데 협력적 역할을 수행한다(김만호·정일교, 2022; 이채식 외, 2020).

사례관리기관 사례관리팀의 구성과 역할을 정리하면 〈표 5-4〉와 같다.

표 5-4 사례관리기관의 사례관리팀의 구성과 역할

구성	역할
• 사례관리 팀장 + 사례관리자 2인 이상 2년 이상 사례관리 업무 수행 사례관리 전문 교육과정 연 10시간 이상 이수 • 사례관리 업무 지침, 매뉴얼 마련: 팀원별 업무 분장	• 사례관리 과정을 수행하는 일상적 역할 수행 • 지역사회 자원의 자원목록표 작성 및 활용 • 정기적 사례회의 및 슈퍼비전 체계 운영 • 사례 발표 및 우수사례집 발간 • 통합사례관리협의회의 통합사례회의 참여 • 통합사례관리지원단의 지원을 받음

출처: 김성경(2017). 사회복지 사례관리론.

(3) 전문 슈퍼바이저

효과적인 사례관리를 위해서 슈퍼비전 체계를 갖추는 것은 매우 중요하다. 사례관리자가 실천 경험과 전문성이 부족한 경우, 이를 보완하기 위한 슈퍼비전 체계는 더욱 필요하다(한국사례관리학회, 2012b).

사례관리 실천의 전문성을 강화하기 위하여 1인 이상의 전문 슈퍼바이저를 두도록 한다. 전문 슈퍼바이저는 사례관리에 대한 이론적·실천적 전문성을 가진 대학교수나 현장 전문가로 기관장이 위촉한다. 경우에 따라서 인접한 기관을 권역별로 구분하여 전문 슈퍼바이저를 임명할 수도 있다. 전문 슈퍼바이저는 임상적인 자문과 컨설팅, 행정적인 지도, 사례관리 실천에 필요한 교육과 훈련, 사례관리자의 소진을 예방하고 극복하기 위한 지원 등의 역할을 수행한다. 전문 슈퍼바이저는 1년 단위로 위촉하여 자문의 안전성을 유지하도록 한다. 또한 사례회의에 참석하여 최소 월 1회 이상의 정기 자문을 제공하는 것이 바람직하며, 필요한 경우 수시로 자문할 수 있으며, 구체적인 자문 방법과 제공 횟수는 위촉된 기관과 협의하여 결정한다(이채식 외, 2020).

표 5-5 전문 슈퍼바이저의 구성과 역할

구성	역할
•사례관리 전문성을 가진 대학교수나 실천현장 전문가인 외부 전문가 •자문위원회 조직과 분리된 사례관리팀 슈퍼바이저	•사례관리 과정에 대한 임상적 자문과 컨설팅 •행정적 지도 •사례관리 교육 •사례관리자의 소진 예방 및 극복을 위한 지원 등

출처: 김성경(2017). 사회복지 사례관리론.

2) 외부 운영체계

(1) 통합사례관리협의회

통합사례관리협의회란 지역사회 내 사례관리 기능을 가지고 있는 사회복지 관련 기관 및 공공기관을 회원으로 하는 협의체를 말한다. 통합사례관리협의회는 현재 지역사회보장협의체, 지역사회협력기관, 아동복지기관협의체 등의 명칭으로 구성되고 있다. 회원기관은 지역사회 주민자치센터, 종합사회복지관, 노인복지관, 장애인복지관, 정신건강복지센터, 보건소, 아동보호전문기관, 건강가정지원센터, 다문화가족지원센터 등이다(김만호·정일교, 2022).

김성경(2017)은 통합사례관리협의회의 중요한 역할을 다음과 같이 제시하였다.

① 통합사례회의를 운영하여 각 기관의 사례를 사정하고 논의한다. 특히 통합사례회의는 긴급사례 및 집중사례에 대한 논의를 통하여 개별 기관의 사례관리팀이 사례관리를 실천하는 데 겪는 어려움을 지원한다.
② 슈퍼바이저를 위촉하여 통합사례회의에 전문적인 자문을 구한다.
③ 지역사회 내 서비스를 조정한다. 지역사회 사회복지기관들은 구조적으로 유사하고 중복된 사업을 제공할 수 있기 때문에 이를 협의회에서 조정해야 한다.
④ 지역사회 내 자원망을 조직화하고 필요한 자원 정보를 목록화한다.

(2) 통합사례관리지원단

사례관리 수행기관에서 사례관리 실천이 효과적으로 이루어지기 위해서는 시·군·구 단위에 사례관리를 지원할 수 있는 지원단 구축이 필요하다. 통합사례관리 지원단은 광역시 단위와 시·군·구 또는 권역 단위에 설치되어 통합사례관리팀을 조정하는 기능을 수행하며, 개별 기관이 사례관리 실천을 하는 데 필요한 행정적·재정적 지원을 담당한다. 또한 사례관리 수행 인력에 대한 교육·훈련, 자문과 컨설팅, 사례관리사업에 대한 평가와 서비스 대상자를 발견했을 경우 사례관리 대상자의 거주 지역과 호소 문제와 욕구의 특성을 고려하여 적절한 사례관리체계로 사례를 의뢰해 주는 조정 기능을 수행한다.

우리나라의 대표적인 통합사례관리지원단의 유형은 다음과 같다(김만호·정일교, 2022).

① 공공 부문 내 직영 지원단

공공 부문 내에 사례관리의 업무를 담당하는 부서에 통합사례관리지원단을 두는 유형이다(김성경, 2017). 이 유형의 대표적인 예는 경기도 무한돌봄센터이다. 경기도는 2010년 경기도와 각 시·군에 무한돌봄센터를 설치·운영하여 지역을 중심으로 한 통합사례관리와 네트워크 및 자원조직화를 지원하고 있다.

② 민간 사례관리 지원단

민간 사례관리 지원단은 공공 또는 사례관리 주체로부터 위탁받은 민간 사례지원단의 형태이다(김성경, 2017). 사례관리의 전문성을 지닌 단체 또는 전문가로 구성된 사례관리 지원단을 구성하고 행정적·교육적·기술적 자문과 지원의 역할을 수행한다. 이러한 유형은 인천광역시 사회복지관협회와 사례관리연구회가 수행한 사례관리 지원사업에서 찾아볼 수 있다. 이 외에도 우리아이 희망네트워크, 위스타트(We Start) 사업 등 대부분의 프로젝트사업에서 별도의 지원단을 구축하고 사례관리와 사업을 수행하도록 한다.

통합사례관리지원단의 구성과 역할을 정리하면 〈표 5-6〉과 같다.

표 5-6 통합사례관리지원단의 구성과 역할

구성	역할
• 공공 사례관리 지원단 • 민간 사례관리 지원단	• 통합사례관리팀을 조정 • 개별 기관이 사례관리 실천을 하는 데 필요한 행정적·재정적 지원 • 네트워크 구축 및 자원 조직화 • 교육·훈련 • 슈퍼비전 및 컨설팅 • 평가와 조사 연구 • 적절한 사례관리 체계로 사례 의뢰 등

출처: 권진숙 외(2009). 인천광역시 사회복지관 사례관리 실천을 위한 매뉴얼 연구보고서.

(3) 솔루션위원회

솔루션위원회는 통합사례관리팀이 운영하는 통합사례회의를 통해 해결하지 못하는 문제나 실무적 협력이 아닌 지역사회 단위의 정책이나 조직 간 서비스전달체계의 조정과 변화를 도모하기 위한 운영체계이다. 솔루션회의를 통해 사례관리 대상자의 위기상황 해결에 다각적 논의와 슈퍼비전을 제공하며, 복합적 욕구를 가진 대상자에 대한 전문적 통합사례관리를 지원한다.

솔루션위원회의 참석 범위는 솔루션위원회 중 해당 사례와 관련 있는 위원, 읍·면·동 및 시·군·구 통합사례관리 업무 담당자, 연계기관 관계자 등이다. 솔루션위원회의 수행 주체는 시·군·구 사례관리팀이다. 솔루션위원회는 분야별로 전문성을 갖춘 위원으로 구성하되, 통합사례관리 대상자들의 특성을 고려하여 실천현장의 경험이 풍부한 사회복지, 학계, 의료, 경찰, 임상심리, 법률 전문가, 가족치료 전문가 등 다양한 분야의 전문가를 위촉한다. 솔루션회의 개최 시 시·군·구 희망복지지원단은 솔루션회의록 관리 및 등록을 하며, 솔루션회의의 지원은 시·군·구 희망복지지원단 팀장이 한다. 읍·면·동은 통합사례관리 대상자의 변화와 새롭게 부각된 문제 상황을 솔루션회의에 재상정하여 사후 모니터링을 통해 종결 및 향후 진행 방향에 대한 슈퍼비전을 받을 수 있다. 희망복지지원단은 솔루션회의 지원 후 사례관리 이행을 점검한다(보건복지부, 2020). 솔루션위원회는 연 3회 이상의 정기적인 회의를 개최하도록 한다. 단, 긴급사례 또는 심의나 판정 사안이 발생할 경우, 신속하게 소집해 사례에 대한 임상적인 자문, 행정적 판단, 사례관리 실천을 위한 정책적 건의 등을 통해 사례관리 실천을 지원한다. 이때 해당 수행기관의 사례관리자와 사례관리 팀장은 솔루션위원회에 참석하여 사례에 대해 보고한다(김만호·정일교, 2022; 이채식 외, 2020).

5 사례관리 과정

사례관리 과정은 접수, 사정, 개입 계획, 서비스의 제공, 조정과 점검, 재사정, 평가와 종결, 사후관리의 기본 과정 위에 진행된다. 이러한 과정은 사회복지실천에서 공통적으로 이루어지는 과정이며, 학자에 따라 몇 단계로 나누어 설명하느냐는 다를 수 있다. 제2부 사례관리 실천과정과 기록에서 자세히 설명하고 있으므로, 여기에서는 사례관리 실천과정을 초기 단계, 사정 단계, 목표 및 계획수립 단계, 실행 및 점검 단계, 종결 단계로 구분하여 살펴보면 다음의 [그림 5-3]과 같다.

단계	초기	사정	목표 및 계획수립	실행 및 점검	종결
내용	•사례발굴 •초기 상담 •클라이언트 선정 •동의 및 계약	•욕구사정 •강점 및 자원 사정 •장애물 사정 •종합적 사정	•목표 설정 •개입 및 실행 •계획수립	•직접실천 •간접실천	•평가 •종결 •사후관리

그림 5-3 사례관리 과정

출처: 김성천 외(2022a). 사례관리 전문가 심화과정교육(2판).

학습과제

1. 희망복지지원단의 통합사례관리 대상자 유형과 서울복지재단에서 제시한 사례관리 대상자 유형에 대해 비교하여 정리하시오.
2. 사례관리자의 핵심 역할에 대해 제시하고 어떠한 역할이 가장 중요하다고 생각하는지 기술하시오.
3. 사례관리 과정의 각 단계에 대해 정리하여 기술하시오.

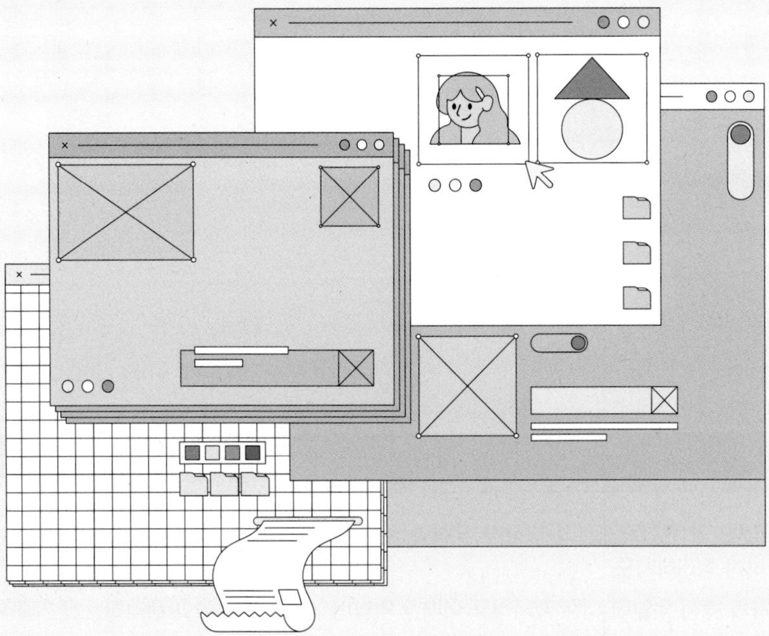

Part 02

사례관리 실천과정과 기록

Chapter 06 초기 단계
Chapter 07 사정 단계
Chapter 08 서비스 계획 단계
Chapter 09 서비스 실행 및 점검 단계
Chapter 10 평가 및 종결 단계

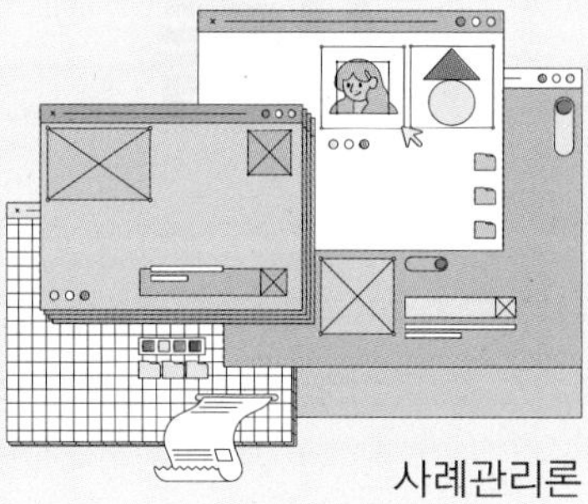

사례관리론

Chapter 06

초기 단계

학습목표

1. 사례관리 초기 단계에서 사례발굴 및 접수, 초기 상담, 사례관리 대상자를 선정과정을 알아보고 핵심과업을 이해한다.
2. 사례관리 초기 단계의 기록에 대해 알아보고 습득한다.

초기 단계는 사례관리 대상자를 발견하기 위해 노력하고 잠재적인 사례관리 대상자의 적격성 판단의 과정을 통해 사례관리 대상자로 선정하는 단계이다.

1 사례발굴 및 접수

1) 정의

사례발굴이란 다양한 복지 클라이언트 중에서 사례관리라는 접근방법으로 도움이 필요한 잠재적인 사례관리 대상자를 찾아내기 위한 구조 마련이나 실제적인 활동을 의미한다. 사례관리 수행기관은 개인과 가족이 필요로 하는 자원이나 서비스에 대한 접근을 방해하는 장벽을 최소화하기 위해 지역사회 파트너 및 지원기관과 협력한다. 잠재적인 사례관리 대상자의 특성상 자발적으로 도움을 요청하는 때도 있으나 복지자원에 대한 정보의 부재, 도움 요청에 대한 기술의 결핍 또는 도움을 요청하는 것과 관련한 다양한 장애로 인해 필요한 도움을 받지 못하고 있는 사례가 많이 있기 때문이다. 따라서 대부분의 사례관리 시스템에서는 주요 실행과정 안에 적극적으로 사례를 발견 혹은 발굴하기 위한 기제를 마련하도록 요청하고 있다. 사례관리를 실천방법으로 적용하는 기관이나 지역사회에서는 사례관리의 대상자로서 통합적 실천을 필요로 하는 취약계층의 삶의 모습은 어떠한지, 이와 관련한 사회적 이슈가 무엇인지에 대한 민감성을 가질 필요가 있다. 사례발굴을 위해서는 사례관리사업에 대한 안내 및 홍보, 지역사회 내 관계기관들과의 간담회나 설명회 참여 등 다양한 방식이 시도될 수 있다. 이를 통해 잠재적인 사례관리 대상자들이 사례관리 대상자로 선정되기 위해 관심을 갖고 직접 찾아올 수 있도록 하거나 사회복지실천과 관련한 서비스 제공자들이 도움이 필요한 클라이언트를 의뢰할 수 있는 구조를 마련하도록 한다.

사례발굴의 방법은 다음과 같다.

- 클라이언트의 요청: 대상자가 자발적으로 직접 사례관리기관을 방문하거나 전화나 온라인 등을 통해 도움을 요청하는 경우
- 지역 주민 혹은 대상자의 추천: 지역 주민 혹은 서비스 이용 경험이 있는 대상자가 이웃을 추천하는 경우
- 타 기관 및 전문가의 의뢰: 지역사회 내의 공공 및 민간기관이나 전문가로부터 의뢰받는 경우
- 지역사회로부터의 연결: 지역사회의 다양한 사례관리 연합체로부터(통합사례관리, 솔루션회의, 협의체 사례관리분과회의 등) 연결되는 경우
- 사례관리자의 발굴(아웃리치): 사례관리자가 지역사회의 여러 기관, 지역 주민, 단체 등을 통해 직접적으로 찾고 적극적으로 사례를 발굴하는 경우

2) 주요 과업

사례관리자는 사례관리를 필요로 하는 잠재적 사례관리 대상자를 처음 만나 대상자가 호소하는 어려움에 대해 공감하고 주변 자원들을 탐색하면서 대상자와 함께 사례관리서비

스 시작 여부를 결정하게 된다. 사례관리자는 사례관리 대상자 기준을 고려하여 사례관리 서비스를 제공할 것인지 혹은 다른 기관으로 연계가 필요한지에 대해 파악한다. 사례관리 대상자는 자신에게 필요한 도움이나 요청 내용과 관련하여 기관의 서비스가 부합하는지, 어떤 서비스를 언제 이용할 수 있는지에 대한 정보제공을 받을 수 있어야 한다. 이를 위해 사례관리자는 신속하고 적극적인 초기 상담 활동을 수행하여야 한다. 이때 클라이언트에게 필요한 서비스의 수준 또는 정도에 대한 심사, 공정한 기회 부여, 긴급한 경우와 위기 상황에 우선순위를 부여하여야 한다. 또한 서비스가 최대한 적절한 시기에 이루어질 수 있도록 지원한다. 한편, 기관의 사례관리 대상자로 선정하기 어려운 경우나 필요한 서비스를 즉시 제공할 수 없는 경우는 적절한 기관이나 자원체계에 의뢰하거나 연결한다.

2 | 초기 상담

1) 정의

초기 상담은 잠재적인 사례관리 대상자에 대한 방문 혹은 내방 상담을 통해 클라이언트가 처한 어려움을 포함하여 클라이언트의 삶의 상황을 자세히 알아보고, 사례관리 대상자로서의 적합성을 확인하는 과정이다. 이와 함께 사례관리사업에 대한 안내, 사례관리 수행 방법에 대한 설명과 이에 대한 클라이언트의 잠정적 동의 확보 등을 주요 목적으로 하는 단계이다. 즉, 실제적인 사례관리를 수행하기 위한 준비작업으로서의 성격을 가진다. 초기 상담에는 초기 면접을 포함하여 사례관리의 의미 및 주요 단계를 설명하는 과정, 사례관리자와의 관계 형성과정, 좀 더 세부적인 삶의 상황을 이해하는 데 필요한 기초 정보수집을 위한 과정이 모두 포함된다.

2) 주요 과업

초기 상담을 포함한 모든 상담 과정에는 효과적인 의사소통이 필요하다. 또한 사례관리자는 효과적인 의사소통 방법뿐만 아니라 의사소통의 한계에 대한 인식도 해야 한다. 즉, 훌륭한 의사소통 기술인 경청과 면접의 기술은 사회복지실천에서 필수적이지만 민감성을 가져야 하며 목적이 분명해야 하는 동시에, 타인의 세계를 보는 일이 본질적으로 불확실할 수밖에 없다는 사실도 수용해야 한다(김성천 외, 2022).

초기 상담을 통해 알게 된 클라이언트의 삶의 모습은 새로운 정보로 인해 끊임없이 다른 모습으로 그려질 가능성이 있기 때문에, 새로운 정보에 대해 유연하게 받아들여야 하며 사례관리자는 지금까지 파악한 정보의 범위 안에서 제한적으로 사례관리 대상자를 인식하고 있을 뿐임을 인식해야 한다. 그렇지 않을 때 사례관리자는 클라이언트에 대한 제한적인 정보로 클라이언트의 삶을 규정하고 진단하게 됨으로써 새로운 정보를 받아들이지 못하거나 제대로 활용하지 못하게 될 수 있다. 특히, 사례관리의 과정이 초기 상담-사정 등의 순으로 진행되지만, 매 회기 클라이언트와의 접촉을 통해서 주요 과정은 순환적이며 통합적으로 전개된다. 따라서 초기 상담 과정에서 확보한 제한된 정보로 형성된 클라이언트에 대한 인식이나 평가에 매몰되지 않도록 주의해야 한다.

효과적인 상담 방법

비언어적 의사소통

구분	바람직하지 않은 방법	바람직한 방법
얼굴 표정	무표정, 찡그린 표정	웃는 표정, 밝은 표정
눈 마주침	다른 곳 주시, 차가운 눈초리	따뜻한 눈 마주침
몸동작	옆으로 앉음, 굳은 자세	고개 끄덕임, 마주 봄
물리적 거리	지나치게 멀거나 가까운 거리	적당한 거리를 통한 의사소통

언어적 의사소통

- 경청: 상대방이 보내는 소통의 내용에 주의를 기울이고 이해를 위해 노력하는 행동

경청의 7가지 방법(Gibin, 2013)

상대방을 주시하라.
상대방의 말에 깊은 관심을 가지고 있다는 것을 태도로써 나타내라.
상체를 상대방 쪽으로 내밀어라.
질문을 하라.
상대방의 말을 중간에 가로막지 말아라.
상대방의 화제에 충실하라.
당시의 의견을 말할 때 상대방의 표현을 이용하라.

- 질문: 상대방에게 추가적인 정보를 요청하고 상대방의 태도, 감정, 의견을 확인하는 행동. 질문의 적시성이 중요
- 반영하기와 공감하기: 상대방의 표현 내용에 대해서 자신의 이해 정도를 전달하며 서로 상황과 감정을 이해하고 있음을 공감
- 설명: 자신이 가지고 있는 정보를 상대방에게 제공하는 기술
- 강화: 타인에 대한 인정, 긍정, 칭찬, 격려, 지지를 전달하는 것
- 자기공개: 자신을 노출함으로써 상대방으로 하여금 경계심과 두려움을 완화시키는 기술
- 자기주장: 자신의 개인적 권리를 옹호하고 행사시키기 위해서 타인의 권리를 존중하면서 동시에 자신의 사고, 감정, 신념을 솔직하게 표현하는 행동
- 유머: 인간관계의 긴장을 해소하는 기술

준언어와 메타 메시지

- 준언어: 음조, 성량, 분절, 속도, 크기, 리듬 등의 적절한 활용
- 메타 메시지: 메시지에는 단어에 의해 전달되는 기본 정보뿐만 아니라 화자의 태도와 감정을 나타내는 메타 메시지가 있음. 메타 메시지는 수식어구, 리듬과 음의 고저 등으로 그 의미를 파악해야 함. 예를 들어, 독거어르신이 자녀에게 "바쁘면 오지 마."라고 말하는 경우. 바쁘니까 안 가도 된다고 해석할 수도 있지만, 바쁘지 않으면 오라는 것으로 이해할 수도 있음. 이 경우는 대부분 "아니야, 바빠도 당연히 가야지."라는 답을 기대하는 경우임. 메타 메시지는 직접적으로 말하기 어려운 것을 은밀히 말하는 것이므로 잘 해석해야 함

출처: Mckay, M. et al. (1999); 이경우, 김경희(2006); 김진숙 외(2014): 최소연(2022). 사례관리론, 재인용.

3 | 클라이언트 선정

1) 정의

초기 상담의 주요 목적은 사례관리 클라이언트의 선정이며, 사례관리 이용자 판정하기라고 할 수 있다. 클라이언트 선정은 기관의 사례관리사업 관련 정책하에 사례관리라는 방식을 적용할 것을 확정하는 작업이며, 초기 상담을 통해 파악한 내용을 토대로 사례관리 관련 지침의 적용을 받게 된다.

사례관리를 필요로 하는 사람들의 특징(Ballew & Mink, 1996)은 1명 이상의 원조자로부터 도움을 필요로 하는 복합적인 문제를 경험하고 있는 대상으로서, 원조를 이용하는 데 클라이언트의 무지 또는 역기능으로 인해 사례관리자의 도움 없이는 효과적으로 서비스를 이용할 수 없는 경우를 말한다. 즉, 복합적인 문제가 있다 하더라도 클라이언트 스스로 문제해결이나 욕구 충족을 위한 과정에 동기화되어 있거나 서비스에 접근할 수 있는 적절한 사회적 기능이나 기술을 가지고 있다면 사례관리라는 방식으로 접근할 필요는 없다. 사례관리를 수행하는 기관의 정책과 사업의 내용에 따라 사례관리 대상자를 선정하는 기준이 다르며, 이 기준에 부합하는 잠재적 대상자를 공식적인 절차를 거쳐 사례관리 대상자로 선정한다. 대부분은 사례관리자의 독립적인 의사결정보다는 사례관리 수행기관에서 사례판정회의 등의 공식적인 절차를 통해 사례관리 대상자 선정 여부를 결정한다.

사례관리 대상자 판정을 위한 문제 유형을 살펴보면 다음과 같다.

표 6-1 사례관리 대상자 판정을 위한 문제 유형

문제 영역	문제 내용
안전	•학대, 방임 기타 안전의 문제(가족구성원 또는 외부인과의 관계에서 야기되는 기초적 신변보호상의 문제) - 생명의 위협을 받거나 받을 가능성이 있는 경우 - 가족 내 폭력 및 학대, 방임이 있는 경우 - 기타 가족 내외로부터 안전의 위협이 있는 경우
신체 및 정신건강	•대상자 및 가족구성원의 신체적·정신적 건강 문제로 인한 생활상의 문제 - 심각한 건강 문제가 진행 중이거나 진행될 가능성이 있는 경우 - 심각한 정신적 문제가 있는 경우 - 정신건강, 자살 등의 문제가 있는 경우 - 술, 혹은 약물 관련 문제가 있는 경우 - 인터넷·게임중독, 도박 등의 문제가 있는 경우
일상생활 유지	•기능적 및 수단적 일상생활 유지상의 문제 - 일상(식사, 용변처리, 옷 입기, 세탁, 몸 씻기, 시장 보기 등) 활동에 어려움이 있는 경우 - 신변관리나 일상생활 유지기능(전화 걸기, 교통수단 이용, 복약 관리)의 어려움이 있는 경우 - 도보 등 외출에 어려움이 있는 경우 - 취미 및 여가활동의 부족 및 활동 시 어려움이 있는 경우
가족관계	•가족관계, 보육, 간병의 문제 - 부부, 부모-자녀 간 갈등이 있거나 관계가 단절된 경우 - 자녀양육 및 보육 관련 문제가 있는 경우 - 가족구성원의 돌봄 및 간병 관련 보호부담의 문제가 있는 경우
사회적 관계	•친인척, 이웃, 동료관계 등 문제(친지, 이웃 및 소속집단 내에서의 관계 형성 및 유지상의 문제) - 친척, 친구, 이웃과의 관계 형성에 문제가 있거나 갈등이 있는 경우 - 비공식적 지지망이나 지역사회 지지체계 활용에 문제가 있는 경우
경제	•기본적인 생활에 필요한 경제적 문제 및 자산관리상의 문제 - 기초적 욕구(의식주)의 충족에 필요한 자원부족의 문제가 있는 경우 - 자산취득 및 관리(저축, 부채 등) 등의 문제가 있는 경우
교육	•일상생활 유지에 필요한 기초교육 습득상의 문제
직업	•취업, 창업상의 문제 및 직업기능 수행상의 문제 - 기술, 경력, 능력부족 등으로 취(창)업에 부담이 있는 경우 - 자녀양육, 돌봄, 건강 문제 등으로 취(창)업이 어려운 경우 - 구직 및 직업활동의 불안정, 비정규성 등의 관련 문제가 있는 경우
생활환경	•거주지의 내·외부적 환경 및 권익보장상의 문제 - 주거 및 주거환경의 문제가 있는 경우 - 누수, 가스누출 등 거주지에 안전상의 문제가 있는 경우
법률 및 권익보장	•가족구성원의 권익보장상의 문제 - 법, 옹호, 인권 등과 관련하여 권리보장에 어려움이 있는 경우

출처: 보건복지부(2022b). 2022 희망복지지원단 업무안내.

2) 주요 과업

초기 단계의 주요 과업은 사례관리 대상자 선정의 적절성이 공식적인 절차를 통해 검토되어야 하며, 사례관리 대상자를 선정하는 기준이나 이유에 대해 설명이 가능해야 한다. 사례관리 수행기관에서 가족 중심 사례관리를 실천한다 하더라도 기관과 사례관리 대상자와 관련한 계약을 맺을 때는 가족구성원 중 가구를 대표하는 1명을 선정하여 계약을 맺게 된다. 따라서 1인 가구가 아닌 다가구원으로 구성된 경우 사례관리 대상자를 누구로 할 것인가는 효과적인 사례관리를 위해 매우 중요한 전략적 의미가 있다. 단순히 처음 접촉했기 때문이라는 이유나 가장 문제가 많다는 이유만이 아닌, 가족의 구조와 기능에 대한 사정평가를 토대로 가족구성원 중 누구를 사례관리 수행과정의 주요한 인물, 파트너로 선정하는 것이 좋을지에 대한 전략적인 선택이 필요하다. 또한 지역사회의 다양한 사례관리 수행기관이 있다면 어느 기관이 주 사례관리기관의 역할을 수행하는 것이 좋을지에 대한 검토를 통해 사례관리자의 소속 기관이 가장 적절하다는 판단의 근거를 가지고 선정하도록 한다.

한편, 복합적인 문제를 가진 사례관리 대상자 중 지역사회의 협력적인 노력을 통해 도움을 받아야 할 필요가 있으나 클라이언트가 동기화되어 있지 않은 비자발적인 클라이언트인 경우도 있다. 이러한 경우 동의나 계약을 할 수 없다는 이유로 사례관리를 진행하지 못한다는 것을 정당화하는 것이 아니라 관계 형성 등 지속적인 사례관리의 전제 조건을 마련하기 위한 노력이 필요하다. 따라서 실제 사례관리 대상자로 등록을 하지는 않더라도 신뢰를 주는 긍정적 관계 형성을 위한 노력이나 클라이언트 삶의 상황에 대해 직간접적으로 모니터링을 하는 것이 바람직하다.

4 | 동의 및 계약

1) 정의

사례관리 초기 단계를 통해 사례관리 대상자를 잠정적으로 선정한 후에 클라이언트의 자발적 참여에 대한 동의 및 계약 절차를 수행한다. 사례관리 실천과정에서 동의 및 계약의 절차를 중요하게 여기는 이유는 사례관리 대상자의 문제해결이나 변화, 욕구 충족 과정은 장기적인 접근이 필요한 경우가 많기 때문이다. 이러한 장기적인 과정에서 대상자의 자발적 참여나 변화를 위한 노력 없이 서비스 제공기관의 일방적인 자원 연결이나 자원의 반복적 제공은 실제적 변화를 이끌어 내지 못한다. 심지어 이러한 과정의 반복은 대상자의 의존성을 심화시킬 위험성도 있다. 따라서 사례관리 대상자로 선정되면 사례관리의 의미, 사례관리의 주요 진행방식 등에 대한 자세한 설명과 함께 이러한 과정에 협력적인 노력을 함께하는 것에 대한 중요성을 설명하고 클라이언트를 동기화하기 위한 노력이 필요하다.

2) 주요 과업

사례관리를 시작하기 전에 동의 및 계약 절차가 필요한 이유는 사례관리 과정에는 사례관리자의 자원 연결을 위한 노력은 물론, 사례관리 대상자가 제공되는 자원을 이용하는 데에도 많은 에너지와 노력이 투입되기 때문이다. 일반적으로 서비스 제공자는 국가 혹은 사회가 대상자의 문제해결을 위해 노력하고 다양한 서비스 제공을 하고 있음에도 사례관리 대상자가 제공되는 서비스도 적절히 혹은 성실히 이용하지 못하는 것에 대해 비판적 시각을 가지는 경우가 많다. 하지만 무료 서비스 혹은 사례관리자를 통해 연결된 서비스라 하더라도 복합적이고 만성적인 어려움이 있는 사례관리 대상자로서는 서비스 제공계획을 따르는 것에 많은 에너지가 필요하며, 제공되는 서비스를 받기 위해서는 시간이 필요하고 계획대로 움직이기가 쉽지 않을 수도 있다. 더구나 사례관리서비스의 의미, 방향, 주요 목적에 대한 충분한 이해 없이는 단순히 국가나 사회복지기관이 제공하는 서비스를 소극적으로 받는 과정으로만 이해하게 될 것이다. 그렇게 되면 사례관리 과정을 통해 제공되는 서비스의 효과를 담보할 수 없을 뿐만 아니라 서비스를 부적절하게 이용할 수도 있다. 따라서 사례관리의 과정은 국가나 복지기관이 일방적으로 서비스를 제공하는 과정이 아니라, 사례관리 대상 가구의 어려움이나 문제 상황을 해결하기 위해 함께 노력하고 사례관리 대상자의 노력을 지지하고 지원하기 위한 과정임을 분명히 해야 한다.

5 초기 단계의 기록

사례관리자는 사례관리서비스의 첫 단계인 초기 상담을 수행한 후 〈초기 상담지〉와 〈사례관리 이용 동의서〉 양식에 기록하게 된다. 각 기록양식은 사례관리기관의 매뉴얼에 의해 다르게 구성될 수 있다. 여기에서는 「사례관리 전문가 교육: 실무자 기초과정」(한국사례관리학회, 2019)의 자료를 김성천 등(2022b) 책에서 재구성한 기록양식을 예시로 제시하고자 한다.

기록양식의 활용은 다음과 같다. 초기 상담은 사례관리자가 클라이언트를 직접 면접하여 작성한다. 〈초기 상담지〉는 클라이언트의 인구학적 정보, 의뢰 경로, 도움 요청 내용, 사례관리 클라이언트 선정 여부와 관련한 상담자의 종합의견으로 구성된다.

〈초기 상담지〉는 사례관리자가 작성하는 경우도 있지만 클라이언트가 직접 작성하도록 안내하는 것도 좋은 방법이다. 즉, 인구학적 정보뿐만 아니라 도움 요청 내용 역시 클라이언트가 직접 작성하도록 한 후 작성된 내용을 바탕으로 상담을 진행하면서 정보를 수정·보완하며 기록을 완성해 나갈 수 있다. 클라이언트를 의뢰한 사람의 요구를 기록하는 것도 필요하다. 왜냐하면 의뢰인의 의뢰 사유는 클라이언트가 진술하지 않은 주요한 과제를 포함할 수도 있고, 때로는 클라이언트가 지역사회와의 관계에서 풀어 나가야 할 문제를 제시해 줄 수 있기 때문이다. 예를 들어, 동사회보장협의회 위원이 의뢰한 사례가 마을 주민들과 오랜 갈등이 있었고 이웃들이 떠나기를 간절히 바라는 가정일 수 있다. 이러한 상황을 클라이언트가 인정하지 않더라도 주민들과의 갈등을 해결하는 것이 클라이언트에게 주요한 과제임을 알 수 있고 나아가 의뢰인을 사례관리 실천과정에 자원으로 참여하도록 요청할 수 있다.

클라이언트와 가족의 도움 요청 내용은 진술자의 표현을 그대로 인용하여 기록하는 것이 좋다. 클라이언트의 표현에 대해 그대로 평가할 경우 표면적으로 드러난 '요구(want)' 이면에 숨겨진 '욕구(need)'를 발견하는 데 도움이 되기도 한다. 또한 초기 상담에서 나눴던 질문과 대답을 사정 상담에서 반복하는 수고를 덜 수도 있어 사례관리 전문가들의 일관성 있는 서비스 제공에 대한 신뢰를 얻는 데 도움이 된다. 클라이언트의 주관적인 도움 요청 내용을 기술한 후에 그와 관련하여 사례관리 담당자가 추가로 확인한 내용, 즉 가정방문을 통해 관찰하거나 의뢰인 등 기타 정보원으로부터 수집된 객관적인 정보를 추가로 기록한다. 이러한 기록방법은 사정 단계 기록에도 동일하게 적용한다.

초기 상담자는 상담 결과에 대해 전문가 소견을 상담자 종합의견에 기록한다. 클라이언트의 욕구와 조사된 정보, 대상자의 문제해결 능력 및 위험성에 대한 분석을 기반으로 사례관리 제공의 필요성에 대해 논리적으로 기록한다.

사례 선정 회의에서는 〈초기 상담지〉를 근거로 사례관리 대상자 선정 여부를 결정한다. 상담자는 초기 상담을 통해 클라이언트가 사례관리 대상 선정기준에 부합한다고 판단되며 클라이언트의 서비스 이용에 대한 동의가 있을 때 〈사례관리 이용 동의서〉를 작성하여 사례선정 회의에 〈초기 상담지〉와 함께 제출한다. 「개인정보 보호법」에 의거한 〈개인정보 활용 동의서〉 또한 별도로 작성하여 첨부한다.

초기 상담지

<table>
<tr><td>접수 번호</td><td colspan="3"></td><td colspan="2">일시</td><td colspan="5"></td></tr>
<tr><td>상담자</td><td colspan="2"></td><td></td><td colspan="2" rowspan="2">장소</td><td colspan="5" rowspan="2">□ 가정 □ 내방
□ 지역사회기관( ) □ 기타( )</td></tr>
<tr><td>상담 참여자</td><td colspan="2"></td><td></td></tr>
<tr><td>의뢰 경로</td><td colspan="10">□ 본인 요청( ) □ 사례관리자의 발굴 □ 기관 내부 의뢰( )
□ 타 기관 의뢰( ) □ 주민 의뢰( ) □ 기타( )</td></tr>
<tr><td>클라이언트</td><td colspan="3">(남 / 여)</td><td colspan="2">생년월일</td><td colspan="5"></td></tr>
<tr><td>주소</td><td colspan="3"></td><td colspan="2">전화번호</td><td colspan="5"></td></tr>
<tr><td>장애 유형/급</td><td colspan="3"></td><td colspan="2">건강상태</td><td colspan="5">□ 양호 □ 질환( )</td></tr>
<tr><td rowspan="2">보호 유형</td><td colspan="10">□ 수급 □ 저소득/차상위 □ 한부모지원가정 □ 기타(영유아보육료 지원, 보훈 등)</td></tr>
<tr><td colspan="10">□ 의료급여 1종 □ 의료급여 2종 □ 건강보험 □ 기타</td></tr>
<tr><td>주거 유형</td><td colspan="10">□ 자가 □ 전세(보증금 ________만 원)
□ 월 세(보증금 ________만 원/월 ________만 원)
□ 임대주택(보증금 ________만 원/월 ________만 원)
□ 기타</td></tr>
<tr><td>가구 유형</td><td colspan="10">□ 소년소녀가구 □ 청장년1인가구 □ 독거노인가구 □ 한부모가구
□ 부부중심가구 □ 노인부부가구 □ 장애인가구 □ 조손가구
□ 새터민가구 □ 공동체가구 □ 기타( )</td></tr>
<tr><td rowspan="5">가족사항</td><td>관계</td><td>성명</td><td>출생
연도</td><td>결혼
상태</td><td>동거
여부</td><td>학력</td><td>연락처</td><td>장애
여부</td><td>건강
상태</td><td>기타</td></tr>
<tr><td></td><td></td><td></td><td></td><td></td><td></td><td></td><td></td><td></td><td></td></tr>
<tr><td></td><td></td><td></td><td></td><td></td><td></td><td></td><td></td><td></td><td></td></tr>
<tr><td></td><td></td><td></td><td></td><td></td><td></td><td></td><td></td><td></td><td></td></tr>
<tr><td></td><td></td><td></td><td></td><td></td><td></td><td></td><td></td><td></td><td></td></tr>
<tr><td rowspan="3">도움 요청</td><td colspan="2">클라이언트</td><td colspan="8"></td></tr>
<tr><td colspan="2">가족</td><td colspan="8"></td></tr>
<tr><td colspan="2">의뢰인 및 기타</td><td colspan="8"></td></tr>
<tr><td rowspan="2">상담자
종합의견</td><td colspan="10"></td></tr>
<tr><td colspan="2">대상 판정</td><td colspan="8">□ 대상(□ 긴급/□ 일반) □ 비대상(□ 정보제공/□ 연계:)</td></tr>
</table>

사례관리 이용 동의서

성명	(남/여)	생년월일	
주소		전화번호	

- 본 사회복지관의 사업 및 사례관리서비스에 대해 설명해 드리겠습니다.
- 본 사회복지관은 귀하의 사회복지 요구와 관련하여 최선의 사례관리서비스를 제공하도록 노력하겠습니다.
- 아래의 목적 이외에 귀하의 개인적인 정보가 노출되지 않도록 하겠습니다.

○○종합사회복지관장 (인)

- 본인은 귀 종합사회복지관에 관한 소개와 사례관리서비스의 과정 및 내용에 대한 설명을 충분히 듣고 이해했습니다. (필수) .... (   )
- 본 동의서 작성일로부터 귀 복지관에서 제공하는 사례관리서비스를 제공받는 것에 동의합니다. (필수) .... (   )
- 사례관리서비스를 위해 필요한 정보를 제공하는 등 제반 활동에 함께 참여하겠습니다. (필수) .... (   )
- 본인과 관련된 정보가 서비스의 질적 향상과 전문가 양성을 위한 교육 및 학문적 목적을 위해서 사용되는 것에 동의합니다. (선택) .... (   )

20____년 ____월 ____일

성명: (인)

사례 적용

클라이언트(35세/모)는 동 주민센터를 방문해 "경제적으로 너무 힘들어서 아이들을 제가 키울 수 없어요. 남편이 집을 나갔거든요. 세 살, 다섯 살 아이들이랑 굶고 있어요. 아이들을 시설에 보내고 싶어요."라고 도움을 요청하였다. 동 주민센터 공무원은 이 가정이 경제적 및 심리적 어려움과 함께, 자살의 위험이 크다고 판단하여 지역의 종합사회복지관에 사례를 의뢰하면서 클라이언트에게 경제적·심리적 지원을 하고 자녀들을 시설에 맡기지 않고 양육해 나갈 수 있도록 도움을 주기를 의뢰하였다.

사례관리자가 담당 공무원과 도시락을 준비하여 클라이언트의 집을 방문했을 때는 집안은 어느 정도 정리가 잘되어 있었다. 지난 며칠간 아무것도 먹지 못했다는 클라이언트의 말에 양해를 구하고 주방을 둘러보니 가스레인지에 조리한 흔적이 없었으며 냉장고에는 식재료나 반찬이 전혀 없는 상태였다.

클라이언트는 남편이 가출한 후 두 달 정도 아이들과 함께 남편을 찾아다녔다고 하였다. 그 과정에서 부부 모두 신용불량인 상황임에도 남편이 아내 모르게 아이들 명의로 휴대전화를 만들어 사용하고 있었다는 사실을 알게 되었다고 한다. 이러한 사실을 시어머니에게 설명하고 도움을 요청하였으나 시어머니는 아이들을 시설에 보내라고 말하고 그 뒤로 소식을 두절하였다고 한다. 친정에서는 유일하게 남동생이 가끔 찾아오고 아이들도 돌봐 줬으나 동생도 생활이 어려워져 연락을 잘 되지 않는다고 하였다.

클라이언트는 당장 수중에 몇 천 원밖에 없어 아이들을 제대로 먹일 수 없는 게 가장 큰 걱정이라고 하였다. 유치원에서 활발하게 놀던 아이들이 요즘 유치원에서 선 채로 오줌을 누거나 친구들하고 놀다가도 갑자기 울음을 터트리는 등 이상행동을 보인다고 유치원 선생님이 알려주었다고 하였으며, 집에서도 자다가 오줌을 싸는 일이 잦아졌다고 한다.

사례관리자는 클라이언트가 처한 지금의 상황에 대해 충분히 공감하고 클라이언트가 가진 강점을 지지하려 노력하였다. 사례관리자는 "그렇게 힘든 상황에서도 어떻게 견딜 수 있었나요?" 하고 물으니 "행복한 가정을 이루고 싶었어요. 그동안 돈은 없었지만, 아이들에게 화를 한 번도 내지 않고 잘 지냈었거든요. 둘째가 태어난 뒤로는 이제 정말 가족을 이루고 아이들을 잘 키워야겠다고 생각했어요."라고 하였다.

학습과제

1. 앞의 사례를 잘 읽고 <초기 상담지>를 작성하시오.
2. 사례관리 대상자로 선정한 기준이나 이유는 무엇입니까?
3. 사례의 가족구성원 중 누구를 사례관리 대상자로 선정하는 것이 적절하며 그 이유는 무엇입니까?
4. 앞의 사례의 효과적인 관리를 위해 어느 기관이 주 사례관리를 담당하는 것이 적절하며 그렇게 판단한 근거는 무엇입니까?

Chapter 07

사정 단계

학습목표

1. 사례관리 사정 단계에서 욕구사정, 자원 및 강점사정, 장애물 사정, 종합적 사정의 개념과 핵심과업을 이해한다.
2. 사례관리 사정 단계의 기록에 대해 알아보고 습득한다.

사정 단계는 사례관리자와 대상자가 함께 대상자의 욕구에 관한 정보를 수집하고 클라이언트가 가지고 있는 문제나 어려움, 사례관리 과정을 통해서 지원해야 하는 욕구에 대한 분석, 우선순위를 정하고 종합화하는 단계이다. 사례관리자는 클라이언트의 포괄적이고 개별화된 욕구에 대해 강점에 기반하고 문화적 민감성을 가지고 사정평가를 해야 하며, 사례관리자는 훈련과 기술, 경험을 통해 자격을 갖추고 특별한 욕구를 가진 개인과 가족을 잘 파악할 수 있어야 한다.

사정평가는 다음의 원칙을 고려하여 실시한다.

- 사정평가를 위해 수집된 정보는 포괄적이어야 하나 처음 사례를 선정하게 된 이유와 직접적인 관련이 있어야 하며, 서비스 요청 및 목표 달성과 관련된 자료로 제한한다.
- 사정평가는 가능한 사례관리 대상자 개인 또는 가족이 선택한 장소에서 직접 수행하며, 자연적 지지체계와 공식적인 지원 네트워크를 포함하여 실시한다. 필요에 따라 신속하게 전문적 평가(예를 들어, 검사나 진단 등)를 제공할 수 있도록 연계한다.
- 사정평가는 문화적인 민감성과 그에 따른 반응성으로 나이, 발달 수준 등을 고려하여야 하며 서비스 참여를 높이고 합의된 목표 달성을 지원할 수 있는 자원을 파악한다.

- 사정평가는 기관이 정한 기한 내에 완료한다.

사례관리의 시작 및 사정평가 시 사례관리 대상자 또는 가족이 사례관리가 시작되는 것에 대한 의지가 있는지에 대한 민감성을 가져야 한다. 또한 사정평가 과정에서 클라이언트가 위협적으로 느끼지 않는 태도, 인간에 대한 존중, 당사자의 자율성 및 비밀보장, 유연성 등이 잘 보장될 수 있도록 한다.

사정평가는 세부적으로 욕구사정, 자원 및 강점사정, 장애물 사정, 종합적 사정의 차원으로 구분할 수 있으며, 사정평가의 결과를 기반으로 사례관리 개입 목표를 구체화한다.

1 욕구사정

1) 사정

욕구의 사전적 정의는 '결핍'이나 '필요'이지만 사회복지적으로는 특정 프로그램이나 서비스를 제공해야 할, 즉 개입의 필요성이자 개입을 통해 변화를 도모해야 할 사례관리 이용자의 상황, 어려움이라고 볼 수 있다(이기연·유서구, 2012). 욕구사정은 서비스나 자원이라는 형태의 개입을 통해 변화를 도모해야 할 클라이언트의 상황에 대한 가설을 수립하는 과정으로 정의할 수 있다. 이는 클라이언트의 '문제(problem)' 혹은 '원하는 것(wants)'과 구분하는 것이 필요하다. 즉, 클라이언트의 다양한 문제 모두 사례관리를 통해 도움을 줄 수 있거나 도움을 주어야 하는 것은 아니며, 클라이언트의 요구나 원하는 것 역시 사례관리를 통해 반드시 충족시켜야 하는 것도 아니다. 사회복지 사례관리는 사회복지적 책무성을 고려하여 사정된 욕구 중에서 추후 시간계획을 고려하고 클라이언트와 합의를 통해 종합적으로 사정되어야 한다.

2) 주요 과업

사례관리자는 명확한 욕구사정을 위해 클라이언트가 직접 도움을 요청한 경우가 아니라면 클라이언트와 의뢰자의 주 호소를 각각 듣고 분석할 필요가 있다. 자신이 처한 삶의 상황을 바라보는 관점과 사례관리를 위해 클라이언트를 의뢰한 입장에서 클라이언트가 처한 삶의 상황을 바라보는 관점은 이유가 다를 수 있기 때문이다. 따라서 사례관리 대상자가 직접 도움을 요청한 경우가 아니라면 사례관리 의뢰 시 제시된 문제에 대해 이해관계자들의 입장과 의견을 다각적으로 분석해야 하며 다양한 정보원(정보제공자와 정보의 형태)을 활용할 필요가 있다. 즉, 클라이언트나 의뢰인의 한쪽 진술 정보에만 의존하지 않도록 주의한다.

또한, 욕구사정 단계는 클라이언트가 원하는 서비스나 자원을 제공하는 과정이 아니라 클라이언트와 합의한 목표를 달성하는 데 필요한 수단으로서의 자원을 제공하는 과정임을 분명히 인식할 필요가 있다. 어떤 어려움이 우선 해결되어야 할 것인지를 중심으로 사정하고 결과적으로 언제까지, 어떠한 결과를 목표로 할 것인지를 중심으로 사정평가 하는 것이 필요하다.

사례관리 대상자의 욕구를 사정할 때 사례관리자는 상담과정 속에서 대상자의 언어적 및 비언어적으로 표현하는 욕구들과 그 욕구와 관련된 대상자들의 특성, 가족, 주변의 상황과 강점, 장애물을 자세히 파악해야 한다. 사례관리자는 욕구 영역과 내용을 구분하여 클라이언트 욕구의 총체적인 내용과 수준, 시급성과 중요성 등을 점검한다. 욕구사정 과정에서 가계도, 생태도 등의 도구를 활용할 수 있다.

표 7-1 욕구 영역과 내용

영역	내용	서비스 예시
기본생활	일상생활을 유지하기 위한 기본적인 의식과 관련된 욕구	식사, 밑반찬 지원, 주거환경 개선, 생필품 지원, 가사 도움 인력 파견, 아동 지원, 긴급생계비 지원 등의 기초생활 지원 영역에 해당
교육·발달	인지·발달을 위한 적절한 지식습득과 관련된 교육·문화적 경험과 관련된 욕구	학습지도 지원, 특기교육 지원, 학습기자재 지원, 캠프, 문화활동, 동아리활동 등
심리정서	적응, 행동 등과 관련된 심리·정서적 지원의 욕구	집단상담, 심리검사, 놀이·미술·음악치료 등
건강	신체적·정신적 질병 및 장애 등과 같은 건강관리와 관련된 욕구	재활치료프로그램, 질병검진 지원, 보장구 지원 등
안전	신체적·정신적·물리적 폭력, 방임 등 보호와 안전과 관련된 욕구	방과후 보호, 긴급일시보호, 간병보호 등
경제	소득, 취업 등 기본적인 생활을 위한 경제적 상황과 관련된 욕구	후원금 연계, 신용회복 지원, 취·창업 지원 등
가족관계	가족 구성원 간 관계, 구성원의 역할과 기능과 관련된 욕구	부모교육, 가족 문화활동 지원 등
사회적 관계	가족 외의 비공식적·공식적·사회적 관계망과 관련된 욕구	자조모임활동 지원 등

출처: 한국사회복지관협회(2012): 전혜성 외(2022). 현장 사례관리, 재인용.

(1) 가계도를 활용한 사정

가계도(genogram)는 보웬(Bowen)의 이론에 근거한 사정도구로, 가족의 구조나 특성, 복잡한 가족관계 및 정서체계 등을 구체적으로 나타낼 수 있으며 쉽게 이해할 수 있도록 하는 도식화라고 할 수 있다(김성천 외, 2022b). 가족 구조를 나타내는 기호를 살펴보면 다음과 같다.

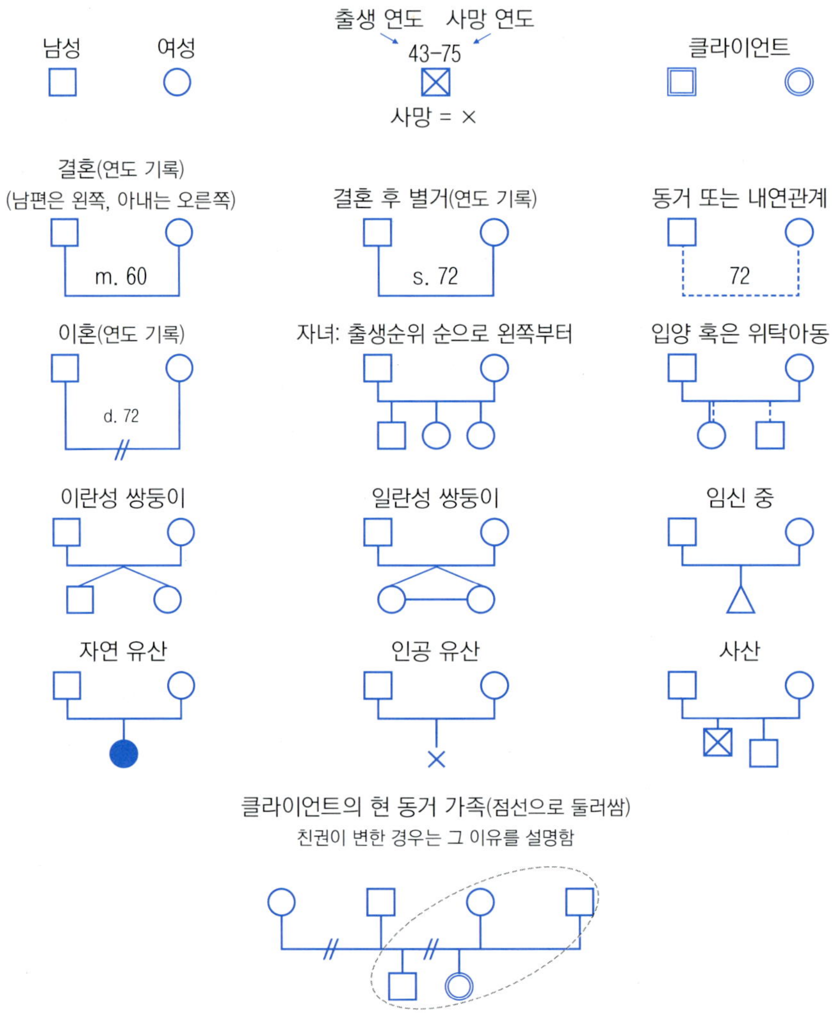

그림 7-1 가족 구조를 나타내는 기호

가족의 상호작용과 관련된 기호는 사례관리자의 사용 여부에 따른다. 가족의 상호작용을 나타내는 기호를 살펴보면 다음과 같다.

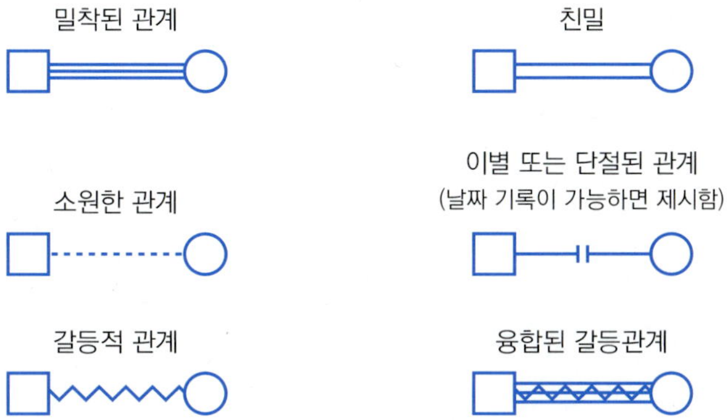

그림 7-2 가족의 상호작용을 나타내는 기호

가계도는 클라이언트의 가족관계에 관한 많은 정보를 쉽고 신속하게 파악할 수 있는 장점을 가지고 있다. 한 가족이 적응하고 있는 생활주기의 적합성을 이해할 수 있으며 가족구조와 함께 가족의 역사, 가족 간의 관계와 정서, 삶의 중요한 사건 등 가족에 대한 여러 정보를 한눈에 볼 수 있다. 클라이언트는 가계도를 통해 자신과 자신의 가족 간의 관계를 인식하고 문제를 좀 더 명확하게 직시할 수 있으며 문제에 대한 배경을 파악하게 되는데 이러한 과정이 문제해결에 도움이 된다. 또한 원가족과의 관계를 파악해 보는 것은 한 개인이나 가족을 돕는 상황에서는 필연적이다. 비자발적인 클라이언트의 경우에는 자신의 문제에 대한 언급을 꺼려 하는 경향이 있는데 이때 가계도를 함께 작성하는 것으로 시작하게 되면 자신의 가족 배경, 전체적인 가족 분위기, 가족관계에 관한 정보나 문제를 자연스럽게 이끌어 낼 수 있다.

(2) 생태도를 활용한 사정

생태도(eco-map)는 클라이언트 및 그 가족의 사회적 맥락과 클라이언트와 가족을 둘러싼 사회체계들과의 상호작용을 하나의 그림으로 나타낼 수 있도록 고안된 도구이다(엄명용 외, 2014). 생태도는 클라이언트와 가족의 주요 환경체계 간의 관계 표시가 가능하며, 가족의 자원, 에너지의 유입 및 유출에 대한 표시가 가능하다.

생태도를 작성하는 방법은 다음과 같다.

- 중앙에 가족체계를 상징하는 큰 원을 그린다.
- 원 안에 현 가족의 구성원들이 표시된 간략한 가계도를 그린다.
- 큰 원 주변에 가족구성원 또는 가족체계에 영향을 미치는 주변 환경체계들을 그린다.
- 가족체계와 주변 환경체계들이나 외부 환경체계들 간의 교류 상황을 파악하고 상호교류의 성격을 선으로 표시한다.

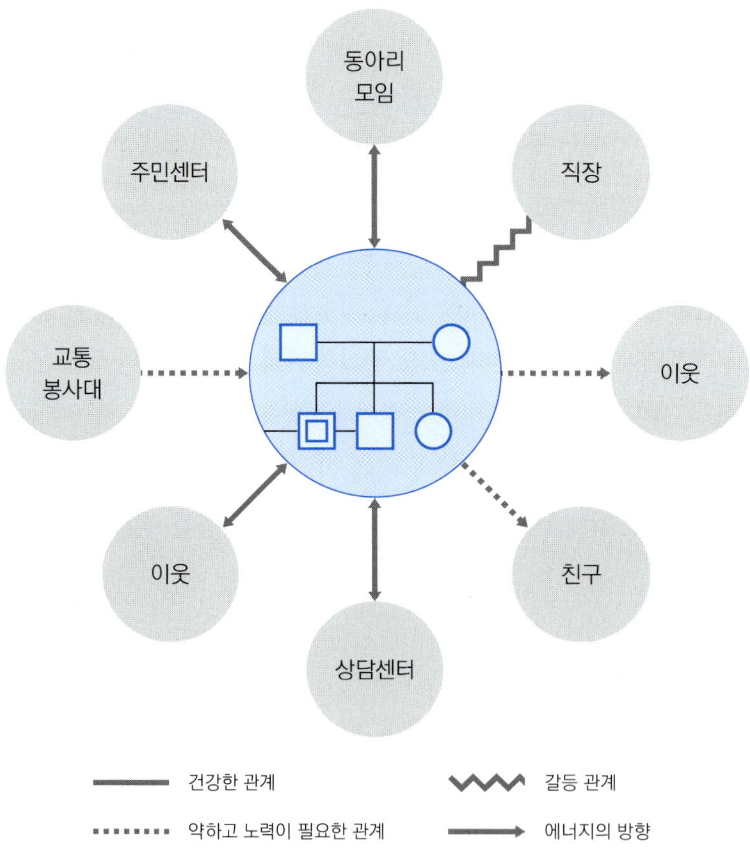

그림 7-3 생태도 작성의 예

- 외부 환경체계가 가족 전체와 연결되어 있으면 외부 체계와 큰 원을 선으로 연결하고 외부 체계가 가족 내의 특정 개인과만 연결되어 있으면 그 개인과 외부 체계를 선으로 연결한다.
- 선 옆으로 간략한 설명을 적는다. 사례관리자와 클라이언트가 협력하여 수행해야 할 가장 중요한 일은 가족과 외부 체계와의 상호작용 요소들 중 가장 상호작용이 크며 신속하고 효과적이고 가족의 변화를 가져올 요소를 찾아 개입하는 것이다.

2 | 자원 및 강점사정

1) 정의

사례관리 사정의 두 번째 영역은 자원 및 강점사정이다. 사례관리 실천에서의 자원이란 클라이언트 내적 자원(강점)과 외부 자원으로 구분되며, 클라이언트 및 가족의 욕구를 충족시키고 문제를 해결하기 위해 필요한 각종 정보 및 상담, 교육, 건강, 일자리, 주거 등의 자원이 모두 포함된다. 자원 및 강점사정을 통해 클라이언트의 문제나 결핍만이 아니라 효과적인 사례관리를 위해 현실적으로 투입 가능한 다양한 노력이나 자원을 고려해야 한다. 자원 및 강점사정은 투입 가능한 노력, 즉 클라이언트의 역량을 의미하는 강점과 외부 자원을 확인하기 위한 절차라고 볼 수 있다. 강점에 대한 정의는 다양할 수 있겠지만 여기에서는 클라이언트가 가진 내면의 힘과 자원을 중심으로 정의하고자 하며, 외부적인 자원은 클라이언트가 아닌 가족이나 지지체계, 지역사회의 인적·물적 자원으로 구분하고자 한다.

2) 주요 과업

자원과 강점사정의 주요 과업은 클라이언트와 가족이 가진 내면의 힘과 자원을 찾고 그 자원의 활용 방법을 모색하는 것이다. 자원과 강점사정은 전반적인 클라이언트의 특성만이 아니라 현재 상황을 호전시키거나 문제의 악순환을 막고 욕구 충족에 기여하는 수단이나 다양한 방식으로 도움을 줄 수 있는 내·외적 자원을 사정하는 것이다. 이때 강점과 자원은 절대적인 사회적으로 인정하는 기준이 아니라 클라이언트의 삶의 상황이나 맥락을 고려할 때 강점이나 자원이 될 수 있는 것을 의미하며, 생태체계적 관점이나 강점관점을 가지고 사정평가 해야 한다. 예를 들어, 사회적으로는 '소극적인 성격'을 바람직하지 않은 특성으로 혹은 부정적으로 평가할 수도 있다. 어떤 클라이언트 상황에서는 이러한 '소극적인 성격'으로 인해 문제가 더 악화되거나 부정적인 유혹에 빠지는 것을 막을 수 있었다면 특정한 상황과 맥락에서는 강점이 될 수 있다는 것이다. 또한 클라이언트의 강점을 현재 상황에서 찾는 것도 중요하지만 그동안 클라이언트가 삶의 문제나 어려움을 해결하기 위해 어떤 노력을 해 왔는지, 삶의 상황이 지금보다 더 나빠지는 것을 막거나 버틸 수 있었던 힘은 무엇인지에 대해 탐색할 때 더 효과적으로 발견할 수 있다. 따라서 사정평가를 위한 상담을 할 때에는 클라이언트가 현재 얼마나 어려운 삶의 상황인지, 현재 가지고 있는 문제가 얼마나 심각한지에 대한 탐색과 판단만이 아니라 '그럼에도 불구하고' 어떻게 버틸 수 있었으며, 더 악화되는 것을 막기 위해 어떠한 방식으로 노력해 왔는지에 대한 탐색에 무게를 두어야 한다. 아울러 이러한 노력이 성공한 부분과 실패한 부분을 탐색함으로써 클라이언트의 노력에 대한 인정과 지지, 실패나 시행착오를 반복하지 않도록 하기 위한 교훈을 함께 탐색하는 것이 필요하다. 대부분 클라이언트와 가족들은 자신들이 삶의 어려움을 해결하거나 대처하기 위해 애쓰고 고군분투해 온 힘이나 자신의 특성을 인식하지 못하고 있는 경우도 많다. 따라서 이러한 부분을 사례관리자가 발견하고 함께 공유하고 지지하는 과정이 중요하다.

내적 자원은 다양한 진단 도구를 사용하여 사정하거나 면접을 통해 개인의 강점을 사정하기도 한다. 개인 내적 자원사정을 위한 질문을 살펴보면 〈표 7-2〉와 같다.

표 7-2 개인 내적 자원사정을 위한 질문

자원	강점 요소	질문
성격 특성	• 긍정적 성향: 긍정적 자아 개념, 동기화, 호기심, 낙관성 등 • 덕목: 성실함, 부지런함, 적극성, 인내심, 유머감각, 생활력, 책임감, 친화력 등	• 어려움을 견딜 수 있는 힘은 무엇인가? • 어떻게 버틸 수 있었으며, 악화되는 것을 막기 위해 어떤 노력을 했나요? • 다른 사람들이 당신에 대해 말하는 장점은 무엇입니까?
신체적 강점/습관	• 일찍 일어나는 습관, 규칙적 운동, 좋은 식습관, 양호한 건강상태 등	• 당신의 좋은 습관은 무엇인가요? • 당신의 신체적 강점은 무엇인가요?
재능/기술	• 잘하는 것, 좋아하는 것 • 직업기술, 자격증 등	• 좋아하는(잘하는) 활동은 무엇인가요? • 특별한 직업기술이 있나요? • 자격증이 가지고 있나요?

출처: 김성경(2023). 사회복지 사례관리론, 재인용.

한편, 클라이언트가 지역사회에서 새롭게 발굴되어 사례관리의 신규 대상이 되기도 하지만 이미 다양한 방식으로 복지시스템 내에 있었던 경우도 많이 있다. 따라서 과거에 받았던 도움 내용 및 지원 방식에서 어떠한 경험을 하였는지도 평가할 필요가 있다. 즉, 과거 클라이언트와 가정에게 투입된 지역사회 자원은 무엇이었으며 그 자원은 그 당시의 욕구와 클라이언트의 삶에 어떤 영향을 주었는지에 대한 사정평가를 함으로써 이러한 성공 혹은 실패의 경험을 이번 사례관리의 방향에 어떻게 반영할지를 고려할 필요가 있다.

3 장애물 사정

1) 정의

사례관리 사정의 세 번째 영역은 장애물 사정이다. 장애물이란 사례관리를 통해 이루고자 하는 목표 달성을 위한 노력을 저해하거나 한계, 걸림돌이 되는 특성이나 조건을 말한다. 장애물은 내부 장애물과 외부 장애물로 구분할 수 있는데, 내부 장애물은 클라이언트 개인이 가지고 있는 성격이나 심리·정서적인 특성으로, 문제해결이나 변화를 위한 협력적인 노력을 해 나가는 데 걸림돌이 될 수 있는 특성을 말한다. 과거의 부정적 경험으로 인해 인간관계에서 신뢰를 형성하기 어렵거나 냉소적인 태도로 인해 사례관리자와의 관계 형성이 어렵고 사회적 참여나 관계 형성을 하는 데 어려움 또는 한계로 작용하는 것 등이 그 예가 된다. 외부 장애물은 클라이언트가 처한 삶의 특성이나 환경적 특성이 클라이언트가 변화하거나 욕구를 해결하는 데 걸림돌이 되는 장애물을 의미한다. 예를 들어, 부적절한 자원, 지역사회에 필요한 자원이 존재하지 않거나 욕구를 충족시키기에 적합한 자원이 없는 경우 등이다.

2) 주요 과업

장애물 사정의 목적은 사례관리를 수행하는 과정에 놓인 내·외적 장애물을 명확히 하고 사례관리를 통한 변화의 가능성과 한계를 객관적이고 현실적으로 예측하는 것이다. 또한 장애물이나 한계 중에서 쉽게 극복하기 어려운 장애물이 있다면 우회하기 위한 전략을 마련할 필요가 있다. 신뢰 관계를 형성한다는 것은 쉽고 빠른 시간에 이루어지기 어려우며, 지역사회의 자원 확충이나 서비스 전달체계의 변화 역시 단시간에 이루어지지 않을 수 있다. 이러한 내·외적 장애물에 대한 어려움을 고려한 현실적인 목표와 실현 가능한 계획을 수립하기 위해 내적·외적 장애물을 인식하고 검토해야 한다.

4 | 종합적 사정

1) 정의

종합적 사정은 클라이언트의 욕구, 자원, 장애물 등 각각의 상황에 대한 종합적인 평가 및 분석적 작업을 하는 단계를 말한다. 종합적 사정에서는 클라이언트의 삶의 문제나 어려움, 결핍 등 부족한 부분만이 아니라 강점이나 자원, 장애물 등 종합적인 내용을 고려한 균형 잡힌 시각이 요구된다. 본격적으로 사례관리를 추진하기 위한 가장 중추적인 단계로, 이후의 서비스 계획수립이나 실행을 하는 전 과정에 영향을 미치는 중요한 단계라고 볼 수 있다. 즉, 종합적 사정평가 결과를 기반으로 클라이언트 욕구의 우선순위를 선정하고 클라이언트와 제한된 시간 안에 달성이 가능한 결과 목표에 대해 합의를 하게 된다. 한편 클라이언트의 욕구나 주변 상황, 자원이나 장애물 등은 다양한 환경적 맥락에서 변화가 생길 수 있으므로 정기적인 재사정이 필요하다.

2) 주요 과업

사례관리자는 종합적 사정에서 클라이언트의 문제나 요구하는 서비스와 관련한 특성, 욕구 영역에 국한하는 것이 아니라 클라이언트의 전반적인 삶의 상황을 재검토하는 데 의미가 있다. 종합적 사정을 위해서는 개인과 환경의 상호작용에 초점을 맞춘 생태체계적 사정을 해야 한다. 즉, 클라이언트뿐만 아니라 비공식적 지지체계, 나아가 지역사회 환경에 이르는 다양한 차원에 대한 포괄적이고도 세밀한 사정이 포함된다.

사정 단계에서 사례관리자는 다음의 내용을 포함하는 포괄적 사정 활동에 집중해야 한다(Moxley, 2004).

- 클라이언트의 능력과 대인서비스 욕구에 대한 사정
- 클라이언트의 사회적 망과 이러한 사회적 관계를 맺고 있는 구성원이 클라이언트의 욕구에 부응하는지에 대한 사정

- 대인서비스 제공자에 대한 사정과 이러한 제공자가 클라이언트의 욕구에 부응하는 능력에 대한 사정

사정평가는 사례관리 대상자의 욕구 영역별 주요 문제점, 원인과 해결방안, 욕구 충족에 활용 가능한 내·외적 자원의 파악을 위해 심층적으로 조사하고 상담하는 과정이다. 사정은 클라이언트의 현 상황에 대한 정확한 분석, 이후 구체적인 개입 방안의 기본 틀과 투입 자원을 추정하기 위한 과정으로서 의미가 있다.

사례관리자는 클라이언트와 그 가족의 삶의 질 향상에 초점을 둔 강점관점 사정이 이루어지도록 해야 한다. 또한 클라이언트와 가족의 자발성 및 주관적 욕구를 기초로 하되, 사례관리자의 객관적이고 전문적 판단을 포함한 종합적이고 포괄적인 사정이 이루어지도록 한다. 사정평가는 일회적인 과정이 아니며 대상자와 가족의 욕구 및 상황 변화에 따라 정기적으로 재사정해야 한다. 정기적 사정은 기관이 설정한 기준에 따라 그 주기를 달리하되, 클라이언트와 가족의 욕구 및 상황 변화에 따라 재사정하도록 한다.

종합적 사정 내용을 토대로 서비스 실행계획이 수립되므로 현실적인 계획을 수립하기 위해서는 클라이언트와 가족의 의견에 기초하여야 하며, 가정방문을 통한 면접상담을 1회 이상 실시하도록 한다. 또한 클라이언트와 그 가족의 진술뿐만 아니라 이웃, 주변인, 친구, 친척, 지역사회 안의 사회복지 관련 기관이나 단체의 다양한 의견 및 관점을 종합하여 클라이언트가 처한 현 상황을 객관적이고 전문적으로 분석한다.

5 사정 단계의 기록

사정 단계에서는 욕구사정, 자원 및 강점사정, 장애물 사정을 실시하여 〈사례관리 사정 결과표〉에 기록한다.

기록양식의 활용은 다음과 같다. 〈사례관리 사정 결과표〉는 사례관리자와 클라이언트

가 함께 수집한 정보를 분석한 내용으로 사정 결과의 목록을 기록한다. 상담 과정에서 클라이언트가 표현하는 것은 직접적으로 체감하고 인지하고 있는 문제 상황과 스스로 고민하고 기대하는 해결책들이라고 볼 수 있다. 클라이언트는 이것들에 관해 자신이 이해하는 의미를 담아 자신만의 방식과 언어로 표현하는데, 사례관리자는 클라이언트가 표현한 문장을 그대로 보존하여 기록하도록 한다. 예를 들어, 푸념이나 불만 호소("남편이 술만 마시지 않아도 살겠어요.")를 넘어서 해결되기를 바라는 상황이나 조건에 대한 솔직한 진술을 기록하는 것이 좋다("~하게 되면 좋죠."). 클라이언트가 제시한 요구에는 사례관리자가 수립하고 직접 확인한 객관적인 정보가 추가로 기록되어야 한다.

욕구를 해결하기 위한 자원은 클라이언트의 내적인 강점과 환경적인 자원에 관해 기술하며, 이용하고 있는 공식적 자원과 비공식적 자원, 이전에 클라이언트나 가족의 이용 경험이 있는 자원을 기록한다. 또한 사정과정에서 사례관리자와 함께 찾아낸 자원과 장차 이용 가능성이 있다고 판단되는 자원 역시 기록하는데, 이용 가능한 자원은 클라이언트의 내적인 강점, 예를 들어 사회적 기술, 능력, 의지, 외모, 경험, 성향 등이며 이러한 비공식적 자원을 우선적으로 사정하여 기록하려는 노력이 필요하다. 자원은 서비스 기관명이나 구체적인 이름이 아닌 자원의 속성과 내용을 자세히 기록하는 것이 좋다(예: 막내 고모가 월 2회 반찬을 가져오면서 청소도 해 줌. 주민센터 ○○○ 사회복지 담당 직원분이 자주 방문하여 안부를 확인함).

욕구 해결에 방해가 되는 장애 요인은 내부 장애물과 외부 장애물로 나누어 기록하도록 한다. 신체적·정신적 건강 문제가 있는 경우 반드시 확인된 객관적 근거가 동시에 명시되어야 한다(예: 우울증이 있을 경우 병원치료를 확인할 수 있는 처방전이나 진단서 등). 클라이언트의 질병 사실과 정확한 진단명을 확인하고 치료병원에 직접 확인한 내용을 기록한다.

사례관리자는 사정에서 객관성이나 전문성을 담보하기 위해 생태도, 가계도 및 기타 표준화된 척도를 사용한다. 척도측정 결과에 대한 일시, 클라이언트와 함께 검사 측정자의 분석 소견을 요약하여 기록하도록 하고 검사지 또는 구체적인 측정 결과서는 별지로 첨부한다.

사정 결과표의 욕구 목록이 완성된 후 클라이언트의 호소 정도, 객관적 긴급성, 해결 가능성, 현실 관련성 등을 고려하여 전체 욕구의 개입에 대한 우선순위를 결정한다. 이러한 과정을 사례관리자와 함께하나 클라이언트가 개입의 우선순위를 최종적으로 결정한다.

사례관리자는 종합적 사정 결과를 요약하고 이론적·경험적 근거를 기반으로 분석하여 사례관리서비스의 필요성 및 사례관리의 방향성을 기술한다. 수집된 정보를 바탕으로 사례관리 과정에 이르게 된 경위에 대해 전문적 설명을 제시하며 사례관리 수준 판정의 근거를 설명한다. 사례관리자의 종합의견은 욕구에 근거한 계획수립을 위하여 문제해결에 대한 가설을 제공하기 위한 것이다. 사정 상담을 목적으로 가정방문을 할 경우에는 클라이언트와 가족에게 서면이나 구두로 사전동의를 구하고 이 내용을 〈과정기록지〉에 기록한다. 사정 면담 과정에서 녹음을 하고자 하면 반드시 사전에 면담 참여자의 서면 동의를 얻어 보관해야 하며, 사례관리자가 재사정을 수행할 때도 〈사례관리 사정 결과표〉에 면담 날짜를 표기하여 기록한다.

사례관리 사정 결과표

등록번호		클라이언트		사례관리자	
작성일	20 . .	유형	□ 신규 □ 재사정	정보제공자	
우선순위	제시된 요구	욕구	강점 및 자원	장애물	
가계도			생태도		
기타 척도					
사정 종합의견					

사례 적용

클라이언트는 아버지와 이혼한 어머니와 남동생과 함께 자랐다. 클라이언트의 남편은 결혼 후 일정한 직업이 없이 불법 콜영업을 하다가 그만두었다. 이후 남편은 몇 번의 가출을 하였고 생활비도 가지고 오지 않았으나 클라이언트는 아이들이 상처받을 것이 두려워 집에서 큰소리 한번 내지 않고 최대한 아끼며 생활해 왔다. 부부 모두 신용불량에 5천만 원의 은행 빚과 클라이언트의 고모에게 1천만 원의 빚을 지고 있었다. 남편이 가출한 이후 클라이언트는 심장이 마구 뛰고 숨을 쉴 수 없을 정도로 괴로운 시간을 보냈으며 식사도 하지 못하고 매일 울면서 보냈다고 한다. 아이들을 데리고 남편을 찾아다녔지만 찾지 못하였고 생계만 더 어려운 상황이 되었다. 시어머니도 연락이 안 되고 가끔 아이들을 찾아와 주던 남동생도 남편의 가출 후 연락을 끊어 도움을 청할 곳이 아무 데도 없었다. 클라이언트는 생계를 위해 아르바이트를 했으나 가슴이 뛰고 숨이 막혀 지속적으로 일을 할 수가 없었다. 먹을 것이 없을 정도로 살림이 힘들어지고 아이들의 퇴행하는 모습을 보면서 혼자서는 더 이상 버틸 수가 없다고 생각해서 아이들을 입양시켜 달라고 동 주민센터를 찾아간 것이다.

사정 상담 중에 클라이언트는 자신의 어린 시절을 생각하며 이혼하지 않고 행복한 가정을 꾸리는 것이 소원이었기에 남편이 돌아오길 기다렸는데 지금은 이혼을 해야 할지 갈피를 잡을 수 없다고 하였다. 사례관리자가 클라이언트의 이야기에 공감하고 그녀가 자녀와 가족에 대한 책임감을 가지고 살아온 과정에 대해서 지지하자 클라이언트는 "그래요. 내가 그렇게 강한 사람이에요. 잘 살고 싶어서 버티고 버텨 왔던 거예요."라며 어떻게든 이 상황을 이겨내고 아이들을 자신의 힘으로 잘 키우고 싶다고 하였다. 클라이언트는 아이들을 위해서라도 남편과 이혼하고 자신의 힘으로 아이들을 키우며 살아가고 싶다고 명확하게 말하였다. 그러기 위해서 이혼 절차에 대한 상담뿐만 아니라 수급이나 한부모가정 지원을 받고 싶다고 하였다. 클라이언트는 아르바이트 외에 취업 경험이 없지만, 본인이 경제적으로 자립해야 아이들을 제대로 키울 수 있다는 강한 신념을 가지고 있었다. 현재는 아이들 때문에 당장 취업을 할 수는 없지만, 점차 안정적인 일자리를 구하고 싶고 기회가 된다면 자신의 적성을 살펴 옷가게도 운영하고 싶다고 하였다. 오랫동안 가지고 있던 우울증에 남편에 대한 원망과 불안이 겹쳐서 현재는 아무 일도 할 수 없는 상황이라고 하였으며 자신을 추스르기 위해서 정신과 상담도 받겠다고 하였다. 또한 자신과 같은 처지에 놓인 사람들을 만나서 얘기를 하면 속이 풀릴 것 같다고 하며 지역 내 자조모임 참여에 동의하였다. 그 후 클라이언트는 몇 차례 이어진 상담에도 적극적으로 참여하였으며 시간 약속도 잘 지키며 노력하였다.

학습과제

1. 앞의 사례를 잘 읽고 <사례관리 사정 결과표>를 작성하시오.
2. 클라이언트가 요구하는 것은 무엇이며 최종적으로 사정된 욕구는 무엇입니까?
3. 클라이언트의 삶의 힘이 되는 원동력은 무엇입니까?
4. 클라이어트의 강점은 무엇이며 외부적인 자원은 무엇입니까? 앞으로 욕구 해결을 위해 의미 있게 판단되는 자원은 무엇입니까?

Chapter 08

서비스 계획 단계

학습목표

1. 서비스 계획 단계의 정의와 핵심과업을 이해한다.
2. 서비스 계획 단계의 기록에 대해 알아보고 습득한다.

서비스 계획 단계는 사정평가 작업을 통해 클라이언트와 욕구의 우선순위를 고려하여 합의된 목표를 도출하고 시간계획을 통해 개별화된 서비스 제공 계획을 수립하는 단계이다. 사례관리자는 클라이언트에게 적절한 서비스 및 자원이 이루어질 수 있도록 클라이언트가 지속적인 검토 과정에 참여할 수 있도록 한다. 목표 및 계획수립 단계를 통해 클라이언트는 구체적인 서비스 계획 및 필요한 서비스를 기관으로부터 직접 받거나 의뢰하게 되며, 사례관리자는 개별화된 실행계획과 서비스의 수행 및 점검이 어떻게 이루어질 것인지에 대해 지속적으로 안내해야 한다.

1 | 목표 설정

1) 정의

목표 설정은 사례관리를 수행하는 목적에 적합한 구체적인 결과 목표를 수립하는 과정이다. 목표는 정해진 시간 내에 달성 가능해야 하며, 클라이언트와 합의된 욕구에 대해 그 우선순위를 고려하여 결정한다. 또한, 설정한 목표는 달성 여부를 확인 혹은 평가가 가능한 방식으로 구체적인 내용을 포함해야 한다.

2) 핵심과업

사례관리자와 사례관리팀 내에서 욕구사정 내용을 숙고하여 클라이언트와 그 가족의 바람직한 삶의 변화 방향에 대한 잠정적인 밑그림을 그렸다면, 목표 설정은 좀 더 분명한 변화 지점을 확정하기 위한 작업이라고 볼 수 있다. 이는 욕구사정 내용을 숙고하는 과정과 동시에 일어나거나, 순차적 혹은 순환적으로 이루어질 수 있다.

해당 가정의 전반적인 변화 목표가 가구주의 경제적 자립인지, 경제적 자립은 어렵지만 지금보다는 좀 더 인간적인 삶의 수준을 확보하는 것인지 등의 큰 방향을 설정한 후, 이와 관련한 구체적이고 측정 가능한 변화 목표를 수립한다. 이때의 변화 목표 수립은 사례관리자가 수행하는 일방적 계획이 아닌 클라이언트와의 충분한 상담을 통해 합의된 것이어야 하며, 또 대상자의 자율성과 참여가 충분히 보장된 것이어야 한다. 이러한 실천과정은 시간이 걸리고 비효율적인 것처럼 보일지라도 궁극적으로는 클라이언트와 사례관리자의 견고한 관계 형성 및 협력적 노력을 가능하게 한다. 한편, 변화 목표에 대해 합의를 한다는 것은 클라이언트가 자신의 삶에 대해 긍정적인 부분을 발견하고 이를 실현할 수 있는 현실적인 부분에 초점을 두고 도전하도록 하는 적극적이고 의도적인 과정이다.

장기적 변화 목표는 사례관리라는 서비스 제공과정이 종결되는 시점에서 어떤 변화가 이루어질 것인지에 대한 현실적 목표 상태나 수준을 반영한다. 대상자의 상황에 따라 기간은 달라지겠지만 대개 3개월 이상의 기간이 소요되며, 때에 따라서는 수년이 필요할 수 있다. 단기목표는 3개월 이내에 달성 가능한 목표라고 볼 수 있는데, 단기목표는 장기목표와 무관한 별도의 과정이 아니며, 장기목표 달성을 위한 과도기적 목표라는 의미가 있다. 즉, 단기목표를 지속해서 추구하고 달성하면 장기목표를 달성하게 된다는 전망이 반영되어야 한다. 이와 함께 욕구 영역별로 구체적인 목표 및 과업이 제시되어야 한다.

2 | 개입/실행계획 수립

1) 정의

실행계획은 기관 내·외부의 서비스나 자원의 제공 계획뿐만 아니라 사례관리자와 클라이언트의 역할이나 투입하고자 하는 노력을 포함하여 수립하도록 한다. 이러한 다양한 차원의 노력, 즉 서비스, 역할, 자원을 총동원하게 된다면 수립된 목표가 달성 가능하도록 실행계획을 수립해야 한다.

2) 주요 과업

실행계획에서는 목표를 달성하기 위한 구체적인 서비스 내용, 원하는 결과 및 시간 계획에 대한 합의, 서비스 및 지원을 받게 될 실제 대상자를 명확히 한다. 이 과정에 사례관리 수행기관은 원하는 결과를 달성하는 데 기관이 어떠한 지원을 해 줄 수 있는지에 대한 구체적인 방법, 계획된 서비스의 장점, 대안 및 위험요소 또는 결과에 관한 내용이 충분히 설명되어야 한다. 한편, 클라이언트에게 제공하지 않는 서비스 및 지원 사항에 대한 설명도 하도록 한다.

목표 달성을 하는 데 필요한 서비스나 자원이 현실적으로 부족한 경우에 목표를 수립하는 것은 의미가 없다. 이에 사례관리자는 현실적인 노력을 할 경우 달성 가능한 목표를 세울 수 있도록 목표의 수준을 조정하는 역할을 해야 한다.

3 | 서비스 계획 단계의 기록

서비스 계획 단계에서는 〈사례관리 사정 결과표〉를 기반으로 개별화된 사례관리 계획

(Individualized Service Plan: ISP)을 수립하고 〈사례관리 계획 및 평가표〉를 작성한다.

목표에 대한 기록 시 긍정적이고 행동적이며 생산적인 용어를 사용하면 클라이언트가 목표에 대한 내용을 인식하고 변화에 대해 기대하게 될 수 있을 뿐만 아니라 실행 경과를 점검하는 데 장점이 있다.

사례관리의 목적을 기술할 때는 클라이언트가 가장 기대하는 것과 클라이언트 가족의 바람직한 변화를 위해 추구하는 방향과 상황에 관한 내용이 기재되도록 한다. 전체 사례관리 실행 기간에 클라이언트와 사례관리자가 도달하고자 하는 기대효과를 기술하도록 한다. 사례관리자는 클라이언트에게 "우리가 이 사례관리를 실행하는 목적은 무엇인가?", "우리가 예측하는 종결 상황은 어떠한가?" 등의 질문으로 사례관리의 목적을 얻을 수 있으며, 목적에 대한 기술은 추상적인 것이 아닌 현실을 반영한 내용이어야 한다.

장기목표는 사례관리를 통해 클라이언트와 가족의 삶에 대해 기대하는 변화 상황을 기술한다. 사례관리자는 목적-장기목표-단기목표의 연관성을 염두에 두고 설정하여야 한다. 사례관리에 있어서 목표는 클라이언트의 변화 상황을 구체적으로 기술하도록 하며, 실행 기간에 달성할 수 있고 실행에 옮길 수 있도록 행동적인 용어로 기술한다. 또한 긍정적인 용어로 동기를 부여하며 성공 여부를 측정할 수 있어야 한다. 단기목표는 1~3개월 기한 내에 달성할 수 있도록 설정한다. 실행방법에는 서비스 계획의 내용, 장소, 빈도, 실행기간, 담당자 등을 기술한다. 클라이언트가 실행계획에 담당자로 역할을 할 수 있는 계획을 명시적으로 기록함으로써 변화 계획에 클라이언트의 적극적인 참여를 촉진하도록 한다.

〈사례관리 계획 및 평가표〉는 점검양식으로 사용할 수 있다. 기관은 사례관리 수행과정에 대해 정기적으로 점검하거나 각 실행방법의 개입 종료일에 목표 달성 여부를 평가한다. 평가 결과는 '달성', '연장', '재사정'으로 구분하여 표시하고 '달성'으로 평가된 경우 클라이언트가 목표 달성 수준을 10점 척도로 평가하여 기록한다.

〈사례관리 계획 및 평가표〉가 완성된 후에는 클라이언트에게 내용을 다시 설명하고 서비스 실행과 참여에 관한 계약서를 작성한다. 서명된 기록지는 사례관리자와 클라이언트가 1장씩 나누어 가지며 사례관리 점검 과정에서 함께 사용한다.

사례관리 계획 및 평가표

등록번호		클라이언트		사례관리자	
작성일	20 . . .	유형	□ 신규 □ 재사정	사례관리 수준	□ 긴급 □ 집중 □ 일반
목적					

우선순위	대상	장기목표	단기목표	실행방법	빈도(회/주)	담당	개입기간	평가
								□ 달성(정도:) □ 연장 □ 재사정
								□ 달성(정도:) □ 연장 □ 재사정
								□ 달성(정도:) □ 연장 □ 재사정

상기와 같은 서비스 제공 및 이용에 동의하며, 계획된 목표를 성취하기 위해 적극적으로 참여하고 협력할 것을 상호 약속합니다.

20_______년 _____월 _____일

성명: (인)

사례관리자: (인)

학습과제

1. 7장에 제시된 〈사례관리 사정 결과표〉에 근거하여 〈사례관리 계획 및 평가표〉를 작성하시오.
2. 클라이언트와 선정된 합의 목표는 무엇이며, 어떤 기준으로 그 목표를 선정하였습니까?
3. 본 사례의 개입 기간은 얼마이며 어떤 기준으로 설정하였습니까?
4. 사례관리 계획에서 클라이언트의 참여를 위해 어떤 내용을 포함하여 계획하였습니까?

Chapter 09

서비스 실행 및 점검 단계

학습목표

1. 서비스 실행 및 점검 단계에서 직접실천과 간접실천의 핵심과업을 이해한다.
2. 서비스 실행 및 점검 단계의 기록에 대해 알아보고 습득한다.

사례관리서비스의 실행 및 점검 단계는 그 이전의 단계에서 수립한 서비스 계획에 따라 클라이언트에게 직·간접서비스를 제공하고 이행하는 과정으로, 사례관리의 중심 기능인 서비스의 조정이 강조되는 단계이다. 이 과정은 클라이언트의 바람직한 변화를 가져오기 위한 방향으로 초점화되어야 한다. 이를 위해 사례관리자는 서비스 계획에 포함된 다양한 서비스 제공자와의 협력관계를 바탕으로 서비스가 연결되도록 노력하며, 서비스의 이용 가능성을 높이고 변화의 지속성을 보장하기 위한 활동을 전개한다. 사례관리자는 필요한 서비스의 제공자로서 직접적인 개입활동을 수행하기도 한다. 그뿐만 아니라 간접서비스 제공자로서 클라이언트의 욕구에 적합한 서비스를 연결·조정하는 기능을 수행하며, 관리하고 조정하는 능력을 갖추어 서비스의 분절이나 중복 문제가 발생되지 않도록 해야 한다.

1 | 직접실천

1) 정의

사례관리에 있어 직접실천이란 사례관리자를 통해 제공되는 서비스를 의미하며, 클라이언트의 역량을 강화시킬 수 있도록 사례관리자가 직접 제공하는 활동이다. 직접실천에는 사례관리자가 직접 개입하여 클라이언트를 대상으로 하는 상담, 교육 및 훈련 활동, 정보 제공, 집단프로그램이나 서비스 제공 등이 속한다. 직접실천의 목적은 클라이언트가 직면하고 있는 삶의 다양한 문제들을 이겨 나갈 수 있도록 동기를 강화하거나 욕구 충족 능력을 향상시키고 클라이언트가 자신의 삶에 대한 주도성을 회복하도록 하는 데 있다.

2) 주요 과업

직접실천을 위해서는 클라이언트체계 및 자원체계와의 의사소통이 중요하며 이를 기반으로 전문적인 관계를 형성·유지·발달시키기 위한 노력이 필요하다. 경우에 따라서는 클라이언트가 처해 있는 삶의 상황과 문화적 특수성을 고려하여 문화적 민감성을 가져야 한다.

사례관리자는 클라이언트의 자기주도성과 동기 강화를 위한 노력이 일상적인 상담이나 정기적인 모니터링 상담 과정에 잘 반영될 수 있도록 한다. 직접실천을 위한 개입 프로그램의 다양성이나 수준은 클라이언트의 특성이나 지역사회의 자원체계의 수준에 따라 달라질 수 있으나 사례관리자의 업무 분담 수준에 영향을 받을 수밖에 없다. 즉, 사례 부담률이 높고 사례관리에 투입할 수 있는 시간이 적을수록 직접서비스 제공 수준은 낮아질 수밖에 없기 때문에 클라이언트와의 지속적인 상담을 통한 모니터링과 동기 강화는 직접실천의 중요한 부분이 되며 효과적인 사례관리를 위해서는 사례관리자가 고유의 업무를 수행할 수 있도록 운영체계의 지원이 필요하다.

2 간접실천

1) 정의

간접실천은 클라이언트의 욕구 충족을 위한 서비스를 사례관리기관에서 제공하기 어려울 때 외부의 기관이나 자원을 연결하여 적절한 서비스를 제공하는 것을 의미한다. 사례관리자는 간접실천을 위해서 자원을 개발하거나 조직화하기 위한 역량이 필요하다. 사례관리 대상자는 이미 있는 자원이나 서비스 전달방식으로 효과적인 도움을 받기 어려운 경우가 많다. 이에 사례관리자는 클라이언트의 욕구 충족을 위해 자원을 사정하여 자료화하거나 자원망을 조직하여 이를 활용하도록 하며, 클라이언트가 최선의 선택을 할 수 있도록 지지해야 한다. 자원을 연계해야 할 경우 클라이언트에게 연계의 필요성을 알려주고 연계 내용을 미리 알 수 있도록 설명해 주어야 한다. 사례관리에서의 간접실천 역량은 자원 개발 및 관리 역량, 옹호 역량, 평가 역량 등이 필요하며 전략적으로 잘 활용할 수 있어야 한다.

2) 주요 과업

(1) 자원 개발

사례관리자는 클라이언트의 목표 달성을 위해 지역사회 내에서 쉽게 찾을 수 있는 공식적 자원망과 더불어 비공식적 자원을 개발하고 이 자원들이 클라이언트의 욕구 해결에 긍정적 영향을 미치는 자원망이 될 수 있도록 역량을 강화하는 활동을 수행하여야 한다. 계획을 실행하는 데 가장 도전적 이슈는 바로 자원을 발견하고 개발하는 것이다. 사례관리자의 직접서비스만으로 클라이언트의 욕구를 충족시키기는 어렵기 때문이다. 따라서 지역사회의 다양한 자원을 확인하고 이를 개발하기 위한 지속적인 노력이 필요하며, 개발된 자원에 대한 정보관리를 통해 자원 활용도를 높이도록 해야 한다.

(2) 점검 및 조정

사례관리자는 점검 및 조정 단계에서 클라이언트를 위한 서비스가 중복될 때 또는 자원망 간의 역할 분담이 필요하거나 갈등이 일어날 때 각 기관의 역량에 적합한 업무 분담을 하도록 조정하는 활동을 해야 한다. 조정이란 사실상 쉬운 업무라고 할 수 없다. 자원 간의 서비스의 흐름과 클라이언트, 클라이언트와 함께 사례관리에 참여하고 있는 서비스 제공기관, 비공식적 지지체계의 기능에 민감성을 가지고 점검하고 조정하여야 한다. 즉, 클라이언트를 위한 서비스가 클라이언트와 사례관리자, 서비스 제공기관이 초반에 상호 합의한 목적을 지속적으로 공유하고 있는지, 초기의 약속대로 잘 협조하고 있는지, 협력관계 속에 갈등 혹은 위기가 잠재되어 있는지, 현 상황에 클라이언트에 대한 적절한 수준의 서비스와 협력 범위를 확보하고 있는지 등을 확인하여 조정해야 한다.

서비스 수행에 대한 점검은 사회복지 실천과정에서 중요한 단계이며, 특히 사례관리 과정에서의 점검은 클라이언트의 변화과정에 매우 중요한 역할을 한다. 점검을 위한 준거틀은 사정평가의 내용이고, 점검 내용에 대한 근거는 개입 계획서와 서비스 계약서이다. 이때 주의해야 할 점은 사례관리자의 점검 활동은 충분한 지원이나 적절한 서비스를 제공하기 위한 것에 목적이 있으며, 상대 기관의 활동을 감시하거나 평가하는 것이 아니라는 점을 분명히 하는 것이다. 즉, 효과적인 사례관리를 위해 상대 기관의 전문성과 역량이 충분히 발휘될 수 있도록 돕는다는 것에 중점을 두고 수행해야 한다. 또한 사례관리자의 조정의 역할 수행을 통해 서비스를 단순히 연계하는 활동의 의미를 넘어서 각 기관이 새로운 수요를 적극적으로 수용하도록 한다는 의미에서 사례관리자의 조정 역할은 중요하다.

3 | 서비스 실행 및 점검 단계의 기록

서비스 실행 및 점검 단계는 〈사례관리 계획 및 점검표〉를 실행에 옮기는 과정으로, 클라이언트 자신을 포함한 다양한 자원들의 참여 내용을 기록한다. 사례관리자는 각 자원의 설정된 목표가 달성되도록 계획대로 진행되고 있는지를 점검하고 서로 간의 역할과 기능을 조정하는 소통의 허브로서 기능하고 그 과정을 면밀하게 기록해야 한다. 실행 단계에서는 〈사례관리 과정 기록지〉, 〈서비스 의뢰서〉의 양식을 중심으로 기록한다. 또한 〈사례관리 점검표〉, 〈사례관리 보고서〉, 〈슈퍼비전 일지〉를 참고 양식으로 제시하였다.

기록양식의 활용은 다음과 같다. 〈사례관리 과정 기록지〉에는 시간 진행순서에 따른 사례관리서비스 제공 결과를 기록한다. 이 기록양식은 사례관리 대상자로 등록한 시점으로부터 사후관리 단계까지 기록하도록 한다.

사례관리자는 클라이언트가 이용하고 있는 자원을 모두 파악하고 조정할 수 있어야 하므로 사례관리자에 의해 제공되는 서비스와 연계된 기관 내·외부 조직에서 제공되는 서비스를 모두 기록하는 것이 좋다. 상담일지 또는 프로그램 일지에 제공된 서비스에 대한 구체적인 내용을 기록할 경우, 〈과정 기록지〉에는 실행된 서비스의 제목 정도라도 기록하여 사례관리의 진행과정을 한 눈에 파악할 수 있도록 한다. 대개의 기관이 사용하고 있는 사례관리 정보시스템에서 상담일지, 서비스 제공일지 등을 활용할 수 있는데, 정보시스템이 갖춰지지 않은 기관은 한글이나 엑셀 파일을 이용해 기록하면 활용과 관리하는 데 편리하다.

〈서비스 의뢰서〉는 사례관리자가 서비스 계획을 수립한 내용 중에서 내부 기관의 타 부서나 외부 기관의 서비스 연계가 필요한 경우에 활용한다. 의뢰서는 클라이언트에 대한 사정 및 계획과 연계하고자 하는 서비스의 내용을 분명히 밝힘으로써 불필요한 사정의 반복을 피하고 설정된 목표를 공유하는 것을 목적으로 한다.

사례관리자는 클라이언트와 계획에 포함된 서비스를 의뢰할 기관을 찾아 담당자와 직접 또는 전화상으로 의뢰에 관한 조율을 하고 합의한 후 의뢰서를 작성하여 전달한다. 〈사례관리 의뢰서〉를 받은 해당 기관은 의뢰 내용에 대한 의견과 서비스 개시 여부를 〈서비스 의뢰 회신서〉를 통해 전달한다.

서비스 의뢰서

수신: 기관 ____________ 담당자: ____________ 귀하

등록번호		클라이언트		성별/나이	
주소				전화번호	

사례 요약		
의뢰 내용		
모니터링 계획	방법	□ 방문 □ 전화 □ 이메일 □ 문서 □ 기타 ____________
	빈도	월 ____________회
첨부	□ 사례관리 계획 및 평가표 기타 ____________	

본 기관의 사례관리 클라이언트에게 전문적 서비스 제공을 통해 효과적인 문제해결을 지원하고자 위와 같이 의뢰하오니 협조하여 주시기 바랍니다.

20________년 ____월 ____일

기관명: ____________ 사례관리자: ____________ 연락처: ____________

서비스 의뢰 회신서

수신 기관: ____________ 사례관리자: ____________ 귀하

귀 기관에서 의뢰하신 사례에 대하여 아래와 같이 서비스를 제공하고
사례관리 실행을 위해 협력하고자 합니다.

등록번호		클라이언트		성별/나이	
주소				전화번호	

서비스 계획		
모니터링 계획	방법	□ 방문 □ 전화 □ 이메일 □ 문서 □ 기타 ____________
	빈도	월 ____________회
기타 의견		

20________년 ____월 ____일

기관명: ____________ 담당자: ____________ 연락처: ____________

사례관리 실천과정에서 점검은 사례관리자가 〈사례관리 계획표〉 및 〈사례관리 과정 기록지〉에 따라 서비스 진행 과정을 정기적으로 점검하는 활동이다. 사례관리서비스의 점검 활동을 위해서 별도의 양식을 사용하기보다 〈사례관리 계획 및 평가표〉와 〈사례관리 과정 기록지〉를 활용하는 것이 더 효율적이다. 점검은 정기적으로 실행하기도 하지만 상황의

변화가 있을 때 수시로 하게 된다. 사례관리 점검표의 양식에 따라 충분히 작성하도록 하며 점검 내용의 기술을 병행하도록 한다. 〈서비스 점검표〉는 클라이언트가 직접 작성하도록 하거나 사례관리자와 클라이언트가 함께 작성하도록 하는 것이 바람직하다.

사례관리자는 사례관리서비스의 조정 및 점검을 위해 전문가와 기관 사례회의를 정기적으로 실시하며 클라이언트에 대한 구체적인 정보와 논의해야 할 주제를 설명하기 위해 〈사례 보고서〉 양식을 사용한다. 대개 사례등록 여부를 결정하는 사례관리팀 회의에서부터 사용하게 되는데, 사례관리자는 사례회의록에 회의 결과를 기록하고, 〈사례관리 과정 기록지〉에 사례회의에서 논의 및 결정된 내용을 이후의 사례관리 과정에 반영하여 반영된 결과를 기록하여 보고하도록 한다.

사례관리 점검표

등록번호		클라이언트		사례관리자	
등록일		점검 일시		점검자	

장기목표	단기목표	실행방법	담당	기간	서비스 이행 및 목표 성취 정도	점검 의견
					① ② ③ ④	
					① ② ③ ④	
					① ② ③ ④	
					① ② ③ ④	
					① ② ③ ④	
					① ② ③ ④	
					① ② ③ ④	
					① ② ③ ④	
					① ② ③ ④	

사례 보고서 I

클라이언트		나이/성별		주소	
사례 보고일		회의 유형	■사례관리팀회의 ■통합사례회의 ■솔루션회의	사례관리자	

1. 사례 요약
   1) 의뢰 과정 및 내용의 요약
   2) 기본 정보 ① 인구통계학적 정보 ② 가족 상황 및 가계도
   3) 욕구 ① 제시된 요구 ② 욕구
   4) 자원/장애물 ① 강점 ② 사회적 자원 ③ 장애물
2. 사례관리 목표 및 계획
3. 개입 경과
4. 논의 요청 내용
5. 회의의 권고(슈퍼비전) 내용
6. 재평가일

사례 보고서 II

클라이언트		나이/성별		주소	
사례 보고일		회의 유형	■사례관리팀회의 ■통합사례회의 ■솔루션회의	사례관리자	

1. 사례 요약
   1) 인구학적 개요 2) 사례관리 목표 및 계획
2. 지난 회의 권고(슈퍼비전) 내용
3. 회의 이후 경과 보고
4. 사례관리 계획
5. 회의 권고(슈퍼비전) 내용
6. 재평가일

사례회의록

<table>
<tr><td>등록번호</td><td></td><td>대상자명</td><td></td></tr>
<tr><td>회의 차수</td><td></td><td>회의 일시</td><td></td></tr>
<tr><td>작성자</td><td></td><td>소속 기관</td><td></td></tr>
<tr><td>회의 제목</td><td colspan="3"></td></tr>
<tr><td>회의 내용</td><td colspan="3"></td></tr>
<tr><td>회의 결과</td><td colspan="3"></td></tr>
<tr><td>내부 참석자</td><td colspan="3"></td></tr>
<tr><td>외부 참석자
(수행기관 종사자 등)</td><td colspan="3">소속 :
이름 :
직책 :</td></tr>
<tr><td>외부 참석자
(외부 전문가)</td><td colspan="3">소속 :
이름 :
직책 :</td></tr>
<tr><td>차기 회의 예정 일시</td><td colspan="3"></td></tr>
</table>

솔루션 회의록

작성자	○○○	작성일자	20 년 월 일
소속기관	○○구청 / ○○복지관	연락처	
회의참석자	내부 참석자: 외부 참석자:		
솔루션 회의 의뢰 내용			
솔루션 회의 내용			
솔루션 회의 결과			

사례관리 슈퍼비전 일지

<table>
<tr><td colspan="2">일시</td><td>20 ______년 ____월 ____일 ____요일(___:___ ~ ___:___)</td></tr>
<tr><td colspan="2">장소</td><td></td></tr>
<tr><td rowspan="2">참석자</td><td>슈퍼바이저</td><td></td></tr>
<tr><td>실무자</td><td></td></tr>
<tr><td rowspan="3">슈퍼비전 내용</td><td>개입/
실행방안
관련</td><td></td></tr>
<tr><td>운영체계
관련</td><td></td></tr>
<tr><td>기타</td><td></td></tr>
<tr><td colspan="2">다음 회의</td><td></td></tr>
</table>

사례 적용

사례관리 실천과정에서 사례관리자는 클라이언트가 정서적으로 안정을 찾을 수 있도록 주 3~4회 지속적인 상담을 진행하였다. 상담 내용은 주로 클라이언트의 현재 상황에 대한 공유와 정서적 지지를 중심으로 진행되었으며, 이외에 현재 진행되고 있는 자원 연계나 동 주민센터와 진행되었던 과정들이나 변호사, 의사를 만났던 내용 등을 수시로 공유하였다. 클라이언트가 직접 움직일 수 있도록 안내하였으며, 예를 들어 긴급 생계비 신청방법에 대해 안내하고 실제적인 도움이 될 수 있도록 직접 동 주민센터를 방문할 것을 권유하였다.

사례관리자는 동 주민센터와 계속된 협력관계를 유지하면서 외부 자원들을 탐색하였다. 남편이 가출 중이고 이혼한 상태가 아니어서 생계비 지원이나 수급 지원 선정도 늦어졌다. 사례관리자는 구청 담당 부서에 생계비가 필요한 이유 등을 자세하게 작성하여 긴급 지원을 요청하였다. 민간기관의 지원에서도 마찬가지였으며 사례관리자는 신청서에 더욱 구체적으로 클라이언트의 상황을 설명하고 대변하고자 하였다.

클라이언트가 초기에 계획했던 정신과 병원진료를 유지하고 있는지도 정기적인 상담을 통해 점검하였다. 클라이언트는 이혼과 경제적인 문제 등 쉽지 않은 일련의 일들을 해결해 가면서 우울과 울화도 올라온다고 하였다. 자살위험도가 높은 클라이언트였기에 몇 차례 응급실에 실려 가기도 하였다. 그때마다 사례관리자의 지원과 이웃에 살던 자조모임 엄마들이 수시로 집에 방문하여 아이들을 돌봐 주었으며 주말에는 클라이언트의 아이들을 자기 집으로 데려가서 돌봐 주면서 큰 힘이 되어 주었다.

유관기관의 담당자들과는 전화 또는 정기적인 통합사례회의를 통해 클라이언트 가정에 대해 상황을 공유하고 진행을 점검하였다. 사례관리자는 클라이언트와 정기적인 상담에서는 클라이언트가 '해 보고 싶은 것'들에 대해 이야기를 나누었으며 첫 상담 때 사회복지사로부터 "그동안 가정을 지키느라 수고했다."라는 말을 들었던 것이 큰 위로가 되었다고 하였다. 클라이언트는 그날부터 조금씩이라도 움직이게 되었다고 하며 상담이나 사회복지를 배워 보고 싶다고 하였다. 클라이언트는 자신이 어려운 경험을 했기 때문에 사람들의 마음을 잘 이해할 수 있을 것 같다고 하였으며 자조모임 엄마들처럼 버팀목이 되어 주는 '이웃'으로 누군가에서 도움을 주고 싶다고 이야기하였다.

학습과제

1. 사례관리자는 서비스 수행에 대해 어떻게 점검하고 있습니까?
2. 클라이언트의 동기강화를 위하여 사례관리자는 어떤 노력을 하였습니까?
3. 서비스 제공자들과의 협력적 관계를 유지하기 위하여 사례관리자는 어떤 노력을 하였습니까?
4. 클라이언트에게는 어떤 변화를 발견할 수 있었습니까?
5. 유관기관들과의 통합사례회의에서 사례관리자는 어떤 역할을 하였습니까?

Chapter 10

평가 및 종결 단계

학습목표

1. 평가 및 종결 단계에서 평가, 종결 및 사후관리의 정의와 핵심과업을 이해한다.
2. 평가 및 종결 단계의 기록에 대해 알아보고 습득한다.

평가 및 종결 단계는 사례관리의 실천과정을 마무리하는 단계이며 클라이언트가 욕구와 변화 목표에 부합된 서비스를 적절히 제공받았는지, 이를 통해 원하는 변화를 성취하였는지 확인하는 단계이다. 이 단계의 세부 과정은 평가, 종결, 사후관리로 구성된다.

1 | 평가

1) 정의

사례관리자는 서비스 제공을 통해 클라이언트에게 어떠한 변화가 생겼는지에 대해 평가(evaluation)한다. 이를 위해 사례관리자는 클라이언트가 서비스를 통해 어떤 것을 얻었고, 또 클라이언트의 삶에 어떤 변화가 생겼는지를 판단해야 한다.

2) 핵심과업

사례관리자는 주요 평가 질문으로 계획은 효과적이었는지, 계획대로 수행한 결과가 클라이언트의 기능 향상과 복지를 개선하였는지 평가하며, 이에 대한 결과에 따라 사례관리 대상자의 종결 여부를 결정하게 된다. 사례관리가 클라이언트 차원의 변화만을 도모하는 것은 아니므로, 클라이언트의 사회적 지지체계가 더욱 활성화되었는지, 서비스 제공자가 클라이언트와 유사한 문제에 대응하기 위한 전달체계의 개선을 이끌어 냈는지 등에 대한 평가도 포함할 수 있다. 평가는 사례관리를 위해 활용한 기술이나 방법의 효과성을 측정하는 것을 가능하게 하고, 성과에 영향을 준 요인에 대해 분석할 수 있게 한다. 특히, 성과(outcome)가 강조되는 사회복지 환경에서 평가의 중요성은 더욱 강조될 수밖에 없다.

2 종결

1) 정의

사례관리에서의 종결은 사례관리자의 실천적 개입이 종료되며, 사례관리를 통해 형성된 전문적인 관계의 기능이 종료되는 것을 의미한다. 종결은 대개 평가를 통해 결정되지만 예기치 않는 상황에서 종결이 결정되는 경우도 흔하다. 이에 종결을 결정하기 위해서는 사례관리자와 대상자 간의 합의 및 결정에 합당한 근거가 있어야 한다.

2) 주요 과업

종결을 결정하기 위해서는 사례관리자와 클라이언트 간의 합의 또는 결정에 합당한 근거가 명확하게 구비되어야 한다. 종결을 결정하게 되는 이유로는 목표로 했던 변화가 달성된 경우, 사례관리 대상자의 주거지 이전이나 사망, 장기간 연락 두절, 이용자 본인이나 보호자의 의사 반영 등이 있다. 종결과정에서 클라이언트는 사례관리자와의 관계가 종료되는 것에 대한 불안과 이전의 문제 상황이 다시 발생할 수도 있는 것을 염려하여 종결을 결정하지 못하는 경우도 발생하는데 사례관리자 역시 같은 경험과 공감을 할 수도 있다. 사례관리자는 클라이언트가 사례관리 과정에서 얻게 된 변화와 성취의 힘을 계속 유지하고 강화하도록 지지하며, 클라이언트가 필요할 때 다시 만날 수 있음을 알려주어야 한다. 사례관리에 참여한 다른 서비스 제공자들에게 종결과정을 알리고 사례관리 실천과정에 활용한 자료와 양식을 정리하는 과업도 수행해야 한다. 종결 단계에서 사례관리자는 클라이언트와 함께 종결 시기를 결정하고, 클라이언트와 사례관리자의 종결에 대한 정서적 반응을 다루며, 개입 효과의 유지와 강화방안을 모색해야 한다.

3 사후관리

1) 정의

사례관리에서의 사후관리는 서비스 종결 이후 일정 기간 동안 종결 이후의 변화 상황의 안정화 여부를 모니터링하고 재개입의 필요성을 조기에 판단하기 위해 수행된다.

2) 핵심 과업

사후관리에서 사례관리자는 클라이언트의 변화 유지를 위해 지지적 상담과 정보를 제공하고 클라이언트의 심리적 안정과 함께 지역사회에 적응할 수 있도록 도와야 한다. 사례관리자는 사후관리 과정을 통해 사례관리에 대한 영향력을 평가하고 종결 이후 변화 상황의 안정화 여부를 확인하며 사례관리 재개입의 적절성을 판단하여야 한다.

4 평가 및 종결 단계의 기록

사례회의를 통해 사례관리서비스의 종결이 확정된 경우 사례관리서비스 실행과정을 평가하고 〈사례관리 종결보고서〉를 작성한다.

기록양식의 활용은 다음과 같다. 〈사례관리 종결보고서〉에는 클라이언트의 욕구와 서비스의 목표, 서비스 과정 및 결과 평가에 대한 내용을 간결하게 요약·정리하여 클라이언트에게 제공된 사례관리서비스의 전반적인 내용을 한 장으로 확인할 수 있도록 한다. 종결보고서는 〈사례관리 사정 결과표〉, 〈사례관리 계획 및 평가표〉, 〈사례관리 과정 기록지〉의 기록 내용을 정리하여 작성한다.

종결과정에서 사후관리에 대한 계약이 수립되므로 종결보고서와 함께 사후관리계획서를 작성하도록 한다. 일반적으로 사례관리 종결 후 6개월간 사후관리를 수행하며 재평가한다. 종결과정에서 클라이언트에게 사후관리의 목표 및 방법과 기간에 관해 합의하고 서명을 받도록 한다. 종결 이후 사후관리 과정은 〈사례관리 과정 기록지〉에 기록한다. 사후관리가 종료되면 사례관리가 전체적으로 종료된다.

사례관리가 종료되면 클라이언트에 대한 모든 기록을 다음의 순서로 정리하여 보관한다.

① 사례관리 종결보고서
② 초기 상담지
③ 사례관리 동의서
④ 사례관리 사정 결과표
⑤ 사례관리 계획 및 평가표
⑥ 사례관리 과정 기록지
⑦ 서비스 의뢰서
⑧ 기타 기록 및 평가자료

사례관리 종결보고서

<table>
<tr><td>등록번호</td><td></td><td>클라이언트</td><td></td><td>사례관리자</td><td></td></tr>
<tr><td>주소</td><td colspan="3"></td><td>연락처</td><td></td></tr>
<tr><td>등록일</td><td colspan="2"></td><td colspan="2">종 결 일</td><td></td></tr>
<tr><td>종결사유</td><td colspan="5">□ 목표 달성 □ 사망 □ 시설 입소(6개월 이상) □ 이주 □ 거절/포기
□ 타 기관 이용: ____________________
□ 기관의 조정: ____________________</td></tr>
<tr><td>목적</td><td colspan="5"></td></tr>
<tr><td rowspan="5">서비스
과정 요약</td><td>장기목표</td><td colspan="3">실행과정(클라이언트의 노력/서비스 내용)</td><td>목표 달성 정도</td></tr>
<tr><td></td><td colspan="3"></td><td></td></tr>
<tr><td></td><td colspan="3"></td><td></td></tr>
<tr><td></td><td colspan="3"></td><td></td></tr>
<tr><td></td><td colspan="3"></td><td></td></tr>
<tr><td rowspan="2">클라이언트
변화 사항</td><td colspan="3">초기 상황</td><td colspan="2">종결 상황</td></tr>
<tr><td colspan="3"></td><td colspan="2"></td></tr>
<tr><td>종결과정
요약</td><td colspan="5"></td></tr>
<tr><td>사례관리자
종합의견</td><td colspan="5"></td></tr>
<tr><td rowspan="4">사후관리
계획</td><td>목표</td><td colspan="4"></td></tr>
<tr><td>기관</td><td colspan="4">20_____년 ____월 ____일 ~ 20_____년 ____월 ____일(월 ____회)</td></tr>
<tr><td>방법</td><td colspan="4">□ 전화 □ 문자 □ 우편 □ 이메일 □ 방문(복수 선택)</td></tr>
<tr><td>합의</td><td colspan="4">클라이언트: ____________(서명) / 사례관리자 ____________(서명)</td></tr>
</table>

사후관리 보고서

<table>
<tr><td>등록번호</td><td colspan="2"></td><td colspan="2">클라이언트</td><td colspan="2"></td></tr>
<tr><td>등록일</td><td colspan="2">년 월 일</td><td colspan="2">종결일</td><td colspan="2">년 월 일</td></tr>
<tr><td>주소</td><td colspan="2"></td><td colspan="2">전화번호</td><td colspan="2">(집)
(H.P)</td></tr>
<tr><td rowspan="3">1차 사후관리</td><td>날짜</td><td colspan="2"></td><td>접촉
방법</td><td colspan="2">☐ 전화상담
☐ 내방상담
☐ 가정/방문상담
☐ 기타</td></tr>
<tr><td>접촉 대상</td><td>☐ 아동</td><td colspan="3">☐ 주양육자( )</td><td>☐ 기타</td></tr>
<tr><td>현 상황
요약</td><td colspan="5"></td></tr>
<tr><td rowspan="3">2차 사후관리</td><td>날짜</td><td colspan="2"></td><td>접촉
방법</td><td colspan="2">☐ 전화상담
☐ 내방상담
☐ 가정/방문상담
☐ 기타</td></tr>
<tr><td>접촉 대상</td><td>☐ 아동</td><td colspan="3">☐ 주양육자( )</td><td>☐ 기타</td></tr>
<tr><td>현 상황
요약</td><td colspan="5"></td></tr>
<tr><td>사례관리 담당자
종합 의견</td><td colspan="6"></td></tr>
<tr><td>추후계획</td><td colspan="2">☐ 재개입
☐ 종결 확정</td><td colspan="4">☐ 타기관 의뢰( )
☐ 기타( )</td></tr>
<tr><td>사례관리담당자</td><td colspan="3">성명: (성명 또는 날인)</td><td colspan="2">작성날짜</td><td></td></tr>
</table>

사례관리서비스 만족도 조사표

영역	문항 내용	① 전혀 그렇지 않다.	② 별로 그렇지 않다.	③ 보통 이다.	④ 그런 편이다.	⑤ 매우 그렇다.
서비스 내용에 대한 만족도	1. 귀하가 원하거나 필요하다고 생각되는 서비스가 제동되었습니까?					
	2. 서비스를 받은 후 귀하의 생활문제가 해결되었습니까?					
	3. 귀하가 필요로 했던 서비스가 시기적으로 적절히 제공되었습니까?					
	4. 귀하가 제공받은 서비스에 만족하십니까?					
서비스 과정에 대한 만족도	5. 귀하는 서비스 제공과정 및 절차에 대한 설명을 담당자에게 자세히 들으셨습니까?					
	6. 귀하가 원했던 서비스 관련 정보가 충분히 제공되었습니까?					
	7. 귀하가 원했던 서비스가 신속하게 제공되었습니까?					
	8. 귀하는 사례관리자(담당자)의 전문성에 대해 만족하십니까?					
사례 관리자에 대한 만족도	9. 귀하와 사례관리자(담당자)가 친밀한 관계였다고 생각하십니까?					
	10. 귀하의 의견에 대해 사례관리자는 친절히 응대하였습니까?					
	11. 사례관리자가 귀하를 존중하고 있다는 느낌을 받으셨습니까?					
	12. 귀하는 사례관리자와의 의사소통이 원활했다고 생각하십니까?					

출처: 보건복지부(2022). 2022 희망복지지원단 업무안내.

사례 적용

클라이언트는 남편과 아직 이혼 소송 중이다. 하지만 약물치료를 통해 건강을 유지하고 있으며 기초생활이 안정되어 자녀를 잘 양육하고 있다. 법률지원을 통해 신용을 회복하였으며 이혼을 위한 법적 절차를 진행하고 있다. 클라이언트는 아직 취업은 하지 못했지만 취업성공패키지 프로그램에 참여하면서 취업이나 창업을 준비하고 있다. 대부분의 장기목표와 단기목표가 달성되었고, 클라이언트가 심리·정서적으로 안정이 되었으며 자조모임을 통해 힘을 얻고 있었다. 자녀들도 자조모임의 자녀들과 어울리며 건강하게 지역에서 적응하며 살아갈 것으로 보인다. 지역사회에 아는 사람이 없었던 클라이언트에게 먼저 다가가 도움을 주었던 자조모임 엄마들은 클라이언트가 지역사회에서 정을 붙이고 살아갈 수 있는 동력이 되었다. 지속적인 만남을 통해 자조모임 엄마들과 클라이언트가 서로 아이들을 돌봐 주는 품앗이 그룹으로 관계가 형성되었다. 클라이언트를 만나면서 자조모임 엄마들은 예전의 상처를 극복한 치유자로서 지역에 자신과 비슷한 아픔을 가진 사람들을 도우며 자신을 치유하기도 했다. 무엇보다도 클라이언트는 미래를 계획할 정도로 안정되어 있으며, 가족 모두가 활기를 찾고 있으므로 종결을 하게 되었다.

본 사례는 종결 이후 지속적으로 모니터링하고 있으며 자조모임을 통해 사후관리가 진행되고 있다. 현재까지도 법률적 지원서비스, 고용지원서비스는 연결된 상황이다. 특히 지속적인 약물관리와 심리·정서적인 안정을 위해 정신건강복지센터의 사례관리 대상자로 등록하여 정기적인 상담을 받도록 하고 있다.

학습과제

1. 앞에 제시된 사례에 대해 〈사례관리 종결보고서〉를 작성하시오.
2. 종결 사유와 근거는 무엇이었습니까?
3. 종결 사례에 대한 사후관리 계획은 무엇입니까?
4. 본 사례에 대한 개입 전후 생태도에 어떤 변화가 있었습니까? 이러한 변화는 무엇을 의미하나요?

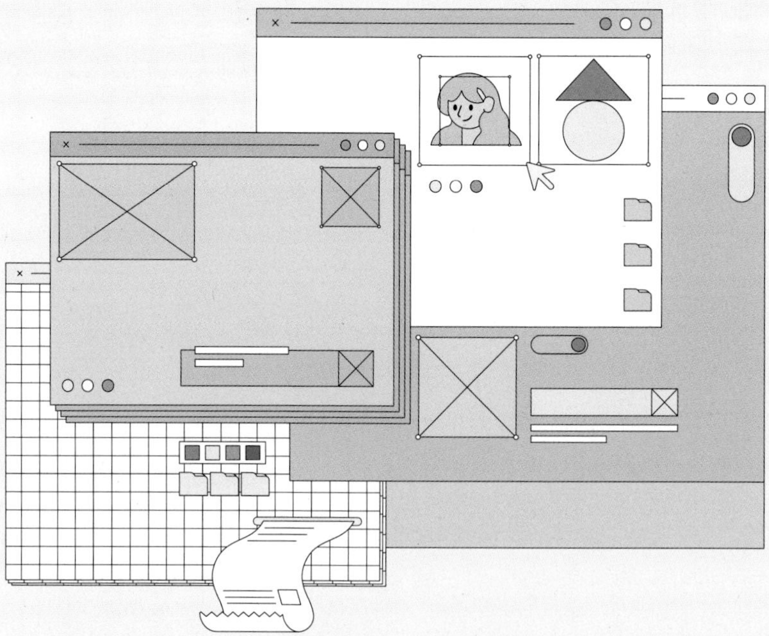

Part 03

사례관리 실천현장의 이해

Chapter 11 공공 사례관리
Chapter 12 민간 사례관리
Chapter 13 아동 사례관리
Chapter 14 장애인 사례관리
Chapter 15 노인 사례관리

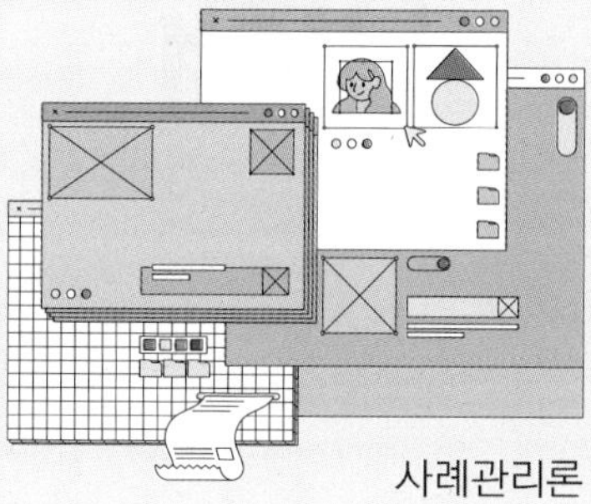

사례관리론

Chapter 11

공공 사례관리

학습목표

1. 공공 사례관리의 개념과 필요성을 이해한다.
2. 희망복지지원단 사례관리의 추진 배경과 사례관리의 구성, 수행과정에 대해 이해한다.
3. 정신건강복지센터 사례관리의 추진 배경과 사례관리의 구성, 수행과정에 대해 이해한다.

우리나라는 민간에서 사례관리가 시작되어 발전되었으나 최근에는 공공 사례관리가 전국적으로 확대되면서 실천의 범위가 넓어지고 있다. 공공 사례관리는 대상자들의 욕구 충족을 위해 다양한 공급 주체들의 협력과 연계를 수행함으로써 체계적인 전달체계를 통해 접근성을 높이는 노력을 기울이고 있다.

이 장에서는 공공 사례관리를 대표하는 조직인 희망복지지원단과 사례관리를 주요 기능으로 하는 정신건강복지센터를 중심으로 살펴보고자 한다.

1 | 희망복지지원단 사례관리

1) 추진 배경

사례관리는 영역에 따라 크게 공공 사례관리와 민간 사례관리로 나누어지는데, '공공 사례관리'라는 용어는 최근에 사용된 용어로, 사례관리의 주체가 공적 기관이며 보호대상자의 발굴과 보호계획의 수립을 지방자치단체에서 할 때 공공 사례관리로 구분된다. 공공 사례관리는 지난 2005년에 개정된 「사회복지사업법」에 “시장·군수·구청장은 보호대상자별 보호계획을 작성하고 변경할 수 있다.”는 규정을 두면서 제도적 기반을 마련하였으며 보호계획을 통한 사회복지서비스 실시를 위해서 읍·면·동의 사회복지전담공무원은 보호대상자를 발굴하고 그들의 욕구를 사정하여 보호서비스 제공계획을 수립한 후, 지역사회의 자원 및 서비스를 연계하도록 하였다. 이에 지방자치단체의 업무 중 하나로 공공 사례관리가 자리잡게 되면서 사회복지전담공무원의 역할에서도 변화가 나타났으며 수요자의 욕구를 중심으로 적극적으로 찾아 발굴하고 포괄적으로 파악함으로써 통합적 실천이 강조되었다(한국사례관리학회, 2012b).

공공 사례관리 업무의 효율화는 ‘사회복지통합관리망 행복e음’의 구축을 통해 지원되었다. 사회복지통합관리망(행복e음)이 가진 의미는 정보화를 통해 복지급여 대상자에 대한 자격조사 간소화 및 행정 업무 등을 효율화하여 상담 및 사례관리 업무에 집중할 수 있도록 하였으며 이를 지원하는 체계로 사례관리시스템을 구축하였다. 즉, 보건복지콜센터(129) 및 시·군·구와 읍·면·동에서 진행된 전화상담 및 방문상담을 개인별로 통합·관리하고, 수요자별 욕구에 적합한 서비스 연계가 가능하도록 사례관리 기반을 구축하였다(박미은, 2023; 한국사례관리학회, 2012a).

2) 희망복지지원단 사례관리의 이해

(1) 근거

희망복지지원단에서 수행하고 있는 통합사례관리는 「사회보장급여법」 제42조의2에 근거를 두고 있으며 읍·면·동과 시·군·구에서 수행하고 있다.

(2) 정의

희망복지지원단의 통합사례관리사업은 지역 내 공공·민간 자원에 대한 체계적인 관리 및 지원체계를 통해 복합적이고 다양한 욕구를 가진 대상자에게 보건, 복지, 주거, 교육, 고용, 법률 등 필요한 서비스를 통합적으로 연계하여 제공하고 효과적인 사례관리를 위해 상담 및 모니터링하는 사업을 말한다. 즉, 복합적인 욕구가 있으나 스스로 해결하지 못하는 대상자에게 지속적인 상담을 통해 공공 및 민간 자원을 연계하여 문제를 해결하고 사회적응을 돕는 사업을 의미한다.

통합사례관리사업의 목표는 다음과 같다(보건복지부, 2022). 첫째, 지역 주민의 다양한 욕구에 맞춤형 서비스를 연계·제공함으로써 지역 주민의 삶을 안정적으로 지원·지지하고, 복지제도의 효과성, 효율성을 향상시키고자 한다. 둘째, 지역 주민을 대상으로 복지 욕구 및 경제적 여건을 고려하여 빈곤계층의 탈빈곤 및 빈곤예방을 중점 목표로 설정하고, 고용과 복지 연계에 중점을 둔다.

3) 희망복지지원단 사례관리의 구성 및 수행과정

(1) 대상자

사회적 취약계층으로서 사회복지 안정망에서 일차적으로 공공의 보호가 필요한 계층이다. 중점 대상으로는 통합사례관리를 통해 탈빈곤 지원이 가능한 국민기초생활보장 수급가구 및 차상위 빈곤가구, 긴급지원 대상 가구 및 국민기초생활보장 수급자 탈락가구 중 통합사례관리를 통한 빈곤예방 지원이 가능한 가구, 지자체 복지사각지대 조사를 통해 발굴된 위기가구 중 통합사례관리가 필요한 가구 등이다.

사례관리 대상자는 사례관리 가구와 서비스 연계 가구로 나눌 수 있는데, 사례회의를 거쳐 다음과 같이 선정·구분한다.

- 사례관리 가구: 1개월 이상의 중장기적 개입이 필요한 가구로서, 다양한 서비스가 집중적으로 제공될 수 있도록 사례관리 과정의 일반적인 절차를 적용하는 가구
- 서비스 연계 가구: 욕구가 단편적이어서 1개월 미만의 단기적 개입 또는 단순 서비스 연계를 통해 문제해결이 가능한 가구로서, 사례관리 과정의 일반적인 절차를 축소하

는 가구

(2) 사례관리사

희망복지지원단의 통합사례관리를 전담하는 인력은 통합사례관리를 수행하는 조직에 소속된 구성원인에 공무원과 통합사례관리사로 구분된다(김성경, 2023).

① 복지담당공무원

최소 5년 이상 근무경력 사회복지직공무원(7~8급)을 통합사례관리 담당으로 배치하며, 다음과 같은 기능을 수행한다.

- 단장(팀장)을 보좌하여 통합사례관리 업무를 담당한다.
- 복지담당공무원 중 '자원 총괄 관리 담당 업무' 전담인력을 배정한다.
- 민관협의체 구성·운영을 총괄한다.
- 사회보장정보시스템(행복e음)을 통해 통합사례관리 과정을 관리하고 복지자원관리시스템을 이용하여 지역의 공공·민간 자원을 관리한다.

② 통합사례관리사

통합사례관리사는 통합사례관리 업무 전담·전문인력으로서, 희망복지지원단의 기능 수행을 저해하지 않는 범위(최소 1인 이상 시·군·구 배치) 내에서 지방자치단체에서 탄력적으로 배치하며, 다음과 같은 기능을 수행한다.

- 찾아가는 보건·복지서비스를 추진하며, 읍·면·동의 사례관리 교육, 슈퍼비전 제공, 역량 강화 등을 수행한다.
- 통합사례관리를 위한 시·군·구 단위의 자원발굴 및 읍·면·동 간 자원의 불균형을 조정한다.
- 읍·면·동 찾아가는 보건·복지서비스 업무를 모니터링하고 컨설팅 기획에 참여한다.
- 사회보장정보시스템(행복e음)을 통해 통합사례관리 과정을 통합적으로 관리하고 복지자원관리시스템을 이용하여 지역의 공공·민간 자원을 관리·연계한다.

(3) 운영체계

희망복지지원단 통합사례관리사업의 추진은 보건복지부, 광역자치단체, 기초자치단체, 읍·면·동의 행정조직으로 구성되어 있으며, 한국사회보장정보원의 사례관리정책지원센터에서 지원하고 있다. 또한 통합사례관리는 [그림 11-1]과 같이 사회보장급여 신청·접수체계와 지역사회보장협의체와의 밀접한 관계 속에서 이루어지며 이러한 특성은 민간사회복지기관에서 수행하는 사례관리와의 차별성이라고 할 수 있다. 시·군·구의 경우 희망복지지원단에서,

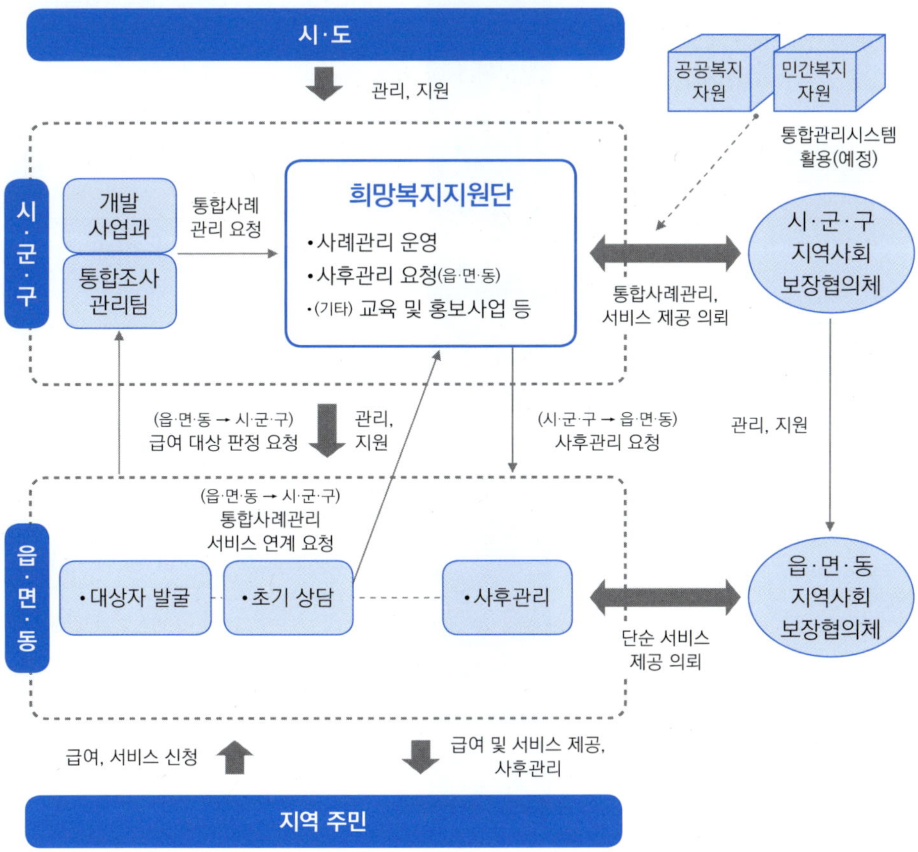

그림 11-1 통합사례관리 운영체계

출처: 김성천 외(2022a). 사례관리 전문가 심화과정교육(2판).

읍·면·동의 경우 찾아가는 보건복지서비스를 전담하는 팀에서 사례관리를 전담한다. 희망복지지원단이란 복합적인 욕구를 가진 대상자에게 통합사례관리를 제공하고, 지역 내 자원 및 방문형서비스 사업 등을 총괄·관리함으로써 지역사회 통합서비스 제공에 중추적 역할을 수행하는 전담조직을 말한다(보건복지부, 2020). 2019년부터 공공 부문 사례관리 연계·협력체계 구축 및 운영은 시·군·구 희망복지지원단과 읍·면·동의 기능으로 제시되고 있다.

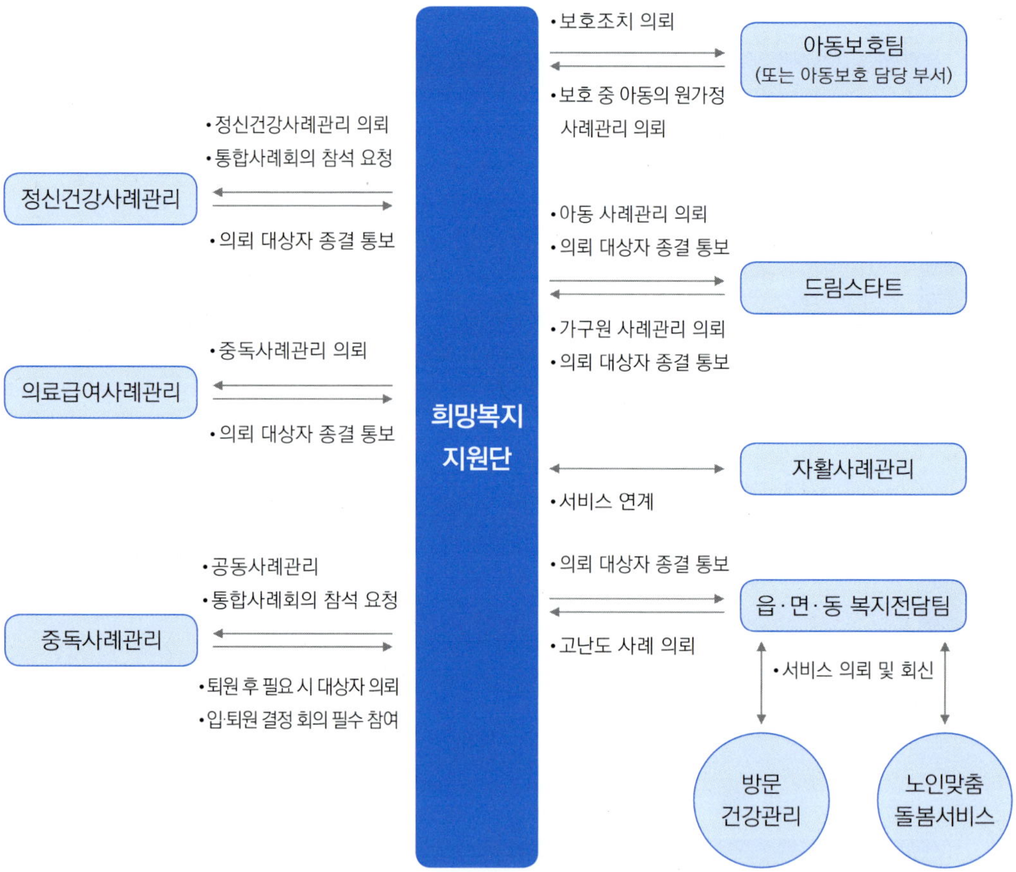

그림 11-2 희망복지지원단의 공공 부문 사례관리 연계·협력

출처: 보건복지부(2021). 2021년 공공부문 사례관리 연계협력 업무안내.

공공 부문 사례관리사업은 읍·면·동 찾아가는 복지전담팀과 시·군·구 희망복지지원단에서 이루어지는 통합사례관리, 노인맞춤돌봄서비스, 드림스타트(취약계층 아동 맞춤형 통합서비스), 아동보호서비스, 방문건강관리, 의료급여사례관리, 자활사례관리, 중독사례관리(중독관리통합지원), 정신건강사례관리로 구성되어 있다.

(4) 수행과정

통합사례관리 수행과정은 대상자 발굴, 초기 상담, 대상자 접수, 욕구 및 위기도 조사, 사례회의, 대상자 구분·선정, 서비스 제공 계획수립, 서비스 제공 및 점검, 종결, 사후관리 총 10단계로 구성되어 있다. 희망복지지원단은 읍·면·동에서 초기 상담 후 의뢰된 고난도 사례에 대해 대상자 접수부터 종결까지의 단계를 거쳐 사례관리를 수행한다(보건복지부, 2020). 이러한 통합사례관리 수행 단계의 모든 과정은 사례별 단위로 사회보장정보시스템(행복e음)에 기록하여 관리되고 있다. 보건복지부 지침에 수록된 통합사례관리 수행 단계를 정리해 보면 [그림 11-3]과 같다.

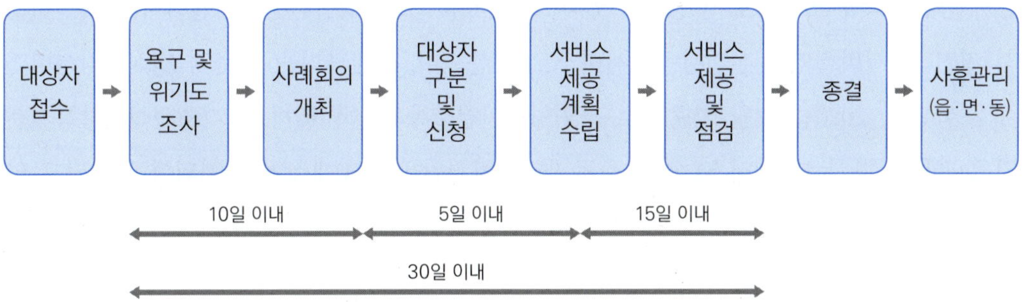

그림 11-3 통합사례관리 수행 단계

2 정신건강복지센터 사례관리

1) 추진 배경

정신건강 영역에서 사례관리는 주거 및 경제적 지원, 취업, 직업재활, 교육, 사회보장과 같은 다양한 자원들을 포괄적이고 연속적으로 조정·연결하여 궁극적으로 정신질환자들의 탈원화 및 사회복귀를 이끄는 매우 중요한 서비스이다(김성천 외, 2020a), 사례관리의 역사는 정신보건 영역에서 출발했으며 정신건강복지센터 사례관리는 지역사회 정신건강사업의 핵심이라고 인식되고 있다(이기연, 2011). 우리나라의 공식적인 정신건강증진기관 및 시설은 정신건강복지센터, 자살예방센터, 중독관리통합지원센터, 정신재활시설, 정신의료기관, 정신요양시설이 있으나 사례관리를 주요 기능으로 하는 기관은 정신건강복지센터라고 볼 수 있다. 이에 여기에서는 정신건강복지센터의 사례관리를 중심으로 살펴보고자 한다.

현재 정부는 정신건강복지센터의 기능을 지역사회 내 정신질환 예방, 정신질환자 발견·상담·정신재활훈련 및 사례관리, 정신건강증진시설 간 연계·협력 구축 등 지역사회 정신건강사업의 기획과 조정으로 설정하고 있다(보건복지부, 2021). 정신건강복지센터서비스는 전문적 정신건강서비스와 정신건강증진서비스로 구분되며, 사례관리는 전문적 정신건강서비스에 포함된다. 2020년 12월 기준으로 광역형정신건강복지센터 16개소, 기초정신건강복지센터 244개소, 자살예방센터 51개소, 중독관리통합지원센터 50개소가 설치되어 운영되고 있으며, 정신건강증진시설로는 정신재활시설 350개소, 정신의료기관 1,937개소, 정신요양시설 59개소가 운영되고 있다.

2) 정신건강복지센터 사례관리의 이해

(1) 근거

정신건강복지센터 사례관리의 근거는 법에 명시되어 있지는 않고 보건복지부 정신건강사업 안내에서 설명하고 있다. 「정신건강증진 및 정신질환자 복지서비스 지원에 관한 법률」 제15조(정신건강복지센터의 설치 및 운영)에 근거를 두고 있으며, 국가 또는 지방자치단체(시·도지사, 시장·군수·구청장)가 설치한다. 기초정신건강복지센터의 주요 사업 영역은 중증정신질환관리, 자살예방, 정신건강 증진, 아동·청소년 정신건강 증진, 재난 정신건강 지원으로 구분되고 있다. 읍·면·동이나 사회복지관과 같이 사례관리 기능이 별도로 있는 것이 아니라 기본적으로 등록 회원을 관리하는 개념과 각 사업 영역에서 사례관리가 필요한 대상자에 대하여 사례관리 과정을 적용하는 개념이다.

(2) 정의

정신건강사업에서 사례관리는 지역사회의 정신질환자들이 건강한 삶을 영위할 수 있도록 다학제로 구성된 팀, 즉 정신건강의학과 의사, 정신건강전문요원, 사회복지사, 임상심리사, 간호사 등에 의해 개인 맞춤형 돌봄을 조정하고 통합 및 수행하는 서비스를 제공하는 것을 말한다. 중증정신질환자가 연속적으로 지역사회 내에서 관련 서비스를 받게 하는 것이 1차적인 목표이며 최근에는 정신증 또는 일정 수준 이상의 서비스가 필요한 정신질환에 대한 관리도 요구되고 있다(국립정신건강센터, 2019).사례관리서비스는 사례관리 대상자와 가족을 중심으로 한 개별상담, 대상자와의 긴밀한 관계 유지와 복지서비스 연계를 위한 기관과의 자원 조정, 주간재활 프로그램 및 직업재활, 타 기관 의뢰 및 연계 처리를 포함하고 있으며, 미등록 관리 대상자와 지역 주민을 대상으로 하는 정신건강증진서비스를 포함하고 있다(김성천 외, 2022a; 보건복지부·사회보장정보원, 2019).

정신건강복지센터 사례관리 업무 기준에 따르면 사례관리는 등록 단계부터 시작되며 사정평가를 통해 대상자 욕구에 따라 개인의 사례관리서비스계획(ISP)을 세우고 개인별 ISP에 맞게 제공되는 서비스를 통칭한다. 사례관리에서 제공되는 서비스는 주간재활 및 직업재활서비스, 의뢰 및 연계서비스, 교육 및 훈련서비스 등이 포함된다.

3) 정신건강복지센터 사례관리의 구성 및 수행과정

(1) 대상자

우리나라 정신건강 문제는 매우 광범위하지만 현재까지는 정신질환자 중에서도 중증질환자와 만성질환자를 중심으로 서비스가 제공되어 왔으며, 이들은 주로 조현병이나 망상성 장애를 가지고 있거나 조울증이나 반복성 우울장애를 갖고 있는 대상자이다. 2000년부터 알코올 중독자를 대상으로 알코올 중독 예방 및 관리를 위한 사업들이 진행되었으며, 2002년에는 아동·청소년을 대상으로 정신보건사업이 시작되었다. 이어 2005년 자살고위험군을 대상으로 자살예방사업이 수행되면서 정책 대상자를 확대하였다(보건복지부, 2019).

정신건강복지센터 중증정신질환 사례관리 대상자는 다음과 같다(김성천 외, 2022a).

- 정신병적 장애, 조현정동장애, 양극성 정동장애, 반복성 우울장애 진단으로 의학적 치료 이외의 지역사회 관리가 필요하다고 판단되는 경우
- 위 진단 분류에 해당하지 않으나, 정신건강의학과 전문의가 포함된 사례회의를 통해 뚜렷한 정신질환 증상으로 인해 의학적 치료 이외의 지역사회 관리가 필요하다고 판단하는 다음의 경우
  - 입원에 준하는 적극적인 치료 개입이 필요한 정신질환자
  - 정신질환의 증상으로 인해 일상생활에 중대한 제약이 있는 자
  - 기타 사례회의를 통해 등록관리가 필요하다고 판단하는 자
  - 조기정신증(초발정신증 포함) 관리가 필요한 자

정신건강복지센터 사례관리는 기본적으로 '등록관리' 기준으로 대상자를 설정하고 있다. 그 기준은 지역, 서비스 대상자 기준, 개별서비스 계획수립, 최소 서비스 제공 횟수 등이다.

- 해당 지역에 거주하는 경우
- 서비스 대상자 기준 충족(초발정신질환자 및 만성정신질환자)
- 최소 6개월에 1회 이상 개별서비스계획(ISP) 수립
- 최소 매월에 1회 이상 서비스 제공 대상자

그 밖에도 지역의 등록정신장애인, 국민기초생활수급권자 및 취약계층 중 등록기준에 해당하는 경우, 지역 내 정신의료기관 및 시설에 입원 혹은 입소 중인 중증정신질환자, 그에 준하는 정신질환자 등이 지속적인 발굴 대상이다. 공공 사례관리에서 초발정신질환자에 대한 초기 상담 및 평가 요청이 있을 경우 사전 동의된 대상자에 한하여 공동 방문상담을 실시한다.

(2) 사례관리자

정신건강복지센터 사례관리자 자격요건과 배치기준은 별도로 있지 않으나 정신건강복지센터 인력의 업무 분장을 통해서 보면, 팀장과 상임팀장은 슈퍼비전을 제공하고 주로 팀원이 사례관리 업무를 수행하도록 되어 있다. 팀원은 주로 정신건강전문요원, 간호사, 임상심리사, 사회복지사 등이며 정신건강전문요원은 정신건강 분야에 관한 전문지식과 기술을 갖추고 보건복지부령으로 정하는 수련기관에서 일정기간 수련을 받은 인력으로, 정신건강임상심리사, 정신건강 간호사 및 정신건강사회복지사로 구성된다.

(3) 수행체계

정신건강복지센터 정신건강서비스 전달체계를 살펴보면 [그림 11-4]와 같다.

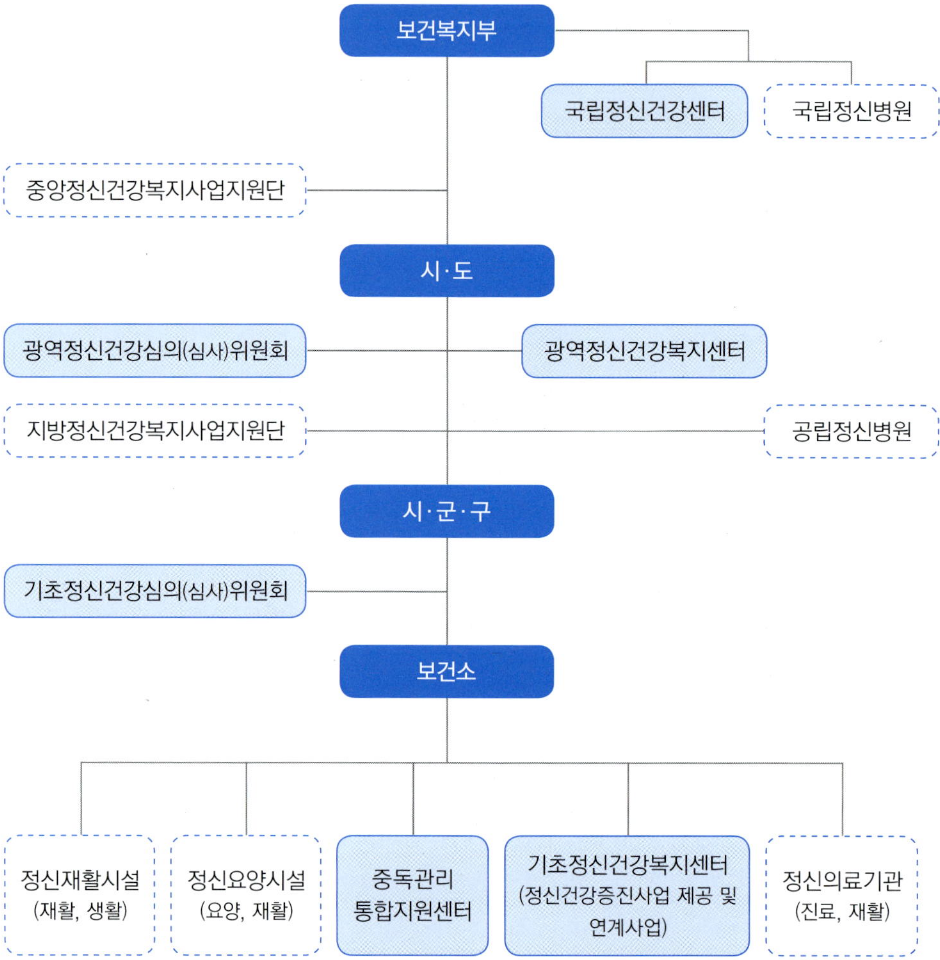

그림 11-4 정신건강서비스 전달체계

출처: 국립정신건강센터(2019). 지역사회 정신건강 표준 사례관리 매뉴얼.

정신건강복지센터 사례관리가 전체 정신보건서비스 체계 내에서 어떤 위치에 있는지 살펴보면 [그림 11-5]와 같다.

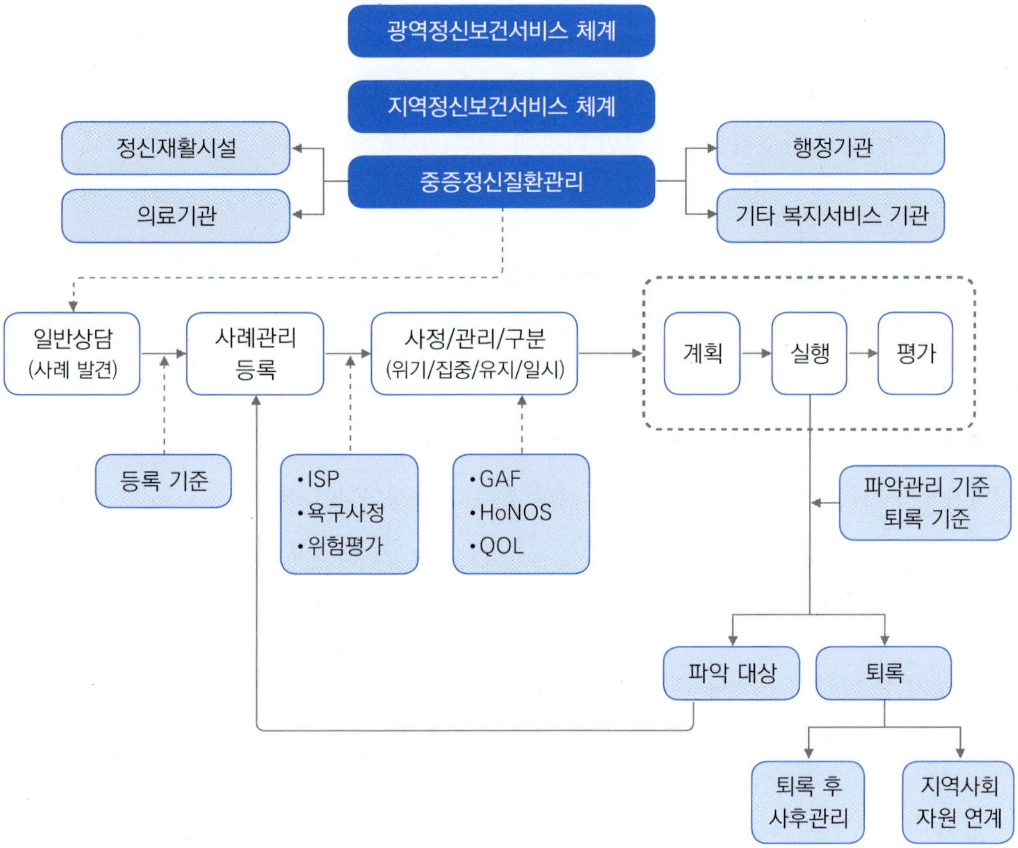

* ISP(Individualized Service Plan): 개별서비스계획
* GAF(General Assessment of Functioning): 전반적인 기능평가
* HoNOS(The Health of the Nation Outcomes Scales): 건강상태와 증상 심각도 평가 공격적 또는 파괴적 행동, 자살사고 또는 자해, 알코올 및 약물 남용과 관련하여 나타나는 건강 및 사회적 문제, 기억력, 지남력과 이해력을 포함하는 문제, 신체적 장애와 관련한 문제, 우울한 기분, 환각과 같은 이상한 경험과 관련된 문제, 생활환경 및 관계의 문제 포함
* QOL(Quality of Life): 삶의 질척도

그림 11-5 지역사회 내 정신건강 영역 중증정신질환자 관리 흐름

출처: 국립정신건강센터(2019). 지역사회 정신건강 표준 사례관리 매뉴얼.

(4) 수행과정

정신건강 영역의 사례관리 수행과정은 일반적인 사례관리 수행과정과 다르지 않지만 정신건강 영역에서의 강조점을 설명하면 다음과 같다(김기태 외, 2013).

① 서비스의 개별화

사례관리 대상자인 만성 정신장애인이 비록 임상적 진단, 나이, 성별, 사회경제적 수준 등이 비슷하다 할지라도 그들의 치료계획과 사례관리 계획은 다를 수 있다. 예를 들어, 클라이언트는 처방된 치료약물에 대해 각각 다르게 반응하며, 주거환경이나 여가 선용, 직업 활동에 대한 욕구도 각각 다를 수 있다. 따라서 치료계획은 클라이언트마다 주의 깊게 수립되어야 하며 변화하는 클라이언트의 상황에 따라 수정되어야 한다.

② 서비스 제공의 포괄성

정신장애인은 만성적이고 복합적 욕구를 가진다. 그들의 욕구는 의료, 정신, 재활, 소득, 고용, 주거 등 다양한 영역에 걸쳐 나타난다. 이러한 욕구를 충족하기 위해서는 지역사회의 여러 서비스가 통합적이고 지속적으로 제공되어야 한다.

③ 클라이언트의 자율성 보장

과거에는 정신장애인을 무능력한 존재로 보았지만 현재는 정신장애인 중에서도 일반인과 동등한 능력을 가지고 있다고 여기는 경우도 있다. 따라서 능력 있는 존재로, 자율적으로 사회적 기능을 수행하도록 서비스 계획수립 과정에 적극적 참여를 보장해야 한다.

④ 보호 및 치료의 지속성 보장

만성정신장애인의 치료과정에 필요한 제반 보호조치는 지속적으로 이루어져야 하며, 이러한 측면에서 서비스 제공기관 간의 연계와 지역사회를 기반으로 한 통합사례관리체계의 구축이 필요하다.

정신건강복지센터의 사례관리의 흐름도를 살펴보면 [그림 11-6]과 같다.

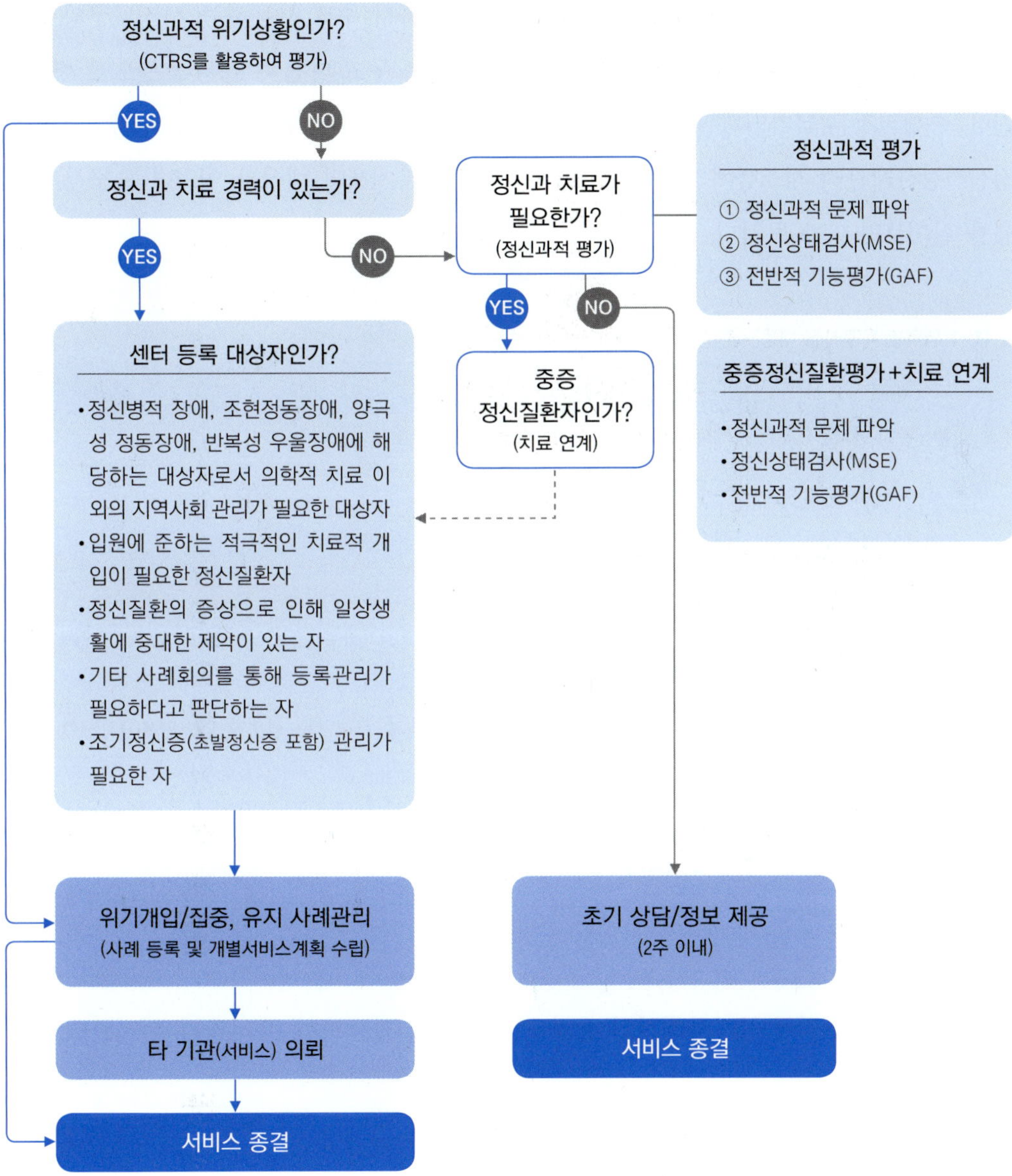

그림 11-6 사례관리 흐름도

출처: 국립정신건강센터(2019). 지역사회 정신건강 표준 사례관리 매뉴얼.

정신건강복지센터의 사례관리는 사업과 대상에 따라서 주로 사용하는 사정도구와 연계기관이 다를 수 있지만 정신질환에 대한 치료에 초점을 두고 다음과 같은 흐름으로 이루어진다. 수행과정은 국가입퇴원시스템과 사회보장정보시스템과 정보연계 기능을 가지고 있는 정신건강사례관리 시스템에 기록되고 있다. 정신건강복지센터 대상자 영역별 욕구사정 내용을 살펴보면 다음과 같다.

표 11-1 영역별 욕구사정 내용

사정 영역	영역별 주요 사정 내용
정신건강 영역	심리적 스트레스, 정신병적 증상, 약물(치료)정보, 약물관리
물질 남용 및 의존 영역	음주 문제, 약물 의존 및 남용
위험성 영역	자해 및 자살 위험(자기 안전성), 타해 위험(타인 안정성)
신체건강 영역	신체건강
일상생활 영역	자기관리, 식생활, 가정관리, 주간·여가활동, 기초활동(기초교육), 전화 이용, 교통수단 이용, 생활비 관리
사회적 관계 영역	부부-가족관계(이성적 관계), 부모-자녀관계, 자녀양육, 성생활, 대인관계(사회 생활)
학업/직업기능 영역	교육 및 훈련, 고용지원
지역사회 생활지원 영역	교통 및 이동 수단, 거주공간(환경), 사회보장 혜택, 법적 옹호, 인권 및 차별에의 보호, 안정 및 폭력에의 보호

출처: 강흥구(2023). 사례관리.

정신건강복지센터에서는 사례관리 유형을 위기관리, 집중관리, 유지관리, 일시관리로 구분하여 관리한다.

표 11-2 정신건강복지센터 사례 유형

구분	위기관리	집중관리	유지관리	일시관리
기준	대상자의 욕구도 평가 결과 욕구 미충족 항목의 심각도가 하나 이상 4로 체크된 대상자	대상자의 욕구도 평가 결과 미충족 항목의 심각도가 하나 이상 3으로 체크된 대상자	대상자의 욕구도 평가 결과 욕구 미충족 항목의 심각도가 하나 이상 2로 체크된 대상자	대상자 욕구도 평가 결과 미충족 영역은 존재할 수 있으나 심각도는 모두 1로 체크된 대상자
대상	① 즉각적인 위기개입이 없으면 자·타해의 위험이 심각하다고 판단되는 경우 ② 당장 입원치료가 필요한 경우 ③ 24시간 이내에 긴급하게 서비스가 제공되어야 하는 대상자 ④ 다음의 경우는 해당되지 않음 • 경미한 우울장애 • 술에 만취되어 있는 경우 • 기질적 정신장애가 주 문제인 경우 • 최근 자해한 적이 있지만 정신질환과 연관성이 희박한 경우	① 초기 정신질환 상태에서 재발예방을 위해 집중적 관리가 필요한 대상자 ② 다음의 사항을 포함하는 복합적이고 다양한 욕구를 가진 대상자 • (증상으로 인한) 폭력 혹은 지속적인 범죄의 과거력 • 지속적인 자해 혹은 방치의 심각한 위협 • 치료 순응도가 낮아서 잦은 재발을 하는 경우 • 물질사용장애와 정신질환의 이중장애	지역사회에서 지속적인 사례관리를 제공받을 필요가 있는 만성 정신질환 대상자	집중, 유지관리를 받을 정도는 아니지만 정기적인 평가나 점검의 필요가 있는 경우
빈도	24시간 이내에 긴급하게 서비스가 제공	매주 혹은 월 4회 이상 집중적 서비스 제공	매월 혹은 월 1회 이상	3~6개월에 1회 이상
ISP 수립		최소 3개월에 1회 이상 ISP(개별서비스계획) 조정을 필요로 하는 대상자	최소 6개월의 1회 이상 수립	
제공 서비스	일일 접촉(상황 종료 시까지): 입원 개입	대면상담(주 1회 이상) • 필요에 따라 전화상담 시행 • 일일 투약관리 부작용 및 증상 관리 • 치료에 대한 적극적 지원(단기입원, 의료보장 상태 지원 등) • 사회재활 프로그램 의뢰 • 질환별 증상 및 약물관리교육, 훈련 시행 • 개별 욕구를 고려한 활동계획(직장, 대인관계, 생계 등 자립 지원)	월 1회 이상 대면상담 진행 • 필요에 따라 전화상담 시행 • 사회재활 프로그램 의뢰 • 개별 욕구에 따른 활동계획(직장, 대인관계, 생계 등 자립 지원)	내소 또는 방문 1회/3~6개월

출처: 김성천 외(2022a). 사례관리 전문가 심화과정교육(2판). 재인용.

그 밖에 '파악관리'라는 유형도 있는데, 다음과 같은 경우에 해당된다.

- 기존 서비스 대상자로서 정신과 병의원 혹은 정신재활시설과 대상자 관리에 대한 인수인계 또는 재등록 절차에 대한 조율이 완료된 경우
- 6개월 이상 접촉이 불가능한 경우
- 정신건강의학과 전문병원이나 요양원에 장기 입원(입소)해 있고 퇴원(퇴소) 계획이 없는 경우

학습과제

1. 희망복지지원단 사례관리의 추진 배경과 사례관리의 구성, 수행과정에 대해 기술하시오.
2. 정신건강복지센터 사례관리의 추진 배경과 사례관리의 구성, 수행과정에 대해 기술하시오.

Chapter 12

민간 사례관리

학습목표

1. 민간 사례관리의 추진 배경에 대해 이해한다.
2. 종합사회복지관 사례관리의 개념과 기능, 구성요소에 대해 이해한다.

1 | 종합사회복지관 사례관리 추진 배경

우리나라 사례관리 실천의 초기 형태는 재가복지사업이라고 볼 수 있다. 재가복지사업은 한국노인복지회가 1987년 가정봉사원 파견사업을 실시하면서 시작되었다. 그 후 1992년 재가복지봉사센터 설치 및 운영지침이 제정되면서 정부 차원의 재가복지가 본격적으로 이루어지기 시작했으며 지역사회 빈곤가정과 노인, 장애인 등 다양한 저소득 대상자를 중심으로 지역사회보호가 이루어졌다(이경은 외, 2016). 종합사회복지관 부설 재가복지센터는 2010년 1월부터 종합사회복지관의 지역사회보호사업으로 통합되었다. 2013년 이후 종합사회복지관은 개정된 「사회복지사업법 시행규칙」 제23조2제3항에 따라 기존의 5대 사업(가족복지사업, 지역사회보호사업, 지역사회조직사업, 교육·문화사업, 자활사업)이 3대 기능(사례관리 기능, 서비스 제공 기능, 지역조직화 기능)으로 변화되면서 사례관리는 종합사회복지관의 주요 기능이 되었다.

2 | 종합사회복지관 사례관리의 이해

1) 근거

2013년 이후 종합사회복지관은 개정된 「사회복지사업법 시행규칙」 제23조2제3항에 따라 사례관리 기능, 서비스 제공 기능, 지역조직화 기능으로 변화되어 사례관리는 종합사회복지관의 주요 기능이 되었다. 또한 정보통신기술의 발달로 종합사회복지관까지 정보시스템 구축이 빠르게 확산되고 있으며 보건복지부는 2010년 사회복지시설정보시스템(W4C)을 전면 도입하여 종합사회복지관의 기관 운영(행정) 업무의 정보시스템을 구축하였다(김성경, 2023).

그 후 보건복지부는 2022년 희망e음 시스템을 구축하여 종합사회복지관의 행정업무와 더불어 사회복지서비스의 정보관리도 시스템을 기반으로 통합하여 관리하고 있다. 이에 종합사회복지관의 사례관리자는 사례관리서비스 전 과정을 희망e음에 입력하여 관리하고 있으며, 대상자의 이력 및 수혜 관리에 대해 정부 및 타 기관과 공유하고 있다.

2) 기능

종합사회복지관의 사례관리 기능은 기존에 수행되던 재가복지봉사사업에 비해 실천에 초점을 두고 있다. 사업 분야와 내용을 살펴보면 〈표 12-1〉과 같다.

표 12-1 종합사회복지관의 사례관리사업

기능	사업 분야	사업 및 내용
사례관리 기능	사례발굴	지역 내 보호가 필요한 대상자 및 위기개입 대상자를 발굴하여 개입 계획 수립
	사례개입	지역 내 보호가 필요한 대상자 및 위기개입 대상자의 문제와 욕구에 대한 맞춤형 서비스가 제공될 수 있도록 사례개입
	서비스 연계	사례개입에 필요한 지역 내 민간 및 공공의 가용자원과 서비스에 대한 정보 제공 및 연계, 의뢰

종합사회복지관의 사례관리 기능은 사례발굴, 사례개입, 서비스 연계 등 세 분야로 분류된다. 즉, 법적으로는 사례발굴 및 서비스 계획수립, 직접서비스 제공, 간접서비스 제공 등 실천적 측면이 강조되고 있다. 그러나 2022년 사회복지관 평가지표에 따르면 사례관리 기능을 4개의 지표, ① 사례관리 실행체계, ② 사례관리 인력의 전문성, ③ 사례관리 수행의 전문성, ④ 사례관리 협력 연계로 제시하여(보건복지부·중앙사회서비스원, 2022) 사례관리 실천뿐만 아니라 운영체계, 사례관리 인력, 사례관리 과정의 전문성까지 강조하고 있음을 알 수 있다(김성경, 2023).

표 12-2 종합사회복지관 평가지표 중 사례관리 기능 평가지표

평가지표	평가 내용
1) 사례관리 실행체계	사례관리 실행체계는 어떠한가?
	① 사례관리 업무지침 또는 매뉴얼이 마련되어 이에 따라 사례관리가 실행되고 있다. ② 사례관리 전담팀을 2~3명 이상 구성하고 있고, 팀원별 업무 분장이 되어 있다. ③ 사례회의가 월 평균 2회 이상 운영되고 있다. ④ 효과적인 사례개입을 위해 통합사례회의 또는 솔루션위원회를 통한 서비스 조정, 연계, 사례판정, 평가가 이루어지고 있다. ⑤ 기관 내부적으로 사례관리 계획, 실행, 조정, 평가, 자원 개발, 외부 협력 등이 정기적으로 보고되고 있다.
2) 사례관리 인력의 전문성	사례관리를 위한 인력의 전문성은 어떠한가?
	① 사례관리자는 사례관리 전문가교육과정을 포함하여 연 16시간 이상을 이수하였다. ② 사례관리자는 내·외부 슈퍼바이저를 통해 정기적인 슈퍼비전을 받고 있다. ③ 사례관리자는 연 1회 이상 사례관리 사례를 공개 발표하고 있거나 우수사례집을 발간하였다. ④ 사례관리자는 클라이언트의 생명과 인권에 대한 존중, 자기결정권, 비밀보장의 가치를 반영하고 있다. ⑤ 사례관리 슈퍼바이저는 슈퍼바이저로 충분한 경력을 가지고 있다.
3) 사례관리 수행의 전문성	사례관리 수행의 전문성은 어떠한가?
	① 사정이 체계적으로 이루어지고 있다. ② 사례관리 기록 및 관리가 이루어지고 있다. ③ 클라이언트의 욕구에 기반한 자원을 개발·발굴하고 있다. ④ 대상자별 종결 후 사후관리를 하고 있다.

평가지표	평가 내용
4) 사례관리 협력 연계	사례관리 대상자의 욕구에 맞는 서비스를 제공하기 위해 지역의 민·관기관의 참여가 얼마나 이루어지고 있는가?
	① 사례판정, 목표수립, 목표실행 시 민·관 네트워크 기관의 참여가 활발하게 이루어지고 있다. ② 점검 또는 평가 시 이용자의 만족도 조사가 이루어지고 있다. ③ 클라이언트를 위한 공식·비공식 지지체계 또는 자원의 조직과 연계가 이루어지고 있다.

출처: 보건복지부, 중앙사회서비스원(2022). 2022년도 사회복지관 평가지표.

3) 정의

종합사회복지관 사례관리는 삶의 전 영역에 걸쳐 장기적이고 복합적인 욕구를 가진 주민을 대상으로 욕구를 해결하고, 사회적 기능을 촉진·회복·유지·향상시키기 위해 서비스와 자원을 연계하거나 직접 제공하여 최적의 서비스를 제공하는 통합적 실천방법이다(한국사회복지관협회, 2022). 종합사회복지관 사례관리 목적은 복합적인 상황에서 도움을 필요로 하는 주민들을 대상으로 전문성을 기반으로 한 체계적인 욕구사정과 지역사회 자원 연계를 통해 주민과 그 가족의 사회적 기능을 강화·유지하는 것이다.

보건복지부에서 발간한 「사회복지관 운영 안내자료」에 제시된 사례관리 목표는 다음과 같다(김성천 외, 2022b). 첫째, 사례 주민의 욕구를 정확히 분석하여 개인에게 적합한 서비스를 제공·연계하고, 강점을 강화할 수 있는 실천활동을 통해 문제해결 역량을 강화한다. 둘째, 사례 주민의 비공식 자원 및 지역사회 지지체계 형성을 지원하여 사례 주민의 사회적 관계망을 확장한다. 지역 내 다양한 서비스와 자원을 연계·활용하기 위한 통합사례관리 네트워크를 강화한다.

3 | 종합사회복지관 사례관리의 구성 및 수행과정

1) 대상자

종합사회복지관 사례관리 대상자는 다음과 같다.

- 지역 내 복합적인 문제 및 욕구가 있는 개인 또는 가족
- 국민기초생활수급자, 차상위 계층 및 기타 저소득층에 속하는 개인 또는 가족
- 경제적·심리사회적·신체적 어려움으로 가족해체, 경제적 기능 상실 등 위기 상황에 놓인 개인 또는 가족

2) 사례관리자

종합사회복지관의 사례관리자에 대한 공식적인 자격기준이나 배치기준은 없으나 서울 지역은 3명, 도시와 시 지역은 2명으로 최소 인력을 권고하고 있다. 또한 지역사회 통합돌봄, 통합사례관리 민관협력 등에 적극 참여하는 종합사회복지관의 경우 사례관리 인력 3명을 추가로 우선 증원할 수 있다. 사례관리자의 전문성에 대하여는 전문가교육과정 이수와 사례관리 업무수행 기간, 슈퍼비전 참여 여부 등으로 평가하고 있다.

3) 수행체계

종합사회복지관에서 사례관리를 전담하는 팀은 '사례관리팀'이라는 명칭을 가지며, 관장 또는 팀장이 사례관리 슈퍼바이저가 된다. 사회복지관 평가를 통해 사례관리사업의 운영체계는 어느 정도 갖추어진 상태이고, 이제는 인권, 자기결정, 비밀보장 등 클라이언트와의 수평적인 신뢰관계를 만들어 가는 과정에 중점을 두고 있다(김영례, 2018). 효과적인 사례관리를 위해서는 복지관 조직 내부에서는 기관의 서비스 및 프로그램을 제공하고 있는 서비스 제공팀과 자원 개발을 담당하는 지역조직팀과의 협조가 중요한 관건이다. 그 밖에 지자

체와 복지기관이 함께 통합사례관리서비스를 이용하고 있는 대상자에 대하여는 '공동사례관리' 체계를 따르고 있으며, 정보공유시스템을 활용하고 있다. '공동사례관리' 체계란 2개 이상의 기관이 협의에 의해 한 대상자를 공동으로 사례관리 하는 협업체계를 의미하는데, 주 사례관리자와 공동사례관리자로 역할을 분담하여 수행하는 사례관리를 말한다. 지자체와 복지기관 정보공유시스템은 민간복지시설의 사례관리 표준화와 민간 공동 활용 가능한 복지자원을 관리하고, 공공과 민간복지시설 간 대상자 및 자원정보 공유를 지원하기 위하여 보건복지부가 구축한 시스템을 말한다.

4) 수행과정

종합사회복지관의 사례관리 수행과정은 기관에 따라서 단계 구분이나 용어가 다르지만 대개 사례 발견/접수, 스크리닝/판정, 인테이크/사정, 개입계획, 서비스 실행, 모니터링 및 평가, 사례관리 종결, 사후관리로 진행된다. 스크리닝/판정 단계가 없는 경우도 있고 계획 단계에서 대상자와의 협약 또는 계약이라는 세부과정을 두기도 한다. 「2022년 사회복지관 운영 관련 업무처리 안내」에 수록된 사회복지관 사례관리 과정에 대한 사례에 대해 소개하면 [그림 12-1]과 같다.

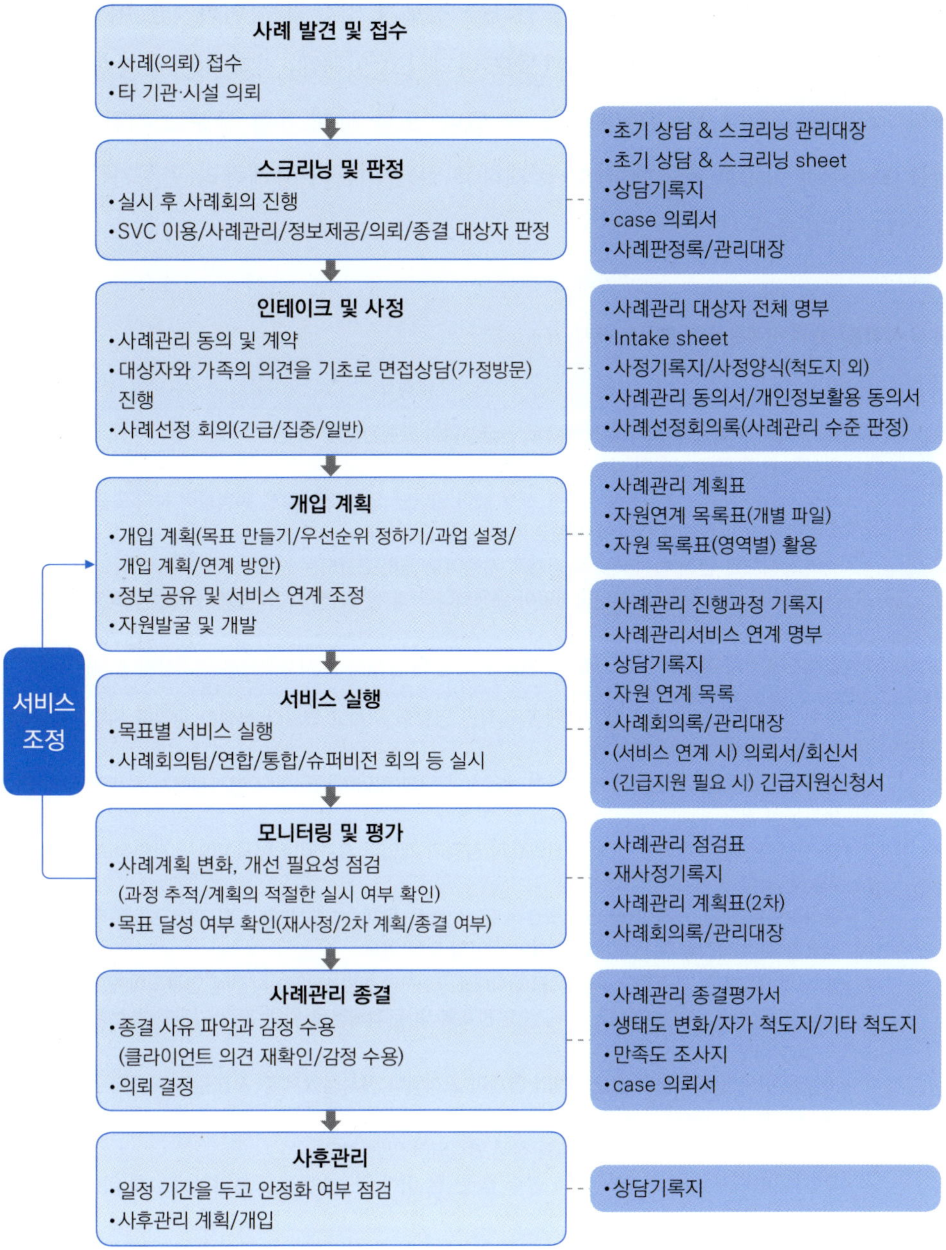

그림 12-1 사회복지관의 사례관리 과정 예시

출처: 한국사회복지관협회(2022). 2022년 사회복지관 운영 관련 업무처리 안내.

기관별로 사례관리 수행과정에서 수집하는 정보가 약간씩 상이하지만, 욕구조사 항목과 내용은 통합사례관리와 유사한 기관들도 나타나고 있는데, 지역 내에서 통합사례회의나 공동사례관리를 경험해 온 결과라고 볼 수 있다. 또한 사례 유형 구분도 기관마다 약간의 차이를 보이는데 비교적 최근에 작성·공개하고 있는 기관의 사례관리 판정기준 예시를 보면 〈표 12-3〉과 같다.

표 12-3 사회복지관의 사례관리 유형 구분 예시

구분	내용
긴급	• 당사자, 가족 혹은 의뢰자의 판단으로 긴급개입이 요청된 경우 • 의식주 관련 긴급 상황이 발생했을 경우 • 폭력 사건(아동학대, 가정폭력, 성폭력, 자살 등)이 일어난 직후 또는 발생 위험성이 높다고 판단된 경우 • 질병의 급격한 재발과 건강의 악화로 치료가 필요한 경우 • 위의 상황으로 인해 법적·의료적·경제적 지원이 긴급히 요청되는 경우 • 클라이언트나 가족을 위한 긴급개입이 요청되나 가족 등 자연적 지지체계가 적절한 작동을 하지 못하는 경우 • 갑작스러운 사고(실직, 사고, 가족원의 사망 등)로 인해 경제적 및 사회적으로 위기상황에 직면한 경우
집중	• 부채 관련 문제가 가족의 생계비에 직접적인 영향을 끼치고 있으나 적절한 관리를 위한 전문적·법적 체계와 연결되어 있지 않은 경우 • 클라이언트 혹은 가족을 위해 긴급한 의료적 진단과 개입이 요구되나 현시점에서 자연적 자원 연결이 불가능한 경우 • 클라이언트 혹은 가족을 위해 정신의료적 사정과 개입이 요구되나 현시점에서 자연적 자원 연결이 불가능한 경우 • 클라이언트 혹은 가족이 심각한 의료적 문제, 중독 문제(알코올, 마약, 오락, 약물, 도박중독 등)가 있으나 치료를 위한 적절한 지원체계와 연결되어 있지 못한 경우 • 클라이언트 혹은 가족원이 가정폭력(성학대를 포함하여 방임과 학대) 사건에 연루되어 있거나 학대받을 가능성이 있으나 현 상황에서 가족원 안전계획 및 문제해결을 위해 관련 기관의 충분한 협력을 얻을 수 없는 경우 • 사정을 위해 3개 이상의 전문체계의 연계가 요청되나 현시점에서 주 사례관리 체계와 주 사례관리자에 대한 동의가 이루어지지 않은 경우 • 클라이언트나 가족원이 법적 체계와 직접 연결되어 있는 경우 • 복합적인 욕구사정으로 인해 초기 접수 후 한 달 이상 가정방문을 포함하여 주 1회 이상 대면상담이 이루어진 경우 • 긴급사례관리 대상자로서 긴급개입 이후 위기상황이 종료되었으나 집중개입이 요청되는 경우 • 기타 클라이언트, 가족 혹은 의뢰자에 의해 집중적 개입이 요청된 경우

구분	내용
일반	•클라이언트, 가족 혹은 의뢰자에 의해 단순서비스나 일반적인 개입이 요청되었으나 사정 혹은 개입이 필요한 경우 •클라이언트나 가족의 개인적 및 사회적 기능 강화를 위해 장기적인 목표를 설정하고 추구하는 것이 요구되는 경우 •개인의 욕구가 지역사회 수준의 개입과 관련되어 있는 경우 •긴급 및 집중사례관리 대상자로서 사례관리 수준이 일반 사례관리 수준으로 조정된 경우

출처: 김성천 외(2022a). 사례관리 전문가 심화과정교육(2판).

학습과제

1. 민간 사례관리의 추진 배경에 대해 정리하시오.
2. 종합사회복지관 사례관리 기능의 사업 내용을 정리하여 기술하시오.

Chapter 13

아동 사례관리

학습목표

1. 아동 사례관리의 이슈에 대해 알아본다.
2. 아동의 특성과 사례관리의 필요성에 대해 이해한다.
3. 아동 사례관리 실천의 내용에 대해 이해한다.
4. 아동 사례관리를 위한 법과 제도에 대해 이해한다.

1 아동 사례관리의 이슈

1) 양육환경에 대한 개입을 통해 전인적 발달도모

아동은 가족으로부터 가장 많이 영향을 받으며 아동의 발달에 바탕이 되는 양육환경은 아동의 성장에 직접적인 영향을 끼친다. 가족은 아동에게 일차적인 안전망의 기능을 수행하는 곳이며, 사회적 이익과 불이익이 전도되고 활성화되는 곳이다(Esping-Andersen et al., 2002). 아동을 대상으로 개입하고 지원하는 경우에 아동과 환경을 분리해서 접근하는 것은 의미가 없다. 아동과 가족이 속한 환경, 특히 양육환경은 아동의 신체, 정서, 심리, 인지 등 전인적인 발달에 직접적인 영향을 미치기 때문에 사례관리자는 아동의 양육환경이 최적화되도록 개입해야 한다. 아동을 위한 최우선의 양육환경은 가정이지만, 가정이 부재할 경우 가정을 대체한 양육환경이 가정의 기능을 충분히 대체할 수 있도록 개입해야 한다. 무엇보다도 아동은 안전한 양육환경에서 전인적으로 발달해야 하며 사례관리자는 아동에게 물질적인 자원의 연결뿐만 아니라 인지발달과 심리적 안정을 위한 다양한 서비스 연결을 통해서 아동의 건강한 발달을 도모해야 한다. 아동을 대상으로 실천하는 사례관리는 아동과 아동이 속한 양육환경을 초점 대상으로 접근해야 실효성을 거둘 수 있다(최소연, 2022).

2) 사회적 투자의 관점에서의 아동복지

사회적 투자의 관점에서 아동복지에 접근하는 것은 아동의 성장과 발달을 위한 기회를 보장하는 것과 같다고 볼 수 있다. 예를 들어, '성인을 교정시키는 정책들은 아동기에 개입하는 것보다 비용이 드는 정책'이기 때문에(Heckman & Lochner, 2000) 최대한 일찍 아동에게 개입하여 사회적 비용을 절감하고, 특히 취약한 아동에게 가능한 일찍 의료적·교육적 기회를 제공하여 건강하게 성장할 수 있도록 지원하고 학업을 효과적으로 성취하게 하여 이후 성인기에 안정적인 노동시장으로 진입할 수 있도록 하는 것을 의미한다.

아동에 대한 조기 개입을 하는 대표적 프로그램은 미국의 헤드스타트(Head Start)이다. 헤드스타트 사업은 저소득 가정의 취학 전 아동(3~5세)을 대상으로 교육, 영양, 건강 등의 사회서비스를 제공하여 아동이 초등학교에 입학하여 학업을 잘 성취할 수 있도록 지원하는 가족 중심의 접근을 수행한다. 우리나라의 '지역아동센터'와 '드림스타트' 사업도 아동에 대한 사회적 투자의 관점을 접목한 사업이라고 볼 수 있다. 이러한 맥락에서 아동을 대상으로 한 사례관리는 취약한 아동을 조기에 발굴하여 아동의 건강한 성장을 돕고 전인적 발달을 통해 사회인으로 성장할 수 있도록 투자의 관점에서 접근할 필요가 있다.

3) 아동의 권익 옹호

아동을 중심으로 진행되는 사례관리의 경우 보호자의 권한과 영향이 크다. 이는 사례관리 실천목표 우선순위에 보호자의 욕구와 의견이 영향을 주는 것을 의미한다. 사례관리자와 보호자의 견해가 같다면 문제가 없지만, 의견이 상충될 경우 혹은 보호자가 아동의 권익에 반하는 견해를 주장할 경우 사례관리자는 가장 취약한 클라이언트를 우선하는 윤리적인 원칙을 적용해야 한다. 즉, 아동의 권익을 최대한 옹호하고 보호자의 결정이 아동에게 위해가 되지 않도록, 더 나아가서는 보호자와 아동의 양육환경이 아동의 권익을 최대한 보장할 수 있도록 해야 한다.

4) 취약한 아동의 우선 보호

(1) 빈곤가정의 아동

아동기는 생애주기 가운데 신체적·인지적 발달이 가장 급격히 이루어지는 중요한 시기이기 때문에 아동이 안전한 양육환경에서 성장할 수 있도록 하며 출산부터 모든 과정에 주의 깊은 보살핌이 필요한 시기이다. 그러나 가족의 자원 결핍이나 기능상의 제약으로 인해 건강한 양육에 위협을 받게 되는데, 대표적인 예가 빈곤이라고 볼 수 있다. 부모의 보호와 양육환경에 의존할 수밖에 없는 아동은 빈곤의 가장 직접적인 영향을 받게 되는 취약한 위치에 있다. 더구나 부모세대의 빈곤 만성화는 자녀세대로 대물림되기 때문에 아동의 신체적·인지적 발달을 저해하고 행동장애와 반사회적 행동을 초래하게 된다(최소연, 2022). 또한 사례관리자가 빈곤가정의 아동에게 주목해야 하는 것은 빈곤은 생애주기 전반에 걸쳐 기회의 박탈로 연결되는 교육적·의료적·문화적 결핍을 야기하기 때문이다. 사례관리자는 빈곤으로 인해 기회가 박탈된 아동에게 다양한 교육적·의료적·문화적 기회를 제공하고, 아동의 전인적 발달을 위해 가능한 조기에 빈곤가정의 아동에게 개입하여 빈곤의 악순환을 예방하고 아동의 건강한 성장을 도모하는 것이 바람직하겠다.

(2) 아동학대

아동학대는 아동의 건강 또는 복지를 해치거나 정상적 발달을 저해할 수 있는 신체적·정신적·성적 폭력이나 가혹행위를 하는 것과 아동을 유기하거나 방임하는 것(「아동복지법」 제3조제7호)을 말한다. 아동학대는 신체적, 정서적, 사회적으로 장기간에 걸쳐 심각한 영향을 미치는 아동의 삶에 중대한 문제라고 볼 수 있다. 따라서 사례관리자는 아동학대의 의심 징후에 대한 민감성을 가져야 한다. 사례관리의 대상이 되는 아동은 장애를 가지고 있거나 가족의 구조적 결손이나 기능적 결손가족인 아동, 또는 복합적인 문제로 가출, 비행 등을 반복적으로 하는 아동 등이다. 예를 들어, 아동의 가출과 비행 문제는 단순 귀가 조치나 교화 프로그램만으로 문제해결이 어렵다. 이는 아동 문제의 이면에 있는 가족의 경제적·심리적·사회적 문제가 복합적으로 내재되어 있기 때문이다.

최근 아동학대 사례관리의 중요성이 강조되고 있다. 아동학대의 경우 사회복지뿐만 아니라 의료, 모자보건, 정신보건, 교육, 사법, 경찰 등 문제에 따른 다양한 영역과의 연계가 불가피할 뿐만 아니라 적절하지 못한 개입은 아동의 신체와 생명에 심각한 위험을 줄 수 있어 보다 정확하고 치밀한 위험사정(risk assessment)이 필요하기 때문이다. 또한 1989년 「유엔아동권리협약」 비준을 계기로 최근 아동복지서비스는 아동문제를 사전에 예방할 수 있도록 종합적인 원조 제공과 함께 아동과 가족의 역량강화(empowerment)를 지원하는 데 중점을 두고 있다.

2 아동의 특성과 사례관리의 필요성

1) 아동의 특성

아동은 출생에서부터 만 18세까지의 연령에 해당하며, 발달적 욕구와 성장을 특징으로 한다. 대부분의 아동 문제는 아동이 성장·발달하는 데 필요한 기본적 욕구와 사회적 욕구의 불충족에서 시작한다고 볼 수 있다. 인간은 생존을 위해 필요한 욕구를 충족하고자 자기 자신과 외부 환경을 다양하게 활용하는데, 아동은 스스로 욕구 충족을 하지 못하고 전적으로 부모나 외부 환경의 도움에 의지할 수밖에 없다는 특징이 있다. 아동기는 일생 중 가장 급격하게 발달하며 전 생애에 영향을 미치는 본질이 형성되는 시기라고 볼 수 있다. 또한 영아기, 유아기, 아동 전기, 아동 후기 등 각각의 시기별로 서로 다른 발달과업과 욕구를 가지며, 이러한 발달과업은 적절하게 충족되어야 하는 최적의 시기(critical period)가 있어

이 시기를 놓치면 일생 동안 장기적 결함이나 성격에 심각한 결과를 초래할 수 있으므로 아동의 결정적 시기에 발달적 욕구가 채워질 수 있도록 가정 내·외부의 지원체계가 구축되어야 한다(전혜성 외, 2022).

아동을 대상으로 사례관리를 할 경우 아동과의 의사소통을 위해 특별한 방법이 요구되는데, 아동은 성인에 비해 언어 표현이 미숙하고 비현실적인 사고를 하는 특성이 있다. 이에 아동과 상담할 경우 아동의 관점과 눈높이에 맞는 상황과 감정, 사건을 이해하는 것이 중요하며 비언어적 제스처와 신체 언어 등을 주의 깊게 보아야 한다.

아동은 오랜 기간 부모와 외부 환경의 영향을 받게 되는데, 아동에게 중요한 부모와 양육 환경은 아동의 신체·인지·정서 발달의 모든 영역에 영향을 미치며 대부분의 문제행동은 부모의 양육 태도와 관련이 있다. 또한 아동과 외부 환경과의 관계를 형성하고 조절하는 것까지도 아동은 부모의 역할에 의존할 수밖에 없다. 따라서 가장 가까이에서 아동에게 영향을 미치는 환경으로서 부모가 어떤 반응을 보이는가에 따라 아동의 자아가 형성되며 가족을 포함한 학교, 지역사회 등 다양한 외부 환경도 아동에게 직간접적인 영향을 미치게 된다. 이에 사례관리자는 아동과 함께 생활하는 부모와 외부 환경을 파악하고 적절한 개입의 지점을 찾는 것이 매우 중요하다.

2) 아동 사례관리의 필요성

아동을 둘러싼 환경은 2000년대 이후 급속한 변화를 보이고 있다. 우선 인구학적 측면에서 출산율이 지속적으로 감소하고 있고, 이혼율이 증가하여 모·부자 가정이 증가되고 있으며 1인 가구의 증가 및 미혼모에게 출생한 아동의 증가 등 가족 구조의 변화는 우리나라뿐만 아니라 전 세계적으로 나타나는 사회현상이다. 이러한 인구학적 변화는 여성의 노동시장 진출과 관련이 깊으며, 여성의 취업률이 증가하면서 그동안 여성이 맡고 있던 가정 내의 역할이 대체되지 못한 채 공백이 생기게 되어 돌봄서비스와 사회화를 요구하고 있다. 또한 가족 구성원의 역할 변화가 가족 구성원 간의 스트레스를 증가시켜 아동학대와 방임의 정서적 문제를 심화시키고 있다. 경제적 측면에서도 과거보다 소득은 높아졌으나 빈곤 아동은 지속적으로 증가하고 있는 상황이며 빈곤가정의 복지 사각지대 문제와 빈곤의 만성화 현상이 해결되지 못하고 있다. 이러한 아동의 빈곤율의 증가는 부모의 양육 태도, 또래집단과의 상호작용 등에 부정적인 영향을 미침으로써 아동의 건강한 발달과 성장을 저해시키고 있으며(정익중·오정수, 2017), 경제적, 정서적으로 위험에 처한 아동은 다양하고 복합적인 요인을 가지고 있어 이들이 직면한 욕구나 문제도 복합적이고 만성적이라 볼 수 있어 통합적 사례관리 실천이 요구된다.

아동은 적절한 시기에 양적·질적 지원이 이루어지지 않으면 장기적이고 복합적인 문제로 확대될 가능성이 크며 시기를 놓치면 개입의 효과도 비효율적이다. 따라서 아동발달과 관련된 문제와 그에 필요한 서비스는 기관 내부는 물론, 지역사회 자원을 활용하여 아동의 발달 욕구를 중심으로 광범위하고 포괄적으로 제공되어야 한다. 아동의 건강한 성장을 위해 사례관리자가 서비스 전달과정에 책임감을 가지고 아동의 문제해결을 위해 적합한 서비스가 적절한 시기에 제공될 수 있도록 개입해야 한다.

3 | 아동 사례관리 실천의 내용

우리나라 아동 사례관리는 2000년부터 본격적으로 시작되었으며 크게 공공 부문의 사례관리와 민간 부문의 사례관리로 구분된다. 공공 부문 사례관리는 2004년부터 시행된 위스타트 마을 만들기 사업으로부터 시작되어 보건복지부의 드림스타트 사업, 교육부의 교육복지투자우선지역사업 중 복지서비스의 한 범주로 구분되어 사례관리를 운영하고 있다. 민간 부문의 사례관리는 아동보호전문기관의 사례관리서비스와 가정위탁보호사업, 실종아동보호전문기관, 지역아동센터 등에서의 사례관리가 있다(김미숙 외, 2011; 전혜성 외, 2022). 현재는 아동권리보장원에서 아동학대예방사업, 가정위탁사업 등 아동복지와 관련된 사업의 효과적인 추진을 위하여 필요한 정책을 수립·지원하며 사업평가를 수행하고 있다. 또한 2006년 삼성과 사회복지공동모금회에서 0~6세 아동을 대상으로 시행하고 있는 우리아이 희망네트워크 사업은 아동의 건강과 교육, 복지 서비스를 통합적으로 제공하고 있는 대표적인 아동 사례관리사업이다.

1) 교육복지우선지원사업의 사례관리

교육복지우선지원사업의 사례관리는 2003년 빈곤아동에 대한 맞춤형 통합서비스를 제공하기 위해 교육복지투자우선지원사업에 도입되었으며, 2011년 교육복지우선지원사업으로 재활되어 실천되고 있다. 사업의 목표는 통합지원체계의 구축으로, 교육취약집단의 아동에게 교육적 성취를 제고하는 것이라고 볼 수 있다(김미숙 외, 2011). 여기서 사례관리서비스는 각 시·교육청 산하 학교에서 제공되며, 주요 서비스 내용으로는 학습능력 향상 지원, 문화체험활동 지원, 심리·정서 발달 지원 및 교사와 학부모 지원, 복지프로그램 활성화 등으로 학생의 교육적 취약성 개선이 주요 목표이다. 저소득층 학생을 우선적으로 선정하여 사례관리를 진행하며 빈곤과 가정해체 등 취약성을 가진 학생들이 집중사례관리의 대상이 된다.

2) 드림스타트 사례관리

드림스타트 사업은 취약한 지역에 거주하는 저소득층 임산부와 12세 이하 아동 가구를 대상으로 보건(건강)과 보육(인지), 복지(사회정서) 분야의 자원과 협력체계를 구축하여 아동과 가족의 욕구에 부합하는 맞춤형 통합사례관리서비스를 제공하는 것에 중점을 두고 있다. 이를 위해 시·군·구에 드림스타트팀을 구성·운영하고 있으며 지역사회의 자원 개발과 자원 간 연계·협력체계 구축을 위해 노력하고 있다(전혜성 외, 2022). 드림스타트 사례관리는 대상 아동에 대해 위기사례, 집중사례, 일반사례로 구분하고 아동발달의 핵심 3대 영역에 대한 서비스를 통합적으로 제공하여 아동과 가족에 포괄적으로 개입하는 것이 목표이다.

3) 우리아이 희망네트워크 사례관리

2006년부터 삼성과 사회복지공동모금회에서 시행하고 있는 우리아이 희망네트워크 사업은 강점관점에 기반하여 빈곤아동과 가족에게 통합적 사례관리서비스를 제공하고 있다(김상곤, 2010). 0~6세 아동뿐만 아니라 가족을 대상으로 아동 양육기능 강화와 지역사회 보호역량 강화를 사례관리의 지향점으로 하고 있다(김미숙 외, 2011; 우리아이 희망네트워크 지원 사업, 2008). 사례관리 수행에 있어 기관 자체의 사례발굴은 없으며, 자발적으로 방문하거나 친척, 지역사회 내 복지기관 소개 등 다양한 경로를 통해 추천을 받고 있다. 현재, 기관별·지역별 특성에 따라 아동뿐만 아니라 청소년까지 확대·운영하고 있으며, 가정방문을 권장하고 1년 이내 사례 종결을 원칙으로 운영하고 있다.

4) 지역아동센터의 사례관리

지역아동센터는 1980년대 자생적으로 발생한 공부방의 형태가 2004년 「아동복지법」 개정으로 「아동복지법」상의 아동복지시설의 형태로 정착하게 되었으며 지역사회 저소득층 아동의 방과 후 돌봄을 담당하는 기관이다. 지역아동센터는 지역사회의 다양한 자원을 체계적으로 연계·조직화하여 지역사회복지와 가족기능 강화라는 두 가지 과제를 동시에 수행할 수 있는 전문인력으로, 사회복지사를 두는 것을 특징으로 하고 있다. 지역아동센터 사회복지사는 지역사회로 찾아가 도움이 필요한 아동과 가족을 발굴하고 가정방문을 통해 사례관리 대상자로 관계를 맺고 지역아동센터에서의 서비스 지원을 통해 아동과 가족의 변화를 유도해 내는 역할을 수행한다. 2004년 전국 895개소에 불과하던 것이 2021년 4,406개소로 증가하였으며 이용 아동 수도 10만 명이 넘는다(아동권리보장원 홈페이지, 전혜성 외, 2022). 지역아동센터의 양적인 확대는 괄목할 만하고 사례관리도 도입되어 실행되었지만, 열악한 재원으로 인해 종사인력의 부족, 인력의 경험과 전문성 부족 등이 지속적인 문제가 되고 있다.

4 | 아동 사례관리를 위한 법과 제도

아동 사례관리를 위한 법과 제도는 아동의 안전과 보호 강화를 목적으로 한다. 아동학대를 예방하고 아동보호체계를 강화하기 위한 대책을 마련하기 위해 개정된 「아동복지법」(2024. 2. 9. 시행) 내용을 중심으로 살펴보면 다음과 같다.

1) 아동에 대한 지원 목적

아동이 건강하게 출생하여 행복하고 안전하게 자랄 수 있도록 아동의 복지를 보장하는 데 있다(제1조).

2) 아동에 대한 국가와 지방자치단체의 책무

국가와 지방자치단체는 아동의 안전·건강 및 복지 증진을 위하여 아동과 그 보호자 및 가정을 지원하기 위한 정책과 보호대상아동 및 지원대상아동의 권익을 증진하기 위한 정책을 수립·시행하여야 한다. 장애아동의 권익을 보호하기 위하여 필요한 시책을 강구해야 하며, 아동이 자신 또는 부모의 성별, 연령, 종교, 사회적 신분, 재산, 장애유무, 출생지역 또는 인종 등에 따른 어떠한 종류의 차별도 받지 아니하도록 필요한 시책을 강구하여야 한다. 또한 「아동의 권리에 관한 협약」에서 규정한 아동의 권리 및 복지 증진 등을 위하여 필요한 시책을 수립·시행하고, 이에 필요한 교육과 홍보를 하고, 아동의 보호자가 아동을 행복하고 안전하게 양육하기 위하여 필요한 교육을 지원하여야 한다(제4조).

3) 아동에 대한 보호서비스

(1) 보호조치

시·도지사 또는 시장·군수·구청장은 그 관할 구역에서 보호대상아동을 발견하거나 보호자의 의뢰를 받은 때에는 아동의 최상의 이익을 위하여 보호조치를 하여야 한다. ① 전담공무원, 민간전문인력 또는 아동위원에게 보호대상아동 또는 그 보호자에 대한 상담·지도를 수행하게 하는 것, ② 「민법」 제777조제1호 및 제2호에 따른 친족에 해당하는 사람의 가정에서 보호·양육할 수 있도록 조치하는 것, ③ 보호대상아동을 적합한 유형의 가정에 위탁하여 보호·양육할 수 있도록 조치하는 것, ④ 보호대상아동을 그 보호조치에 적합한 아동복지시설에 입소시키는 것, ⑤ 약물 및 알코올 중독, 정서·행동·발달 장애, 성폭력·아동학대 피해 등으로 특수한 치료나 요양 등의 보호를 필요로 하는 아동을 전문치료기관 또는 요양소에 입원 또는 입소시키는 것, ⑥ 「입양특례법」에 따른 입양과 관련하여 필요한 조치를 하는 등 보호조치를 해야 한다(제15조).

(2) 아동 관련 자료와 정보 효율적 통합관리

보호아동을 효과적으로 지원하기 위하여 「사회보장기본법」 제37조제2항에 따라 설치된 사회보장정보시스템 및 사회서비스정보시스템을 연계·활용하여 아동통합정보시스템을 구축·운영하도록 규정하여야 하며(제15조의2), 보호가 필요한 아동을 발견하고 양육환경을 개선할 수 있도록 지원하기 위하여 「사회보장기본법」 제37조에 따른 사회보장정보시스템을 통하여 아동보호 사각지대를 발굴하고 실태조사를 실시한다(제15조의4).

(3) 보호대상아동의 퇴소조치

보호대상아동의 연령이 18세에 달하였거나, 보호 목적이 달성되었다고 인정되면, 해당 시·도지사, 시장·군수·구청장은 대통령령으로 정하는 절차와 방법에 따라 그 보호 중인 아동의 보호조치를 종료하거나 해당 시설에서 퇴소시켜야 한다. 다만 보호대상아동이 복귀하는 가정에 거주하는 아동학대행위자가 대통령령으로 정하는 상담·교육·심리적 치료 등에 참여하지 아니한 경우에는 복귀시킬 수 없다.

(4) 보호대상아동의 사후관리

시·도지사 또는 시장·군수·구청장은 전담공무원 등 관계 공무원 및 민간전문인력으로 하여금 보호조치의 종료로 가정으로 복귀한 보호대상아동의 가정을 방문하여 해당 아동의 복지 증진을 위하여 필요한 지도·관리를 제공하게 하여야 한다(제16조의2).

4) 아동학대 예방 및 방지

(1) 아동학대의 예방과 방지 의무

국가와 지방자치단체는 아동학대의 예방과 방지를 위하여, ① 각종 정책의 수립 및 시행, ② 연구·교육·홍보 및 아동학대 실태조사, ③ 신고체제의 구축·운영, ④ 피해아동의 보호와 치료 및 피해아동의 가정에 대한 지원, ⑤ 그 밖에 대통령령으로 정하는 예방과 방지를 위한 사항으로 긴급전화 설치, 아동학대 신고접수, 현장조사 및 응급보호, 피해아동, 피해아동의 가족 및 아동학대행위자에 대한 상담·조사, 그리고 아동학대전담공무원을 두어 아동학대예방사업의 활성화를 위한 업무를 수행하도록 한다(제22조).

(2) 학대예방 및 지원

국가와 지방자치단체는 아동학대의 조기 발견 체계 및 아동보호전문기관 등 관련 기관과의 연계 체계를 구축하고, 학대피해 학생등이 유치원 또는 학교에 안정적으로 적응할 수 있도록 지원하여야 한다. 교육부장관 또는 교육감은 아동학대의 조기 발견과 신속한 보호조치를 위하여 장기결석 학생등의 정보 등을 보건복지부장관과 공유하여야 한다(제22조의2).

국가기관과 지방자치단체의 장은 아동학대의 예방과 방지를 위하여 필요한 교육을 연 1회 이상 실시하여야 한다(제26조의2). 시·도지사, 시장·군수, 보장원의 장 또는 아동보호전문기관의 장은 아동학대행위자에 대하여 상담·교육 및 심리적 치료 등 필요한 지원을 제공하여야 하며, 이 경우 아동학대행위자는 상담·교육 및 심리적 치료 등에 성실히 참여하여야 한다(제29조의2).

학습과제

1. 아동 사례관리 이슈 중 아동학대의 예방에 대한 의견을 기술하시오.
2. 공공 부문 사례관리와 민간 부문 사례관리에 대해 정리하시오.
3. 「아동복지법」의 내용 중 아동에 대한 지원 목적인 제1조의 내용에 대해 기술하시오.

Chapter 14

장애인 사례관리

학습목표

1. 장애인 사례관리의 이슈에 대해 알아본다.
2. 장애인의 특성과 사례관리의 필요성에 대해 이해한다.
3. 장애인 사례관리 실천의 내용에 대해 이해한다.
4. 장애인 사례관리를 위한 법과 제도에 대해 이해한다.

1 장애인 사례관리의 이슈

우리나라에서 가장 사례관리 실천방법이 필요하고 또한 적용 가능성이 높은 분야 중 하나가 장애인복지 분야라고 볼 수 있다. 장애인의 특성과 한국의 장애인복지기관의 실정을 고려할 때 장애인 사례관리는 서비스의 지속성과 효과성을 높이는 데 유용하게 활용될 수 있다(강흥구, 2023). 사례관리자는 지역사회에 거주하는 장애인의 사회통합을 위해 장애인의 현존 능력을 높일 수 있도록 해야 하며, 회복과 자립생활을 지원하여 사회적 역할의 가치화를 위해 노력해야 한다(최소연, 2022).

1) 장애 유형에 따른 사례관리 실천

장애인 사례관리(case management for people with disabilities)는 클라이언트의 장애 유형

별 특성을 고려하여 사례관리 실천과정에서 강조점이 달라져야 한다. 장애 유형,[5] 장애인의 발달주기와 연령, 장애로 인해 야기되는 제약 등에 따라서 장애인과 가족의 욕구는 각각 다르기 때문에 사례관리의 사정, 계획, 실행은 개별화하고 맞춤형으로 진행해야 한다. 장애인 사례관리의 경우 클라이언트에 대한 보호를 대부분 가족이 담당하고 있기 때문에 부양부담에서 오는 스트레스를 예방하고 완충하기 위한 서비스가 요구된다. 장애 유형별 특성을 고려하여 지속적인 치료가 필요한 경우나 사회생활이나 직업적 활동 유지가 어려운 경우, 경제적 지원, 이동 등 장애인을 위한 활동 지원과 자원봉사자의 연결, 가족의 부양부담 완화를 위한 서비스의 연결과 같이 장애 유형별 특성에 따른 서비스 지원과 부양가족에 대한 부담을 완화할 수 있는 접근을 고려해야 한다.

2) 자기결정권의 보장 및 클라이언트의 능력 개발

장애인 사례관리 실천에 있어 클라이언트의 일상생활 수행의 제약으로 장애인의 발달 가능성을 제한해서는 안 된다. 사례관리자는 클라이언트가 장애가 있음으로 변화와 발달을 위한 시간이 더 필요할 수 있음을 인식해야 한다. 사례관리자는 클라이언트의 변화가 더디거나 변화를 보이지 않는 것에 먼저 낙담해서는 안 되며 변화의 가능성을 신뢰하고 단계적 지원을 통해 클라이언트의 발달을 지원해야 한다. 장애인 사례관리자는 클라이언트가 다른 대상과 변화의 속도가 다르다는 것을 인정해야 하며, 자기결정권을 행사하는 데 있어 제약이 있더라도 사례관리 과정에서 최대한 클라이언트의 참여를 촉진해야 한다.

5 「장애인복지법」상 장애인 분류: 신체적 장애(외부 신체 기능의 장애, 내부기관의 장애)와 정신적 장애로 크게 구분됨
① 신체적 장애
- 외부 신체적 장애: 지체장애, 뇌병변장애, 시각장애, 청각장애, 언어장애, 안면장애
- 내부기관 장애: 신장장애, 심장장애, 간장애, 호흡기장애, 장루·요루장애, 간질장애
② 정신적 장애: 정신지체, 정신장애, 발달장애(자폐증)

3) 사회적 역할을 통한 사회통합

정상화(normalization)는 개인의 성장과 발달에서 정상적인 발달 경험, 인생 주기에서의 선택의 자유, 정상적인 이웃과 같이하는 삶, 가정과 지역사회에 통합되어 있는 삶을 강조하는 사회통합을 지향하는 개념이다. 정상화는 장애인이 주거, 교육, 일 등을 포함하여 생활 환경과 생활 패턴에 있어 일반 시민과 동일한 인간의 기본권을 갖도록 한다. 정상화에서 발전시킨 개념인 '사회적 역할의 가치화(social role valorization)'가 있는데, 이는 장애인이나 노인과 같이 사회적으로 가치폄하(devaluate) 될 수 있는 사람들에게 사회적 역할의 기회를 제공하여 사회에 통합될 수 있도록 한다(Wolfensberger, 1983). 또한 삶의 다양한 영역에서 자립할 수 있도록 클라이언트의 의존을 줄이고 독립적으로 생활할 수 있도록 클라이언트의 기능을 향상시킨다. 사회적 역할의 가치화는 경제적인 활동만을 의미하는 것은 아니며 지역사회에서 클라이언트가 할 수 있는 작은 역할에도 의미를 부여하고 가치를 인정하는 환경을 조성하는 것으로, 사례관리자는 클라이언트를 보호의 대상으로만 여기지 않고 자신의 삶의 주체로 존중하고 지역사회의 다양한 영역에서 의미 있는 역할을 수행할 수 있도록 지원한다.

4) 다양한 전문가 및 지역사회기관과의 협력

장애인 사례관리 대상자는 다른 클라이언트보다 다양하고 복합적인 욕구에 직면하고 있으며 여러 분야의 전문가 및 지역사회기관들과의 협력이 요구된다. 사례관리자는 대상자의 의료, 교육, 사회, 심리, 직업적인 욕구를 지원하기 위해서 의사, 물리치료사, 심리치료사, 특수교사, 직업재활사, 기업관계자 등의 지역사회의 다양한 인력과 연계해야 한다. 또한 효과적인 장애인 사례관리를 위해 장애인을 위한 여러 정책적·제도적 자원의 연결을 비롯하여 지역사회의 다양한 공식적·비공식적 자원과의 연계·협력을 통하여 통합적인 사례관리서비스가 제공되어야 한다.

5) 클라이언트의 권익 보호

장애인 사례관리 대상자는 학대 혹은 방임의 위험에 노출될 가능성이 크기 때문에 사례관리자는 학대의 징후를 잘 살펴보아야 한다. 장애인 학대는 장애인에 대하여 신체적·정신적·정서적·언어적·성적 폭력이나 가혹행위, 경제적 착취, 유기 또는 방임을 하는 것을 말한다(「장애인복지법」 제2조제3항).

장애인 학대의 의심징후는 다음과 같다(보건복지부, 2017).

- 신체에 상처, 멍, 묶인 자국, 흉터가 있으나 보호자가 제대로 설명하지 못하는 경우
- 장애인의 신체에 손상이 발생한 신체학대
- 나이에 맞지 않는 성적 행동을 하거나 성적인 묘사를 하는 말이나 행동을 하는 경우
- 지나치게 위축되어 있거나 타인을 회피하는 경우
- 의복이 흙이나 기름때로 오염되어 있거나 지나치게 피로해 하거나 살이 빠져 말라 있을 경우
- 매월 지원되는 금액이 있는데도 형편없는 돌봄이 제공되는 경우
- 본인이 임금을 얼마나 받는지 모르거나 타인이 관리해 준다고 대답하는 경우
- 장애인의 건강이나 주거환경이 불량하고, 가정이 어려운 상황임에도 사회서비스 연계를 거절하는 경우

2 | 장애인의 특성과 사례관리의 필요성

장애인 사례관리는 장애인의 다양하고 복합적인 욕구를 효과적으로 충족시켜 줄 수 있도록 여러 서비스를 적절히 조정·운영하는 기능을 포함하는 일련의 과정이다. 또한 장애인에 대한 재활계획의 수립과 이해, 각종 서비스의 효과적 제공을 위한 적절한 조율과 모니터링, 지역자원을 활용한 서비스 제공 및 재활 결과에 대한 평가를 포함한 과정이라고 볼 수

있다. 따라서 장애인 재활서비스 제공에 있어 사례관리자는 장애인들에게 개별화되고 통합된 서비스가 제공될 수 있도록 다양한 재활서비스와 서비스 제공 주체들을 조율·관리하는 역할을 한다.

1) 장애 영역별 특성

장애 유형은 「장애인복지법」에 의하면 총 15개 영역으로 구분되고, 「장애인 등에 대한 특수교육법」에 따르면 11개 영역으로 구분된다. 장애 유형에 따라 당면 문제와 욕구가 다르다. 따라서 사례관리자는 장애 유형에 따른 특성을 충분히 파악하고 있어야 하며, 이를 사례관리에 적용할 수 있어야 한다(변경희 외, 2008).

(1) 발달장애(지적장애와 자폐성장애)

지적장애(intellectual disabilities)는 얼마 전까지 정신지체(mental retardation)라는 용어로 불렸으나 현재는 '지적인 부분에 제한이 있는'의 의미를 가진 지적장애를 공식적인 용어로 사용한다. 지적장애의 정의를 살펴보면, '지적장애란 일반적으로 지적 기능이 평균 이하(IQ 70 이하)이고, 적응행동에 어려움이 있으며 이러한 것이 발달기(18세 이전)에 나타나는 것'을 의미한다. 장애는 일반적으로 1~6급까지로 구분하는데, 6급은 경도, 1급은 중도 또는 최중도에 해당한다. 지적장애의 경우 이전에는 경도부터 최중도까지 나누어 지능 및 적응행동의 심각한 정도를 구분하였지만 1992년 미국정신지체협회의 9차 정의 이후 지적장애인의 지역사회 통합을 위해 필요로 하는 지원이 어느 정도인지에 따라 장애의 등급을 고려해야 한다는 입장이 주를 이루었다(전혜성 외, 2022). 최근에는 지적장애인의 지역사회 통합을 위한 생활기능 향상을 주요 목표로 하고 있으며 이를 위한 지원이 이루어지고 있다.

자폐성장애란 「장애인 등에 대한 특수교육법」에서 '사회적 상호작용과 의사소통에 결함이 있고 제한적이고 반복적인 관심과 활동을 보임으로써 교육적 성취 및 일상생활 적응에 도움을 필요로 하는 사람'이라고 정의하고 있다. 미국정신의학회의 「정신질환의 진단 및 통계 편람」의 다섯 번째 개정판(DSM-5)에서는 자폐성장애(Autism Spectrum Disorder: ASD)의

진단준거에 의해 다음과 같이 규정하고 있으며, 이는 준전문가가 사례관리를 위해 자폐성 장애인을 처음 대면했을 때 이들이 자폐성장애인인지를 선별할 수 있는 준거가 된다(박원희 외, 2009).

① 다양한 맥락에서 사회적 의사소통과 사회적 상호작용의 지속적인 결함을 보이며, 이는 다음의 세 가지 모두가 현재 또는 이전부터 지속적으로 나타난다.

- 사회 및 정서적 호혜성에서의 결함

예 비정상적인 사회적 접근과 주고받는 일반적인 대화의 실패, 관심·정서·애정 등을 다른 사람과 공유하는 데 제한, 사회적 상호작용을 시작 및 반응하는 데 어려움 등

- 사회적 상호작용을 위해 사용하는 비언어적 의사소통 행동에서의 결함

예 언어 및 비언어적 의사소통을 통합적으로 사용하는 데 어려움, 눈 맞춤과 몸짓과 같은 비언어적 행동에서의 비정상성, 몸짓의 이해 및 사용의 결함, 안면 표정과 비언어적 의사소통에서의 전반적 결함 등

- 사회적 관계를 만들고 유지하고 이해하는 데 결함

예 다양한 사회적 맥락에 맞게 행동하는 데 어려움, 상상놀이를 공유하거나 친구를 만드는 데 어려움, 또래에 대한 관심이 없음 등

② 제한적이고 반복적인 행동, 관심, 활동을 보이며, 이는 다음 중 적어도 두 가지가 현재 또는 이전부터 지속적으로 나타난다.

- 상동적이거나 반복적인 동작, 사물 또는 말의 사용

예 단순한 상동적인 동작, 장난감을 길게 줄 세우기, 사물 흔들기, 특이한 어구의 사용 등

- 동일성에 대한 고집, 판에 박힌 일과의 집착, 언어 또는 비언어적 행동의 의례적(예배 의식과 같은) 패턴

예 작은 변화에도 과도하게 불안해함, 전이의 어려움, 경직된 사고 패턴, 판에 박힌 인사하기 일과, 매일 동일한 일과 또는 동일한 음식 섭취에 대한 요구 등

- 초점이 비정상적인, 매우 제한적이고 고정된 관심

예 특이한 사물에 대한 강한 집착이나 몰두, 과도하게 한정된 관심에의 몰두 등

- 감각 자극에 대한 둔감 혹은 민감 반응 또는 환경의 감각 양상에 대한 특이한 감각적 관심

  예 고통 또는 온도에 대한 분명한 무감각, 특정 소리나 감각에 대한 혐오적 반응, 과도하게 냄새를 맡거나 과도하게 사물을 만짐, 빛이나 움직임에 대한 시각적 강한 관심 등

③ 증후가 초기 발달시기에 나타나야만 한다(그러나 발달시기별 사회적 요구가 제한된 능력을 초과할 때까지는 증후가 충분히 나타나지 않을 수도 있다. 또한 이후의 발달 시에 학습된 전략으로 인해 증후가 가려져서 나타나지 않을 수도 있다).

④ 증후가 사회적, 직업적 또는 현재 기능 수행의 다른 중요한 영역에서 임상적으로 유의미한 결함을 유발한다.

⑤ 이러한 어려움이 지적장애와 혼돈되어서는 안 된다. 하지만 지적장애와 자폐성장애는 자주 공존한다. 자폐성장애와 지적장애로 동시에 진단이 되려면 사회적 의사소통이 일반적인 발달에서 기대되는 수준보다 낮아야 한다.

위의 내용에서 제시된 지적장애 및 자폐성장애에 대한 정의는 장애인 사례관리를 수행할 때 사례관리 이전에 이해해 두어야 하는 기본 사항이라고 볼 수 있다. 지적장애와 자폐성장애를 합쳐서 발달장애라고 하며, 최근 장애인 분야에서 이슈가 되고 있는 발달장애인의 성인기 삶의 진입을 위한 방안과 발달장애인의 저항적인 행동에 사례관리자가 어떻게 대처하고 지원할 것인지 등 장애인에 대한 선별기준과 행동 특성에 대해 사전 이해가 반드시 필요하다. 발달장애의 경우에는 구체적이고 체계적인 사정과 개별적인 접근이 매우 중요하며, 사정 단계에서 사회, 심리, 교육, 언어, 의료 영역의 종합적인 진단이 필요하고, 아동의 경우에는 언어, 놀이, 음악치료 등 필요에 따라 지역사회 내 치료센터와의 연계를 통하여 치료를 지원하는 경우가 많다. 성인의 경우에는 심리 및 직업평가를 통하여 자립생활과 직업생활이 가능한지 충분히 검토하는 것이 필수적이며 그룹홈 등 주거생활에 대한 욕구도 높아지고 있다. 성인 발달장애인은 대부분 지속적인 서비스가 필요하기 때문에 사례관리 종결 및 사후관리를 수행하기 어렵다고 볼 수 있다.

(2) 시각 및 청각장애

시각장애는 시력장애 또는 시야결손장애로 물체를 식별하는 눈의 기능 결함과 다른 신체적 결함으로 인해 시력의 제한을 받는 사람이다. 일반적으로 시각장애는 실명의 상태인 맹과 약시로 구분한다. 보통 장애의 원인이 발생한 후나 수술 후 6개월 이상 지속적으로 치료를 진행한 후 판정한다(윤선오 외, 2023). 현행 「장애인 등에 대한 특수교육법」에서는 시각장애인을 '시각계의 손상이 심하여 시각기능을 전혀 이용하지 못하거나 보조공학기기의 지원을 받아야 시각적 과제를 수행할 수 있는 사람으로서, 특정의 광학기구, 학습매체 등을 통하여 학습하거나 촉각 또는 청각을 학습의 주요 수단으로 사용하는 사람'이라고 정의하고 있다(박원희 외, 2009).

청각장애는 농과 난청으로 구분하는데, 청력장애, 평형기능장애로 귀부터 뇌에 이르기까지 청각 전달에 관여하는 기관 중 어느 부분에서 가벼운 것에서부터 심한 정도에 이르기까지 이상이 생겨 소리를 듣지 못하거나 소리의 뜻을 정확하게 이해하지 못하는 사람을 말한다. 청각장애인의 경우 구화, 수화, 필담, 손짓이나 몸짓으로 의사소통을 한다.

시각장애, 청각장애를 가진 아동·청소년은 특수학교에서 교육적·치료적 접근이 이루어지는 것이 일반적이며 성인 중도장애인의 경우 일반적으로 정보 습득을 위해 클라이언트와 관련된 기관들과의 연계가 필수적이며 종합적인 서비스를 제공하기 위해 사회적응훈련 및 취업과 관련된 정보 및 자원 등을 연결한다.

(3) 지체장애 및 뇌병변장애

지체장애는 「장애인 등에 대한 특수교육법 시행령」에서 '지체의 기능·형태상 장애를 가지고 있거나 몸통의 지지 또는 팔다리의 움직임 등에 어려움을 겪는 신체적 조건이나 상태로 인해 교육적 성취에 어려움이 있는 사람'으로 규정하고 있다(교육인적자원부, 2007). 지체장애는 지체부자유의 상태로 신체의 기형이나 절단, 골절, 화상 등과 같이 두개골, 관절, 근육 등의 문제로 인해 생기는 정형외과적 손상과 뇌성마비(cerebral palsy), 경련장애(seizure disorder), 이분척추(spina bilfida), 척추손상(spinal cord injury) 등과 신경학적 손상을 입은 사람을 말한다(이소현·박은혜, 2006). 지체장애의 경우 사고나 질병에 의한 후천적 발생비율이 90%를 넘기 때문에 중도장애의 특성에 맞는 접근이 이루어져야 한다. 사례관리 대상자의 재활 의지를 확인하고 동기부여를 하기 위해 접수 단계의 초기 면접과 상담이 매우 중요하다고 볼 수 있다. 재활 계획은 아동의 경우 교육과 치료, 성인은 의료적 치료를 비롯하여 자립생활과 취업에 초점을 두고 접근하며, 대부분의 서비스들은 지역사회의 훈련기관 및 직업재활 관련 기관, 자원봉사자, 장애인 활동보조인 등을 통해 이루어진다(전혜성 외, 2022).

뇌병변장애는 외부 신체기능 장애의 일종이다. 중추신경계의 손상으로 인한 복합적인 장애로, 뇌성마비, 외상성 뇌손상, 뇌졸중(중풍) 등 뇌의 기질적 병변으로 인해 보행 또는 일상생활 활동에 신체적·정신적 제한을 받는 사람이다. 뇌병변장애의 특성은 주로 중복장애이며 뇌성마비와 뇌졸중, 외상성 뇌손상 등을 포함한다. 이 장애 영역은 같은 장애 유형으로 분류하나 각각의 장애의 발생 원인에 따라 다른 접근이 이루어져야 한다. 뇌성마비의 경우는 출산 전후, 영유아기에 발생하므로 조기 발견과 치료 및 교육 서비스를 중심으로 하며, 뇌졸중은 장년기·노년기에 나타나기 때문에 재활치료와 여가 문화생활, 신체보호에 대한 서비스를 중심으로 수행된다. 외상성 뇌손상의 경우에 장애 정도에 따라 중증인 경우에는 지속적인 치료와 간병이 필요한 경우가 많고 경증인 경우에도 기억상실 및 언어를 비롯한 신체기능에도 어려움이 남는 경우가 많아 일반적인 사례관리와 다르게 접근하여야 한다.

(4) 장애인 가족과 지원

가족구성원 중 장애를 갖게 되는 경우 장애 당사자뿐만 아니라 가족 전체에 광범위하게 영향을 미친다. 따라서 장애인에 대한 지원은 장애인 본인과 가족 모두에게 중요하다. 장애인 가족에 대한 사례관리는 클라이언트의 교육이나 치료를 보다 원활하게 하기 위한 목적이기도 하고 장애인 가족을 위한 지원을 목적으로 이루어지기도 한다.

일반적으로 장애인 가족 부모들은 양육 스트레스가 매우 심각한 경우가 많다. 장애아동의 어머니는 비장애아동의 어머니보다 어머니의 역할에서 오는 스트레스로부터 유발된 좌

절감, 긴장감, 피곤함, 불행감 등 부정적인 감정을 더 많이 느끼게 된다. 또한 장애아동의 가족은 비장애아동의 가족에 비해 경제적, 교육적 혹은 일상생활 등 다양한 측면에서 더 많은 지원을 요구받고 있다. 이처럼 장애인 가족의 부모나 형제자매들에게는 클라이언트를 양육하고 생활하면서 겪는 어려움에 대한 지원을 포함하여 가족 간의 관계 형성과 정서적 지지 등 복합적인 지원이 이루어져야 한다(김승돈 외, 2000).

2) 장애인 사례관리의 필요성

장애인 사례관리는 단순히 장애를 가진 대상자만을 위한 것이 아니라 우리 모두, 사회 전체를 위해 반드시 필요한 실천이다. 누구나 장애인이 될 수 있다고 보는 장애의 사회성이라는 현대 사회의 특성을 감안하고, 장애인의 부양을 위한 가족의 부담을 경감시키고 사례관리 실천을 통한 장애인의 경제활동을 보장할 수 있도록 지원하는 것이 필요하다(윤선오 외, 2023).

장애인의 경우 복합적인 욕구를 갖고 있을 뿐만 아니라 이러한 욕구는 장애와 함께 장기간 지속될 수 있다. 또한 장애인의 경우 본인뿐만 아니라 그 가족들에 대한 지지 및 서비스의 제공도 수반되어야 하기 때문에 이를 위해서는 의료 분야, 즉 건강증진, 예방 및 치료에 관계되는 서비스와 함께 재가복지, 교육, 직업, 생활환경, 여가 등 광범위한 분야를 포함하는 조직화되고 종합적인 재활서비스가 제공되어야 한다. 장애인이 가지는 욕구의 다양성은 장애인복지 실천에서 사례관리를 필요로 하는 하나의 중요한 특성이 되며 장애인은 사회복지에서 다루는 많은 대상자 집단 중에 대표적인 사례관리 대상이 된다(전혜성 외, 2022).

3 장애인 사례관리 실천의 내용

1) 장애인 사례관리 실천관점

장애인 사례관리 실천 내용은 기관마다 다르게 분류하여 적용하고 있다. 여기에서는 사회적 모델, 강점 중심의 접근, 장애인 참여와 권리에 기반을 둔 서비스, 임파워먼트 관점, 네트워크 중심으로 살펴보고자 한다.

(1) 사회적 모델

사회적 모델은 장애를 가진 개인 문제에서 기인한 것이 아니라 많은 부분이 사회적 환경에 의해 발생하는 것으로 보고 장애의 극복을 위해 사회가 적극적으로 지원해야 한다고 본다. 장애의 문제를 개인의 문제로 보게 되면 장애란 개인적 비극 또는 조상의 업보에 의한 것으로 개인이 떠안고 가거나 가족이 책임져야 하는 문제로 보게 되는데, 사회적 모델에서는 많은 부분이 사회적 환경에 의해 발생한다고 보고 있다.

사회적 모델은 장애 문제를 관리하기 위해서 사회적 개입이 필요한데, 장애가 있는 개인이 사회생활의 모든 영역에 참여하기 위해 필요한 환경을 개선해야 하고 이에 따른 사회 책임이 있다고 보는 관점이다. 사회적 모델에서는 장애가 손상(impairment)에서 비롯된 것은 인정하나 개인과 사회의 맥락 속에서 장애를 정의 내릴 것을 강조한다. 따라서 장애로 인한 차별(discrimination)을 경험하지 않고 손상으로 인해 심각하고 장기적인 영향을 받지 않도록 해야 한다고 강조한다.

(2) 강점 중심의 접근

장애인은 독특한 존재로서 그들의 다양성을 존중하며 그들의 단점보다는 강점에 초점을 두고 가능한 모든 자원을 활용하여 이용자의 역량을 실현해 나가도록 돕는 것을 강조한다. 따라서 사례관리자는 이해와 공감의 자세를 가지고 장애인과 그 가족과의 협력적 관계를 수립하고 장애인의 변화 가능성에 대한 존중을 바탕으로 이들의 역량을 강화시키고 이들이 보유하고 있는 다양한 자원을 발견하여 활용하도록 해야 한다.

(3) 장애인 참여와 권리에 기반을 둔 서비스

최근 장애인 복지 영역에서 장애인 당사자 중심과 자기결정은 장애인복지실천 영역에서 중요한 가치로 부각되어 장애인 당사자가 선택하고 결정하는 것이 강조된다. 이는 욕구사정이나 서비스 실시계획, 서비스 평가에 대한 대상자의 동의, 선택, 참가를 촉진함과 동시에 의사결정 능력에 상당한 제약이 있는 발달장애인의 경우 자기결정권의 대리, 옹호를 제공하는 등 대상자 권리의 강화가 요구된다.

(4) 임파워먼트 관점

장애인으로 하여금 자신의 삶에 대한 결정과 행동에 힘(power)을 가질 수 있도록 돕고, 능력을 발휘하지 못하게 하는 개인적·사회적 장애물을 제거하여 자신의 기능과 능력을 기를 수 있도록 권한을 찾아가게 하는 활동을 말한다.

(5) 네트워크 중심

사례관리는 부족한 자원을 다른 기관과의 협력을 통해 극복하려는 노력으로, 누락된 이용자를 발굴하고 서비스의 단절을 극복한다. 또한 서비스와 프로그램의 중복 조정 등을 통해 효율성을 증대시키고 부족한 자원을 동원하는 것을 실천 원칙으로 한다. 이는 장애인에게 포괄적이며 지속적인 서비스를 제공함으로써 서비스의 효과성을 제고하고 사례관리 실천의 효율성을 강화할 수 있기 때문이다(성프란체스코장애인복지관, 2016: 전혜성 외, 2022 재인용).

2) 장애인 사례관리 실천 원칙

사례관리는 다양한 지원 욕구를 가진 장애인 입장에서 그들의 욕구에 맞는 서비스를 조정 및 제공하는 것을 말한다. 따라서 효율적인 사례관리를 위해서는 장애를 가진 대상자에게 필요한 서비스를 연결·조정해 주고 이들로 하여금 잠재력을 최대한 발휘할 수 있도록 하는 효과적인 사례관리 접근이 필수적이다. 사례관리서비스를 제공함에 있어서 필요한 실천 원칙들을 살펴보면 다음과 같다.

첫째, 사례관리자는 수요자 수준에서 활동한다. 즉, 수요자 요구에 대응하기 위해 그들과 함께 활동하는 것을 의미한다. 사례관리자는 장애인의 입장에서 그들에게 어떠한 서비스 또는 지원이 가장 적절할 것인지에 대해 사정하고 그러한 사정에 입각한 서비스 계획을 세워야 하는데, 그 과정에서의 초점은 항상 장애인에게 맞추어야 한다는 것이다.

둘째, 사례관리자는 책임성의 근거지로서의 역할을 담당한다. 사례관리자는 서비스 전달에 있어야 책임성을 가져야 한다는 것이다. 책임성은 사례관리자가 수요자가 겪고 있는 문제나 욕구를 명백히 하는 데 책임을 질 수 있도록 대상자에 대한 충분한 지식과 정보를 가지며 이러한 욕구와 문제들에 대응할 수 있는 계획과 서비스 지원을 보장하는 것을 의미한다.

셋째, 사례관리자는 서비스 전달의 통합을 달성하기 위해 노력한다. 통합은 수요자에 대한 서비스와 지지가 상호 보완적인 방법에서 제공되도록 하고 궁극적으로 대상자의 자율성, 기능화, 자기지향성을 확장하고 발전시키도록 기여하는 것을 의미한다. 따라서 통합의 성취는 조직화되고 서비스와 지지가 상호 중복적이 되지 않도록 이행되는 것을 말한다.

요약하면, 장애인에 대한 사례관리 제공서비스는 장애인의 욕구에 부응하기 위해 서비스를 고안할 때 공적인 대인서비스가 그들 자신의 보호능력을 감소시키지 않도록 보장해야 하고, 아울러 수요자 요구에 효과적으로 대응할 수 있는 사회적 망의 역할을 수행해야 한다(Moxley, 1989: 신현석, 2004 재인용).

3) 효과적인 장애인 중심 사례관리 방안

효과적인 장애인 중심의 사례관리를 위해서는 클라이언트의 복합적 욕구 충족을 위한 지역사회 인프라 영역, 사례관리 교육 영역, 제도적인 영역, 기타 장애인지원시설 영역 등과 같은 다양한 영역의 서비스가 제공되어야 한다. 효과적인 장애인 사례관리를 위한 방안을 살펴보면 다음과 같다.

첫째, 지역사회의 장애인 복지서비스 인프라가 구축되어야 한다. 지역사회의 각종 장애인 복지서비스는 장애인들의 사회적인 기능을 향상시키는 데 있어서 결정적인 역할을 수행하는 핵심적인 요소이다. 그러나 우리나라의 경우 장애인 및 그 가족들의 변화된 복지 욕구에도 불구하고 이를 적절히 충족시킬 수 있는 지역사회의 서비스 프로그램이 양적, 질적으로 부족한 실정이다(안한수, 2002). 이러한 상황에서 장애인 수준에서의 수요자 중심 서비스를 효과적으로 제공하기 어려울 뿐만 아니라 장애인들의 다양하고 복합적인 욕구를 충족시키기 위한 포괄적인 서비스를 제공하는 데 한계가 있을 수밖에 없다.

둘째, 장애인 사례관리에 대한 전문적인 교육이 이루어져야 한다. 사례관리자는 사례관리 과정에서 전문적인 역할을 수행하게 되는데, 즉 대상자를 확인하고 계약하여 그들의 욕구를 사정하고 적절한 서비스와 자원을 발견하며, 대상자와 자원을 연결하여 서비스를 전달한다. 또한 지원된 서비스에 대한 효과성과 효율성을 평가하고 서비스의 전달과 접근이 용이하도록 대상자를 상담하고 옹호하는 역할을 수행한다.

셋째, 사례관리에 대한 제도적인 규정이 이루어져야 한다. 미국의 경우 1975년 제정된 「장애아동교육법」은 최초로 국립학교에서 사례관리 접근방법의 형태를 공식화하였고, 1970년대 후반부터 1980년대 초반까지 많은 주에서 사례관리에 관한 법률을 제정하기에 이르렀다. 그 이후 사례관리는 장기보호를 요하거나 복합적인 욕구를 가진 대상자들에게 서비스를 전달하는 효과적이고 적절한 대인서비스 전달방식으로 자리 잡게 되었으며, 최근 장애인복지 영역에서도 가장 널리 보급되는 서비스 전달방식이라고 볼 수 있다.

넷째, 장애인 자립생활센터의 공식적인 설치와 지원이 필요하다. 장애인 자립생활센터는 장애인 스스로 자신들의 생활을 관리할 수 있도록 지원을 제공하는 것을 목적으로 설립된 기관으로서, 현재 미국 전역에는 약 300개소, 일본에서는 약 90개소가 운영되고 있다. 장애인 자립생활센터에서 제공되는 주요 서비스는, ① 권리옹호서비스, ② 자립생활 기술훈련(신변처리, 보장구의 사용, 요리, 세탁, 청소, 물건 사기, 소비생활에 필요한 지식, 법률), ③ 동료 간 상담, ④

개호서비스, ⑤ 이동서비스, ⑥ 주택 관련 서비스 등이다. 여기에서 중요한 사실은 이러한 서비스들이 장애인들의 한계점 및 문제보다는 그들이 지니고 있는 잠재력과 강점(strength)에 초점을 두는 사례관리 접근방법을 취하고 있다는 것이며, 이러한 지원을 통하여 장애인들이 스스로 자신의 삶을 선택하고 관리할 수 있는 능력을 갖게 되는 것을 지향한다(이근홍, 2001: 신현석, 2004 재인용).

4 장애인 사례관리를 위한 법과 제도

1) 장애인복지법에 명시한 장애인 지원제도

「장애인복지법」은 인간다운 삶과 권리보장을 위한 국가와 지방자치단체 등의 책임을 명백히 하고, 장애발생 예방과 장애인의 의료, 교육, 직업재활, 생활환경개선, 자립생활, 보호 및 수당지급 등에 관하여 필요한 사항을 정하여 장애인의 생활안정에 기여하는 등 장애인의 복지와 사회활동 참여증진을 통하여 사회통합에 이바지함을 목적으로 한다(제1조).

(1) 장애인 지원에 대한 기본 정책

국가와 지방자치단체는 장애발생 예방(「장애인복지법」 제17조), 장애인이 생활기능을 익히거나 되찾을 수 있도록 필요한 기능치료와 심리치료 등 재활의료를 제공하고 장애인의 장애를 보완할 수 있는 장애인보조기구 제공(제18조), 장애인이 재활치료를 마치고 일상생활이나 사회생활을 원활히 할 수 있도록 사회적응 훈련 실시(제19조), 장애인이 연령·능력·장애의 종류 및 정도에 따라 충분히 교육받을 수 있도록 교육 내용과 방법 개선, 전문 진로교육을 실시하고, 모든 교육기관은 교육 대상인 장애인의 입학과 수학 등에 편리하도록 장애의 종류와 정도에 맞추어 시설을 정비하거나 필요한 조치를 강구해야 한다(제20조).

또한 국가와 지방자치단체는 장애인이 적성과 능력에 맞는 직업에 종사할 수 있도록 직업 지도, 직업능력 평가, 직업 적응훈련, 직업훈련, 취업 알선, 고용 및 취업 후 지도(제21조), 정보에의 접근보장(제22조), 공공시설과 교육수단 등을 안전하고 편리하게 이용할 수 있도록 편의시설 설치와 운영(제23조), 안전대책 강구(제24조), 사회적 인식개선(제25조), 선거권 행사를 위한 편의 제공(제26조), 공공주택등 주택을 건설할 경우에는 장애인에게 장애 정도를 고려하여 우선 분양 또는 임대 및 주택의 구입자금·임차자금 또는 개·보수비용의 지원(제27조), 문화생활과 체육활동을 늘리기 위하여 관련 시설 및 설비, 그 밖의 환경 정비 및 지원(제28조)을 하도록 노력해야 한다. 그리고 국가와 지방자치단체, 공공기관, 지방공사 또는 지방공단은 장애인과 장애인을 부양하는 자의 경제적 부담을 줄이고 장애인의 자립을 촉진하기 위하여 세제상의 조치, 공공시설 이용료 감면을 해야 한다(제30조).

(2) 장애인에 대한 경제적 지원

국가와 지방자치단체는 장애수당 및 장애아동수당과 보호수당을 지급하고(「장애인복지법」 제50조), 장애인이 사업을 시작하거나 필요한 지식과 기능을 익히는 것 등을 지원하기 위해 자금 대여를 할 수 있다(제41조). 또한 생활이 어려운 중증장애인에게 장애인연금을 지급한다(제1조 및 제3조). 그리고 국가와 지방자치단체, 공공단체는 장애인이 사용하는 자동차 등에 대한 조세감면 지원(제39조), 소관 공공시설 안에 매점이나 자동판매기에 설치 등을 통한 생업 지원을 할 수 있다(제42조). 장애인은 장애인복지 실시기관으로부터 자녀교육비(제38조), 자립훈련비(제43조)를 지급받을 수 있다.

(3) 장애인에 대한 자립생활 지원

국가와 지방자치단체는 장애인의 자기결정에 의한 자립생활을 위하여 활동보조인의 파견 등 활동보조서비스 또는 장애인보조기구의 제공, 그 밖의 각종 편의 및 정보제공 등 필요한 시책 강구(「장애인복지법」 제53조), 장애인자립생활지원센터를 통하여 각종 지원서비스 제공(제54조), 장애인이 일상생활 또는 사회생활을 원활히 할 수 있도록 활동지원급여 지원 및 임신 등으로 인하여 이동이 불편한 여성장애인에게 임신 및 출산과 관련한 진료 등을 위하여 경제적 부담능력 등을 감안하여 활동지원사의 파견 등 활동보조서비스 지원(제55조), 장애인이 장애를 극복하는 데 도움이 되도록 장애동료 간 상호대화나 상담의 기회 제공(제56조)을 하도록 노력해야 한다.

2) 발달장애인에 대한 지원제도

발달장애인에 대한 지원제도를 「발달장애인 권리보장 및 지원에 관한 법률(이하 발달장애인법)」을 중심으로 살펴보면 다음과 같다.

(1) 발달장애인에 대한 지원 목적

발달장애인에 대한 지원접근은 발달장애인의 의사를 최대한 존중하여 그들의 생애주기에 따른 특성 및 복지 욕구에 적합한 지원과 권리옹호 등이 체계적이고 효과적으로 제공될 수 있도록 하여, 발달장애인의 사회참여를 촉진하고 권리를 보호하며 인간다운 삶을 영위하도록 하는 데 있다(제1조).

(2) 발달장애인의 권리보장 내용

발달장애인은 자신의 주거지의 결정, 의료행위에 대한 동의나 거부, 타인과의 교류, 복지서비스의 이용 여부와 서비스 종류의 선택 등을 스스로 결정할 수 있는 자기결정권이 보장되고(제8조), 성년후견제 이용지원(제9조), 의사소통지원, 특히 교육부장관은 발달장애인이 자신의 의사를 원활하게 표현할 수 있도록 학습에 필요한 의사소통도구를 개발하고 의사소통지원 전문인력을 양성하여 발달장애인에게 도움이 될 수 있도록 학교와 평생교육기관 등을 통하여 필요한 교육을 실시해야 한다(제10조). 또한 형사, 사법 절차상 권리를 보장받고(제12조), 발달장애인 대상 범죄 방지(제14조) 및 발달장애인에 대한 유기등에 따른 현장조사 및 보호조치(제16조, 제17조)를 받을 수 있다.

(3) 발달장애인에 대한 복지지원 및 서비스

발달장애인은 활동지원급여, 장애아동 발달재활서비스 지원, 장애아동 가족지원, 장애아동 돌봄 및 일시적 휴식지원 서비스지원, 장애아동 지역사회 전환 서비스지원, 장애아동 문화·예술 등 복지지원, 재활 및 발달 지원, 문화·예술·여가·체육 활동 등 지원, 보호자에 대한 상담지원, 휴식지원 등의 복지지원 및 서비스, 사회보험, 공공부조 및 사회서비스를 스스로 신청하거나 또는 보호자가 신청하거나 사회복지전담공무원이 직권으로 신청할 수 있다(제18조).

신청을 받으면 지역발달장애인지원센터장은 해당 발달장애인 개인의 특성을 고려한 복지서비스를 제공받을 수 있도록 개인별 복지서비스에 관한 제공계획(개인별지원계획)을 수립하고, 발달장애인과 그 가족에게 개인별지원계획에 따라 복지서비스 제공기관 등을 연계하여야 한다(제19조, 제20조). 한편, 국가와 지방자치단체는 발달장애인의 장애를 조기에 발견하기 위하여 검사도구의 개발, 영유아를 둔 부모에 대한 정보제공 및 홍보 등 필요한 정책을 강구하고 국가와 지방자치단체는 발달장애가 의심되는 영유아에 대하여 발달장애 정밀진단 비용을 지원할 수 있다(제23조). 그리고 발달장애인에게 적절한 재활치료와 발달재활서비스, 특히 발달장애인의 특성과 요구에 맞는 체계적이고 효율적인 의료지원을 위하여 발달장애인 거점병원을 지정할 수 있고, 자해·공격 등 행동문제로 인하여 일상생활에 곤란을 겪는 발달장애인을 전문적으로 지원하기 위하여 행동발달증진센터를 설치·운영할 수 있다(제24조). 또한 고용 및 직업훈련 지원(제25조), 평생교육 지원(제26조), 문화·예술·여가·체육 활동 등 지원(제27조), 발달장애인의 특수한 어려움을 고려하여 발달장애인이 적정한 생활수준을 유지할 수 있도록 장애인 연금제도 등을 통한 소득보장(제28조), 거주시설·돌봄 지원(제29조)을 할 수 있다.

(4) 발달장애인 가족 및 보호자 지원

국가와 지방자치단체는 발달장애인의 보호자가 발달장애인을 적절하게 보호 및 양육하는 데 필요한 정보제공과 교육(제30조), 발달장애인과 동거하는 보호자에게 전문적인 심리

상담 서비스 제공(제31조), 발달장애인 가족의 일상적인 양육부담을 경감하고 보호자의 정상적인 사회활동을 돕기 위하여 돌봄 및 일시적 휴식 지원 서비스 제공과 발달장애인의 형제·자매로서 발달장애인이 아닌 아동 및 청소년이 건전하게 성장할 수 있도록 이들의 정서 발달과 심리적 부담 해소 등을 위한 프로그램 운영 지원(제32조)을 할 수 있다.

학습과제

1. 장애인의 특성과 사례관리의 필요성에 대해 정리하여 기술하시오.
2. 장애인 사례관리의 실천 중 장애인 참여와 권리에 기반을 둔 서비스에 대해 기술하시오.
3. 효과적인 장애인 중심 사례관리 방안에 대해 정리하시오.

Chapter 15

노인 사례관리

학습목표

1. 노인 사례관리의 이슈에 대해 알아본다.
2. 노인의 특성과 사례관리의 필요성에 대해 이해한다.
3. 노인 사례관리 실천의 내용에 대해 이해한다.
4. 노인 사례관리를 위한 법과 제도에 대해 이해한다.

1 노인 사례관리의 이슈

노인의 욕구와 문제는 생물학적 노화로 인하여 다중적인 취약성으로부터 초래된다고 볼 수 있다. 노화와 관련된 다중적 취약성이란 신체적·생물학적·사회경제적·정서적·인지적 퇴행과 이러한 퇴행으로 초래되는 일상생활의 불편과 장애 증가, 그리고 노년기 생활을 지원할 것이라 기대했던 가족, 이웃, 사회로부터의 분리, 소외 등 환경적인 지지체계 범주가 좁아지고 지지 기능이 감소하는 것을 의미한다(강홍구, 2023). 노년기는 신체적·심리적·정서적·사회적 측면에서 다양한 변화를 경험하는 시기이기 때문에 노인에 대한 사례관리는 노인의 복합적인 욕구에 대한 사정을 통해 포괄적이고 지속적으로 지원되어야 한다.

1) 자아통합의 지향

노인기에는 경제·사회·신체 여러 측면에서 보호가 필요하지만 단지 보호의 대상으로만 노인을 생각해서는 안 된다. 에릭슨(Erickson, 1982)은 성공적인 노인기는 절망과 대비되는 것으로 자아통합을 말하고 있다. 병리관점에서 볼 때 노인은 보호의 대상이지만 강점관점의 시각은 노인기를 자아통합의 시기로, 능동적 노후(active ageing)의 시기로 본다. 사례관리자는 노인이 자신의 삶을 의미 있고 가치 있게 수용하도록 접근해야 한다.

2) 일상생활 수행 능력 사정

일상생활 수행 능력의 정도에 따라서 클라이언트가 필요로 하는 자원이 각기 다르기 때문에 사례관리자는 노인의 신체적·인지적 기능을 정확하게 평가하여 그 결과에 따라서 적합한 자원을 연결해야 한다. 클라이언트가 독립적으로 일상생활 수행이 가능한 경우는 기능 유지를 위한 개입 계획을 수립한다. 일상생활 수행을 위해 가족이나 재가서비스의 도움이 필요한 경우는 클라이언트의 잔존 능력을 최대한 유지하면서 가족과 지역사회의 돌봄 서비스를 받을 수 있도록 서비스 계획을 수립하게 된다. 클라이언트의 신체적·인지적 기능이 심각하게 상실된 경우에는 노인장기요양보호 서비스와 연결하며, 장기간의 서비스 계획을 수립해야 한다.

- 일상생활 수행 능력 평가(ADL: Activities of Daily Living): 식사, 화장실 이용, 보행, 대중교통 이용, 목욕, 옷 입기와 같이 기본적인 일상생활 수행의 가능 여부를 평가
- 도구적 일상생활 수행 능력 평가(IADL: Instrumental Activities of Daily Living): 전화 사용, 쇼핑, 음식 조리, 청소, 대중교통 이용, 복약 가능 여부, 금전 관리 등과 같이 기구 혹은 도구들을 활용할 수 있는 능력을 평가
- 인지장애 평가(MMSE: Mini Mental Status Examination, 간이 정신상태검사): 단기기억력, 지남력(연월일, 현 위치 등), 주의력, 언어능력 등 노인의 인지능력을 평가. 단기기억력, 지남력, 언어 능력, 화상력 등 인지기능에 장애가 나타나 일상생활을 혼자 하기 어려울 정도로 심한 영향을 주는 경우에는 지역의 치매안심센터에서 간이 정신상태검사(MMSE)를 통해 치매를 조기 발견할 수 있도록 해야 함

3) 독거노인의 사회적 안전망 확충

우리나라 노인빈곤율은 심각한 수준이며, 고령 독거노인의 경우 빈곤율이 더욱 심각한 것으로 보고되고 있다. 독거노인은 65세 이상 홀로 사는 노인을 지칭하는 것으로, 통계청 자료에 의하면 2019년 전체 노인 중 19%가 독거노인인 것으로 보고 되고 있다. 독거노인은 사회적 관계망이 단절되어 있어 고립감과 외로움으로 인해 정서적으로나 심리적으로 고위험에 처할 수 있다. 독거노인은 비독거노인에 비해 우울과 자살사고의 경험 가능성이 높기 때문에 사례관리자는 독거노인에 대한 사회관계망을 확충하는 개입 계획을 수립해야 한다. 사례관리자는 독거노인을 위해 보건복지부의 독거노인생활관리사가 방문하는 돌봄 서비스를 연결하거나 자원봉사자나 가정방문 음료 배달 서비스의 연결 등 지역사회의 다양한 민간 자원을 연결하여 독거노인의 안전을 모니터링해야 한다.

4) 고독사 예방

고독사를 예방하기 위해서 독거노인의 사회관계망을 확충해야 한다. 경제협력개발기구(OECD) 30개 국가 중 우리나라는 죽음의 질이 거의 하위 수준으로 매우 낮은 것으로 보고되고 있다. 독거노인이 죽음을 준비하고 자아통합의 관점에서 생애를 마감하기 위해 지역사회의 적극적인 대응이 필요한 부분이다. 사례관리자는 노인이 어떻게 삶을 마무리하기 원하는지를 파악하고 이를 위해 지역사회의 자원을 확충하고 연결해야 한다.

특히, 사례관리자는 독거노인의 고독사를 예방하기 위해 지역사회의 안전망을 구축해야 한다. 최근 독거노인의 고독사를 예방하기 위해서 정보통신기술(ICT)을 연계한 안전모니터링 서비스가 활용되고 있는 것은 독거노인이 지속적으로 증가하고 있는 상황에서 노인의 안전을 위한 새로운 대안이 될 수 있다. ICT를 연계한 독거노인 모니터링 서비스는 전력 사용량이나 가스누출 감지, 동작 감지, 조도의 변화, 수도 사용량 등을 모니터링하여 어르신의 안전을 확인하는 방식으로, 고독사를 예방한다는 점에서 긍정적이라 하겠다. 그러나 기술의 사용과정에서 발생되는 사생활의 노출과 침해 문제(예: 클라이언트가 장기간 부재 시 모니터링 직원에게 부재 상황을 알려야 하는 경우, 클라이언트의 움직임이나 전기 사용량이 측정되는 문제 등)와 관련하여서는 사례관리자가 윤리적인 지침과 기준을 구비하여 사례관리 대상자의 사생활 침해를 최소화해야 할 것이다.

5) 취약한 노인을 위한 지원

열악한 주거환경에서 생활하는 빈곤노인은 주거 공간의 물리적 환경으로 인해 야기되는 위험(예: 문턱)에 직면할 뿐만 아니라 냉난방이 적절하게 공급되지 못하는 문제도 직면하기 때문에 사례관리자는 가사 서비스뿐만 아니라 냉난방 지원, 주거환경 개선 등의 서비스 계획을 수립하고 자원을 연결해야 한다.

6) 노인의 권익 보호

사례관리자는 노인에게 학대나 방임이 발생하고 있는지를 파악해야 한다. 노인학대의 의심징후는 다음과 같다(보건복지부, 2017).

- 신체에 손상이 발생한 신체학대(설명할 수 없거나 치료받지 못한 상처 및 부상)
- 말하기를 꺼려 하거나 주저하고 불안한 모습으로 눈물을 보임
- 특정 유형의 사람들에 대한 두려움을 보임
- 영양실조나 탈수상태 혹은 기본적 생활비 지원이 거의 없음
- 노인 스스로 필요한 의료적 처치를 받지 않음
- 가족 및 보호자가 노인과 연락을 두절하거나 왕래를 하지 않음

2 | 노인의 특성과 사례관리의 필요성

노인을 바라보는 현대의 노인관에는 두 가지 사회적 관점이 공존한다. 먼저, 신체적 연령과 상관없이 젊고 건강한, 자립적인 노인관을 지향하는 관점이다. 이 관점에서는 노인의 높은 연령에 한계를 긋기보다는 노인이 가질 지속 가능한 생활유지 능력, 자립 및 자기관리 기능에 관심을 가진다. 뿐만 아니라 노인의 연령 기준 또한 65세가 아닌 75세 이상으로 상향 조정해야 한다는 입장이다. 또 다른 관점은 여전히 노인을 사회적 보호의 일차적인 대상으로 간주하는 관점이다.

노인 사례관리의 주요 대상자는 상대적으로 노화로 인한 생활적응의 어려움이 클 수 있는 고령의 노인들이 우선적으로 고려될 수 있다. 일반적으로 노인 전기는 주로 60~75세로 아직 건강하고 자주적인 활동이 가능한 시기로 인식되며, 노인 후기는 75세 이후로 신체적 건강이 악화되거나 타인에게 의존이 필요한 시기로 간주될 수 있다(이인정·최혜경, 2005). 그러나 단순히 연령만으로 사례관리서비스 대상을 확정 짓는 것은 현실적이지 않다. 사실상 노인의 의료적 문제 및 복합적인 욕구는 꼭 연령에 비례하기보다는 개인차에 의해 발생할 가능성도 높기 때문에, 노인의 연령뿐만 아니라 노인 개인의 건강이나 생활 여건, 가족을 비롯한 지원체계 등을 고려해야 한다.

정리하면, 노인 사례관리의 대상은 현 지원체계에서는 개인의 복합적 욕구를 충족시키기 어렵고 지역사회 자원에 대한 정보나 접근성이 부족하여 문제해결에 어려움을 겪는 노인이다. 사례관리는 이들의 만성적이고 복합적인 욕구를 충족시키고 궁극적으로 이들의 삶의 질을 향상시키기 위한 서비스를 제공하는 것이다.

노인의 특성과 그에 따른 사례관리의 필요성에 대해 제시하면 다음과 같다(전혜성 외, 2022).

1) 노인의 특성

첫째, 노인은 신체적 노화로 인해 신체적 기능에 현저한 저하가 오고 식사 및 수면량도 감소되며 질병률이 높아진다. 주요 변화로는 뼈의 구멍으로 인한 골절률 증가, 호흡기관의 감퇴로 인한 호흡기 질환 증가, 심장박동 수 감소로 인한 혈액순환의 약화, 소화효소와 위액 분비의 감소로 인한 소화기능 약화, 수면 감소와 숙면의 어려움, 시각, 청각, 미각 등 감각기관의 퇴화이다(이인정·최혜경, 2005). 또한 고혈압, 관절염, 신경계 질환, 정신 및 행동장애, 당뇨병, 간질환 등은 노인에게 나타나는 주요 만성질환으로 노인의 삶의 질을 저하시킨다.

둘째, 노인은 정신기능의 저하와 높은 치매 발병률의 문제를 가진다. 노인기에는 환경에 적응할 수 있는 인지능력, 정보나 기술을 습득하는 학습능력, 기억력, 사고능력, 문제해결능력, 창의력 등이 감소된다. 정서적인 면에서도 불안, 격노, 슬픔, 기쁨, 놀라움 등의 감정표출 능력이 저하된다(장인협·최성재, 1996). 특히 노인의 지적 능력 쇠퇴는 기억력 감퇴를 비롯하여 반응시간, 시각에서 받은 정보를 운동반응으로 전환하는 능력, 자극 확인 및 해석능력 등 다양한 측면에서 발생하는데, 기억에 있어서 단기기억이 장기기억보다 더욱 심하게 쇠퇴한다. 이와 같은 노인의 인지적 기능 저하는 치매의 발병으로 이어지는 경우가 많다.

셋째, 노인은 자신의 삶에 대한 수용과 죽음에 대한 심리적 준비를 해야 한다. 일반적으로 노인기는 불안과 우울의 경험이 높은 시기로 알려져 있다. 노년기에 들어서면 장년기까지의 주요 과제들, 즉 결혼, 자녀양육, 직업에서의 성공과 실패 등의 삶의 흔적들이 누적된다(이인정·최혜경, 2005). 노인들이 자신이 살아온 삶에 대해 부정적인 평가를 하고 비판적일 때 높은 수준의 불안과 고통을 경험할 수 있다.

넷째, 노인은 사회적 역할 상실과 관계망 축소를 경험하기 쉽다. 노인기에는 퇴직, 실업 등에 따른 역할 상실과 사회적 관계망 축소를 경험하게 된다. 무엇보다 배우자와의 사별로 인한 상실은 슬픔, 죄책감, 고독과 우울, 극심한 혼란, 급속한 신체 약화, 재정적 자원 감소 및 중단의 문제를 가져온다. 특히 배우자와의 사별 후 남성 노인이 더 어려움을 겪는 것으로 알려져 있고 대체로 여성이 남성보다 전반적인 사회적응력이 높고 스트레스를 유연하게 극복하는 경향도 높다고 알려졌다.

다섯째, 노인은 소득원의 상실로 경제적 위기와 빈곤에 당면할 가능성이 높다. 다수의 노인이 생활비나 의료비 부담으로 인하여 경제적 어려움을 겪고 있으며 가족이나 사회에 대한 경제적 의존도가 매우 높다고 볼 수 있다. 따라서 기본 생계비 부족을 호소하는 빈곤층 노인은 상존할 것이며 노후소득보장에 대한 요구는 지속적으로 증가할 것이다(권중돈, 2007).

여섯째, 노인의 대표적인 위기가 노인학대와 노인자살이다. 노인학대는 신체적 학대, 성적 학대, 심리적 학대, 재정적 학대, 방임, 자기방임, 유기의 일곱 가지 유형으로 구분하고 있다(김명식, 2011). 노인학대는 노인의 거주지와 친족관계, 노인보호기관 등 여러 영역에서 발생할 수 있다. 가정에서는 주 보호자인 배우자, 성인 자녀, 친척 등에 의해 이루어질 수 있고, 심지어 노인이 장기적으로 거주하는 전문기관에서도 노인학대가 이루어질 수 있다. 한편, 노인자살에 대한 OECD 통계자료에 의하면 65세 이상 노인층 자살률은 OECD 평균보다 3배 이상 높으며, 80세 이상 노인의 자살률은 전체 인구 대비 약 2배 이상으로, 노인의 연령이 높을수록 자살률도 높게 나타났다(박진경·이기령, 2023).

2) 노인 사례관리의 필요성

첫째, 노인의 만성질환 관리를 위해 사례관리의 적용이 필요하다. 노인의 만성질환은 혈압, 관절염, 신경계 질환, 치매를 포함하여 정신 및 행동장애, 당뇨병, 간질환 등 매우 다양하다. 이에 노인의 복합적이고 장기적인 만성질환을 치료하고 건강을 지원할 수 있는 의료서비스를 지속적으로 제공하기 위해서는 노인 사례관리의 적용이 필요하다.

둘째, 치매노인 및 치매노인 부양가족을 위한 사례관리가 요구된다. 치매는 일단 정상적으로 성숙한 뇌가 후천적인 외상이나 질병 등 외인에 의하여 손상 또는 파괴되는 것이다. 전반적으로 지능, 학습, 언어 등의 인지기능과 고등 정신기능이 떨어지는 복합적인 증상으로, 회복되기 어려우며 만성적으로 가족돌봄이 요구되는 질병이다. 노인 사례관리에서는 노인의 치매관리를 위한 개입뿐만 아니라 치매노인을 돌보는 과정에서 심각한 소진을 경험하는 가족에 대한 지원이 이루어져야 한다.

셋째, 노인의 심리적 안정성 및 정신건강 증진을 위한 사례관리가 필요하다. 노인은 자신의 인생에 대한 후회, 소외감, 상실감 및 좌절감 등의 심리적 요인들로 인해 높은 수준의 불안과 우울을 경험할 수 있다. 이에 노인 사례관리에서는 노인들로 하여금 자신의 삶에 대한 부적절감, 실패, 실망 등의 감정을 잘 수용할 수 있도록 심리적인 지지를 제공해야 한다.

넷째, 가족의 교류가 끊기고 가족들로 하여금 적절한 보호 제공을 받지 못하는 노인을 위해 사례관리가 필수적으로 요구된다. 사례관리에서는 이러한 노인들이 현실적으로 자신의 상황을 수용하여 보다 안정적이고 편안한 심리적 상태를 유지하고 가족 이외에 새로운 공식적·비공식적 사회 지지를 개발 및 강화할 수 있도록 지원해야 한다.

다섯째, 경제적 위기와 빈곤 상황에 처한 노인은 사례관리자의 주요 서비스 대상이다. 노년기의 경제적 어려움은 노후생활비의 문제뿐만 아니라 친구·친척관계, 여가활동, 정서·심리적 위축 등 생활 전반에 영향에 미치는 중요한 요인이다.

여섯째, 사례관리자는 노인 위기 상황의 초기 발견, 조치, 예방의 모든 영역에서 주요 역할을 하게 된다. 대표적인 위기가 노인학대와 노인자살이다. 사례관리자는 노인학대를 발생하게 하는 선행요인에 대한 민감성을 가지고 있어야 하는데, 노인을 돌보는 돌봄제공자(care giver)가 노인을 돌보는 것이 매우 힘들고 보상도 받기 어렵다는 인식, 정서적인 우울, 스트레스 대처능력의 저하, 약물중독 등의 상황에서 학대 발생률이 증가하는 것을 인식해야 한다. 뿐만 아니라 최근 증가하는 노인자살 예방에 대해서도 사례관리자의 지속적이고 세심한 관심이 요구된다(전혜성 외, 2022 재인용).

3 노인 사례관리 실천의 내용

노인 사례관리 실천의 내용은 크게 두 가지로 구분할 수 있는데, 즉 노인 욕구에 따른 유형과 서비스 제공 주체에 따른 유형으로 나누어 설명할 수 있다.

1) 노인 욕구에 따른 사례관리 기능 유형

노인 사례관리는 노인들이 가진 문제의 긴급성과 심각성 수준, 노인 및 가족의 대처능력에 따라 네 가지 기능으로 구분될 수 있다. 즉, 일차보호, 긴급보호, 지역사회/재가보호, 장기보호이다(한국사례관리학회, 2012: 강흥구, 2023 재인용). 노인 사례관리에서는 이 네 가지 기능을 포괄적으로 포함하고 있어서, 노화에 따라 발생할 수 있는 여러 욕구와 위기를 지원할 수 있어야 한다.

(1) 일차보호

노인복지 사례관리에 있어서 일차보호의 중요한 기능은 지역사회에서 노인의 기초생활을 보장하는 것이다. 기초생활보장이란 노인의 건강을 보호할 수 있는 기본적인 의식주 제공, 심리적 안정감을 갖도록 정서적 유대 관계망을 형성하는 것이며, 노인의 질병이나 장애를 관리할 수 있는 치료, 간병의 기회를 적절하게 제공하는 것을 의미한다.

- 의식주 문제해결
- 일상생활 유지를 위한 일차적인 치료 및 간병 서비스 제공
  - 방문 보건 서비스
  - 일시적 질병에 대한 의료 지원
- 노년기 소외감, 불안, 우울 등을 예방할 수 있는 정서적 지원
- 노인의 심리적 안정감을 위협할 수 있는 가족 등 일차적 정서지지 체계와의 갈등, 부양부담에 대한 해소

(2) 긴급보호

노인은 낙상, 뇌졸중, 친구나 배우자 혹은 자녀의 죽음 등 신체·심리적 안정감을 위협할 수 있는 위기에 노출되어 있다. 따라서 노인에게 발생한 긴급하고 응급한 상황에 효과적으로 대처하기 위해 사례관리자는 노인의 건강, 심리 상태를 모니터링하고 지역사회 내 적절한 응급시스템과 긴급서비스망을 구축함으로써 필요시 집중서비스를 가동할 수 있는 여건을 마련해야 한다.

- 노인에게 예측되는 긴급 상황에 대해 점검

- 유사시 지역사회 내 방문간호, 119, 주요 의료기관 응급실 등과의 연계를 통한 긴급 상황 대처망 구축
- 긴급대처 이후 노인 클라이언트의 긴급대처 효과를 지속할 수 있는 사후관리 제공

(3) 지역사회/재가보호

지역사회/재가보호는 노인 클라이언트가 자신의 생활공간에서 독립적인 기능을 유지할 수 있도록 지원하는 서비스 영역으로, 주로 생활 안정, 지역사회 통합을 위한 서비스들이 이에 포함된다.

- 가사 지원, 반찬 서비스 등
- 위생이나 안전을 위한 거주환경 개선 서비스
- 이동 서비스 지원
- 정서적 지원을 위한 말벗 서비스나 전문적인 상담 등

(4) 장기보호

주로 장기보호 대상자는 질병이나 신체적 기능 상태가 만성적으로 취약해진 노인이다. 이들은 본인의 집에서 거주하는 경우도 있고, 경우에 따라서는 요양병원이나 시설에 입소한 상태에서 주로 의료적 욕구를 충족하기 위한 치료, 간병 등의 서비스를 우선적으로 제공받는다.

- 장기적인 치료 및 간병 서비스 지원
- 치료 및 간병에 필요한 경제적·물적 지원
- 질병, 장애로 인한 심리적 문제해결을 위한 상담 등의 정서적 지원
- 장기보호 효과를 지속하기 위해 필요한 노인 가족, 보호자에 대한 심리·사회적 지원 등

2) 서비스 제공 주체에 따른 유형

노인은 동일한 연령대라 해도 개인적 건강상태와 자립성 수준이 다를 수 있다. 대체로

고령의 노인들의 신체적인 문제로 의료적인 취약성을 가지고 있고 이전보다 생활상의 어려움이 증가할 수 있는 가능성이 있지만, 상당수의 노인들은 스스로 자가관리가 가능하거나 가족의 부분적인 도움으로 생활 적응력을 높이면서 자립적으로 살아갈 수 있다. 노인이라고 해서 모두 사례관리가 필요한 것이 아니며, 노인의 개인적 특성 및 환경을 고려했을 때, 노인 사례관리에 대한 다양한 입장이 존재할 수 있다. 이러한 노인의 개인 및 환경에 대한 특성을 반영하여 사례관리의 제공자를 국가 및 사회기관으로 한정 짓지 않고 좀 더 다양한 주체로 삼는 것을 고려할 수 있다. 이에 재가노인의 특성, 욕구, 문제 등을 고려하여 가족보호 모형(family care model), 지역사회 지원 모형(community support model)과 포괄 모형(comprehensive model)의 세 가지로 구분하여 설명하고자 한다(이근홍, 2014).

(1) 가족보호 모형

가족보호 모형은 기본적으로 노인에게 보호를 제공할 가족이 있을 때 적용될 수 있는 모형이다. 노화에 따라 노인은 대체로 건강상태가 양호하지 않거나 질환을 만성적으로 가질 수 있으며 노인의 특성상 시간적, 공간적으로 돌봄의 한계가 있는 외부 전문가보다 오히려 가족이 노인이 필요로 하는 서비스를 가장 신속하고 적절하게 제공할 수 있다는 입장이다. 가족보호 모형은 재가노인들에게 가장 적절하며 상대적으로 가족주의 및 가족 돌봄의 정서를 가진 우리나라 문화에 부합될 수 있다고 평가되어 왔다. 그러나 현대 사회의 여성의 사회적 진출 및 지위 변화, 개인주의적 가치 변화 등을 감안하면 실제로 고려할 사항이 많다. 이 모형은 노인에게 일차적으로 가족이 보호를 제공하는 것을 토대로 하며, 가족이 적절한 서비스를 제공하지 못할 때 보충적으로 사례관리자가 직접적 또는 간접적으로 서비스를 제공하는 것이다.

(2) 지역사회 지원 모형

지역사회 지원 모형은 보호를 제공할 가족이 없는 독거노인 또는 노인부부에서 한쪽 배우자가 다른 배우자를 부양할 신체적·정신적 능력이 부족한 노인 부부에게 적용될 수 있는 모형이다. 이처럼 배우자 및 가족이 적절한 도움을 제공하지 못할 때, 지역사회 주민이나 지역사회기관 등이 노인들에게 필요한 보호를 적절히 제공할 것이라는 입장이다. 주로 다양한 비공식적 사회적 관계망을 활용하여 친구, 친척, 지역사회 주민, 이웃, 자원봉사자, 자조집단, 지역사회 내의 지원망을 통하여 노인에게 서비스를 제공하는 것이다.

(3) 포괄 모형

포괄 모형은 가족 및 지역사회 체계를 통하여 해결하지 못하는 복합적인 욕구와 문제를 가지고 있는 노인에게 적용될 수 있는 모형이다. 이 모형에서는 노인의 건강 수준, 일상생활 기능 수준, 생활 수준, 가족사항, 주거 상황 등의 특정 문제에 따라 서비스가 결정되는 것이 아니라, 이러한 기준들과 별개로 복합적인 욕구를 가진 노인들에게는 서비스의 단편적인 접근보다 포괄적인 접근이 그들의 욕구와 문제를 효과적으로 해결할 수 있다는 전제이다. 이 모형에서는 사례관리자가 책임을 지고 다양한 자원을 노인에게 연계시켜 주며, 지속적이며 포괄적으로 적절한 서비스를 제공받을 수 있도록 하는 것이다. 주민센터, 보건소 등의 국가기관과 비영리 인가기관, 즉 지역사회복지관과 노인복지회관 등의 다양한 기관과의 연계를 통해 포괄적인 서비스를 제공하는 것이다.

4 노인 사례관리를 위한 법과 제도

노인을 대상으로 효과적인 사례관리를 실천하기 위해 노인장기요양보험제도에 대해 이해해야 한다. 노인장기요양보험제도는 고령이나 노인성 질병 등의 사유로 일상생활을 혼자서 수행하기 어려운 노인을 지원하는 제도이며, 노인장기요양 문제에서 개인이나 가계의 부담보다는 사회적·국가적 책임을 강조한다. 이는 고령화의 진전과 함께 핵가족화, 여성의 경제활동 참여가 증가하면서 가족의 부담으로 인식되던 장기요양 문제는 더 이상 개인이나 가정의 문제가 아니라는 것을 의미한다. 한국은 2008년 노인장기요양보험제도가 도입된 이후 지속적으로 대상자와 공급 인프라를 확대해 왔다. 그러나 아직까지 장기요양기관이 제공하는 서비스의 질 수준에 대한 불신과 요양병원과의 역할 모호성 등으로 인해 경증 환자임에도 요양병원에 입원하거나 재가서비스를 받고 있더라도 시설에 재입소하기를 희망하는 경우가 발생하고 있다(보건복지부, 2019). 또한 시간이 지날수록 고령화에 따른 장기요양보험 재정의 악화에 대한 우려도 제기되고 있다. 향후 노인장기요양 기본계획은 제도의 포괄성 확대 측면에서 장기요양 보장성 확대, 서비스 질 제고 측면에서 이용자의 삶의 질을 보장하는 지역사회 내 돌봄 강화, 안심하고 맡길 수 있는 장기요양 인프라 조성, 서비스의 지속성을 위한 재정 확보를 목표로 하고 있다(전혜성 외, 2022).

1) 노인장기요양보험제도의 목적

「노인장기요양보험법」은 고령이나 노인성 질병 등의 사유로 일상생활을 혼자서 수행하기 어려운 노인등에게 신체활동 또는 가사활동 지원 등의 장기요양급여를 제공하여 노후의 건강증진 및 생활안정을 도모하고 그 가족의 부담을 덜어줌으로써 국민의 삶의 질을 향상하도록 함을 목적으로 시행하는 제도이다(제1조).

2) 노인장기요양보험제도의 운영방식 및 재원

노인장기요양보험제도는 건강보험제도와는 별개의 제도로 도입·운영되고 있으나, 제도 운영의 효율성을 도모하기 위하여 관리운영기관을 국민건강보험공단으로 일원화하고 있다. 노인장기요양보험 운영에 소요되는 전체 재원은 가입자가 납부하는 장기요양보험료 및 국가·지방자치단체 부담금, 장기요양급여 이용자가 부담하는 본인일부부담금으로 구성된다. 우리나라 장기요양보장제도는 사회보험 방식을 기본으로 한 국고지원 부가 방식의 성격을 띠고 있어서 일정 부분은 공적 부조 방식을 가미한 형태로 설계·운영되고 있다고 볼 수 있다.

3) 노인장기요양보험의 적용대상

노인장기요양보험의 적용대상은 65세 이상의 노인 또는 65세 미만의 자로서 치매·뇌혈관성질환 등 노인성 질병을 가진 자 중 6개월 이상 혼자서 일상생활을 수행하기 어렵다고 인정되는 자를 그 수급대상자로 하고 있다(제2조). 여기에는 65세 미만인 자의 노인성 질병이 없는 일반적인 장애인은 제외되고 있다. 적용대상에 대한 법적 근거를 살펴보면, 건강보험 가입자는 장기요양보험의 가입자가 된다(제7조). 이는 건강보험의 적용에서와 같이 법률상 가입이 강제되어 있다. 공공부조의 영역에 속하는 의료급여 수급권자의 경우도 국가 및 지방자치단체의 부담으로 장기요양보험의 적용대상 자격을 부여한다(제12조). 그러나 장기요양보험 가입자 및 그 부양자나 의료급여수급권자 누구나 장기요양급여를 받을 수 있는 것은 아니다. 일정한 절차에 따라 장기요양급여를 받을 수 있는 권리, 즉 수급권이 부여되는데 이를 장기요양인정이라 한다. 장기요양인정 절차는 먼저 공단에 장기요양인정 신청으로부터 출발하여 공단 직원의 방문에 의한 인정조사와 등급판정위원회의 등급판정, 장기요양인정서와 표준장기요양이용계획서의 작성 및 송부의 절차를 거친다.

4) 노인장기요양보험제도와 기존 제도와의 차이

(1) 노인장기요양보험제도와 국민건강보험제도의 차이

국민건강보험은 질환의 진단, 입원 및 외래 치료, 재활 등을 목적으로 두고 병·의원 및 약국에서 제공하는 서비스를 급여 대상으로 하는 반면, 노인장기요양보험은 고령이나 노인성 질병 등으로 인하여 혼자의 힘으로 일상생활을 영위하기 어려운 대상자에게 요양시설이나 재가기관을 통해 신체활동 또는 가사 지원 등의 서비스를 제공하는 제도이다.

(2) 노인장기요양보험제도와 기존 노인복지서비스 체계와의 차이

기존 「노인복지법」상의 노인요양은 주로 국민기초생활보장 수급자 등 특정 저소득층을 대상으로 국가나 지방자치단체가 공적 부조 방식으로 제공하는 서비스 위주로 운영되어 왔으나, 「노인장기요양보험법」상 서비스는 소득에 관계없이 심신기능 상태를 고려한 요양필요도에 따라 장기요양인정을 받은 자에게 서비스가 제공되는 보편적인 제도로 운영되고 있다.

표 15-1 노인장기요양보험과 기존 노인복지서비스 체계와의 차이

구분	노인장기요양보험	기존 노인복지서비스 체계
관련 법	•「노인장기요양보험법」	•「노인복지법」
서비스 특성 및 대상	•보편적 제도 •장기요양이 필요한 65세 이상 노인 및 치매·뇌혈관성 질환 등 노인성 질병을 가진 65세 미만 자	•특정 대상을 한정한 선택적 지원 •국민기초생활보장 수급자를 포함한 저소득층
서비스 지원	•수급자 부양가족의 선택에 의한 서비스 제공	•공급자 위주, 즉 지방자치단체장의 판단
재원 조달	•장기요양보험료, 국가 및 지방자치단체 부담, 이용자 본인 부담	•정부 및 지방자치단체의 부담

출처: 국민건강보험 노인요양장기보험(www.longtermcare.or.kr)

5) 노인장기요양보험제도의 향후 과제

노인의 의료적 욕구를 해결하기 위해 노인요양보험제도를 시행하였으나 급여대상자의 선정 방식, 과도한 본인부담, 서비스의 내용과 서비스의 질적인 문제, 민간 부문 시설 공급을 의존하는 문제, 요양보호사의 무차별적인 양상과 열악한 근로조건 등이 문제점으로 지적되어 왔다. 이러한 문제를 해결하기 위해서 노인요양보험제도의 급여대상자를 포괄적으로 확대하고, 비급여 항목의 축소 및 본인부담비율을 낮추며, 서비스의 내용을 개선하여야 한다. 또한 공공시설의 확충 및 민간 부문 시설에 대한 규제와 감독을 강화하고, 요양보호사 교육 강화와 더불어 요양보호사의 근로조건을 개선하는 것이 바람직하겠다.

학습과제

1. 일상생활 수행 능력 평가, 도구적 일상생활 수행 능력 평가에 대한 차이점을 정리하시오.
2. 노인의 욕구에 따른 사례관리 기능 유형에 대해 정리하여 기술하시오.
3. 노인장기요양보험과 기존 노인복지서비스 체계의 차이에 대해 기술하시오.

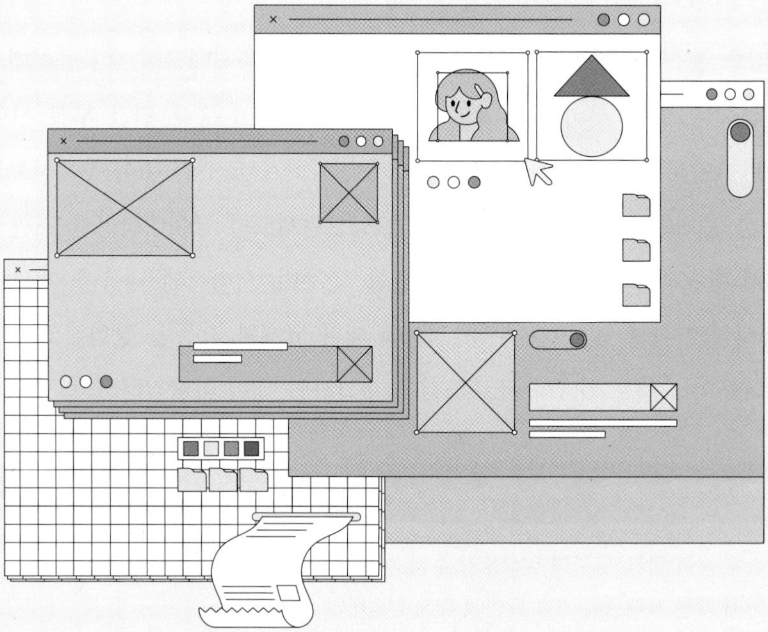

부 록

| 부록 1 | 의미 있는 변화 스토리

| 부록 2 | 욕구사정표

| 부록 3 | 10대 욕구 영역 참고자료

| 부록 4 | 복지자원 표준분류체계

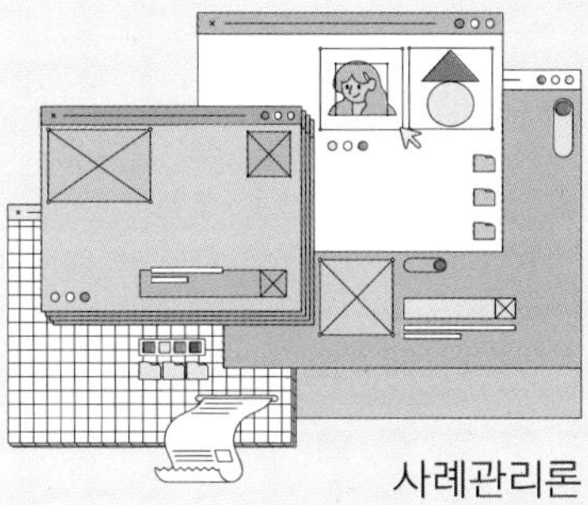

사례관리론

| 부록 1 | 의미 있는 변화 스토리

1. ○○ 복지관 우수 사례

클라이언트 가정은 주민센터의 추천으로 상담을 진행하게 되었다. 다문화 모자가정으로 모는 베트남 출신이며 두 명의 자녀를 양육하고 있다. 클라이언트(12세)는 남자 아이로, 첫째이며 2살 터울의 여동생이 있다. 모는 한국에 온 지 10년 정도 되었고 섬으로 시집을 와 염전 일을 하며 결혼생활을 하였으나 부가 잦은 폭력과 아이들에 대한 성추행까지 일삼자 섬에서 도망나오게 되었다. 다른 이웃의 도움으로 경찰에 신고해 '여성의 전화'의 도움을 받아 한 시설에서 둘째 여자아이와 생활하다 이사를 하게 되었다. 첫째 클라이언트는 아버지와 함께 지내면서 모가 재판을 통해 아이들의 양육권을 얻게 되면서 모와 여동생과 함께 살게 되었다. 부는 폭력과 성추행을 지속했으면서도 용서를 구하고 같이 살기를 원했지만 모는 그런 부를 용서할 수 없어 양육권까지도 재판을 통해 모가 갖게 되었다. 또한 인권센터의 도움으로 베트남에 살고 있는 모의 친정어머니를 한국으로 모시고 왔고 약 1년간 함께 한국에서 살게 되었다.

이 가정은 가족폭력피해가정으로, 처음 인테이크를 했을 때부터 많이 위축되고 무기력한 모습이 보였다. 특히 클라이언트는 예민하고 부정적인 성격이었고 과격한 행동을 많이 보이기도 하고 ADHD 경향을 보였다. 가정을 지지해 줄 수 있는 지지체계가 주변에 없었고 가정이 지역사회 안에서 자립해서 생활할 수 있도록 지지와 적절한 자원연계가 필요했다.

가정의 주요 욕구로는 안전과 건강, 일상생활, 경제, 교육에 대한 욕구였으며 일상생활, 건강에 대한 욕구와 관련하여 아동과 모는 아동이 정서적으로 안정될 수 있는 상담프로그램에 참여하기로 했고 복지관의 다양한 문화활동 프로그램에 참여함으로써 여가 활용 능력을 향상시킬 수 있도록 합의하였다. 가정폭력에 노출되어 있었던 가정이기 때문에 일단 정서적으로 안정되고 지역사회 안에서 지지체계를 형성하는 것이 필요했다. 장기변화 목표로 첫째, 아동이 정서적으로 안정되며 모와 긍정적인 관계를 형성한다. 둘째, 모는 한국생활에 적응하며 취업의 기회를 얻어 자신감을 회복한다. 위 두 가지 내용을 설정하고 모와 아동의 동의를 받고 사례관리를 진행하게 되었다.

클라이언트 가정과의 첫 만남과 비교했을 때, 현재 모는 건강을 회복했고 클라이언트 또한 부정적이고 산만하던 행동들이 완화되어 큰 어려움 없이 학교생활을 하고 있음을 확인할 수 있었다. 필요한 자원을 연결하여 모의 의료비와 아동의 두뇌운동 프로그램을 지원할 수 있었고 건강한 가정이 되도록 가정 스스로 변화하는 모습을 발견할 수 있었다. 또한 클라이언트 가정은 복지관의 다양한 프로그램에 참여하며 문화활동의 기회를 가졌고 지역사회 안에서 다양한 지지체계를 형성할 수 있었다. 베트남 출신이었던 모는 결혼이주여성임에도 부의 동의가 없어서 한국 국적을 취득하지 못했는데 스스로 한국 국적을 취득하기 위해 다문화가족지원센터에서 교육을 받으며 국적 취득도 준비하였다. 그 후 노력의 결실로 모는 한국 국적을 취득하였으며 모는 처음으로 주민등록증을 받고 감격의 눈물을 흘렸다고 한다. 복지관에서 아동과 가정의 욕구를 통합적으로 해결하기 위해 노력했고 더 나아가 아동과 보호자가 주체적으로 문제를 해결하고 다양한 양육 및 유지 환경을 변화시킬 수 있도록 지지하고 옹호하였다.

2. ○○ 복지관 우수 사례

클라이언트 가정은 아동보호기관, 장애인부모회, 어린이집 등 지역사회 여러 기관에서 이 가정을 도와달라는 의뢰를 하여 본 복지관 사례관리 대상이 되었다. 클라이언트 가정은 신체건강, 심리·정서적 어려움, 식사 불균형 등의 많은 도움이 필요한 가정이었다.

클라이언트(7세)는 어머니와 누나(12세, 지적장애 3급, 난독증), 여동생(1세)과 함께 살고 있는 한부모 기초생활수급가정이다. 집은 11평의 영구임대아파트에서 생활하고 있으며 얼마 전부터 외삼촌이 동거하기 시작했다고 한다.

본 복지관으로 의뢰되어 초기 상담 진행 당시 어머니는 셋째 자녀를 임신하여(28주차) 입덧으로 남매를 제대로 돌보지 못하고 있던 상황이었다. 임신으로 어머니는 경제활동을 전혀 하지 못하였으며, 자녀의 친부로부터의 경제적 지원은 전혀 받지 못하고 있어 오직 정부보조금에만 의존하여 생활하고 있었다. 클라이언트의 가족력은 매우 복잡하였다. 세 남매의 아버지는 모두 다르고, 법적 혼인절차를 거치지 않고 사실혼 관계에서 아동이 태어나고, 여동생이 뱃속에 있는 상태였다. 또한 어머니는 원가족에서부터 결혼생활에 이르기까지 알코올중독과 아동학대의 문제가 끊임없이 이어져 왔다고 한다. 힘든 청소년 시절과 결혼생활, 이혼 등 어려운 시절을 지내온 나이 어린 어머니는 10여년 전에 우울증 진단을 받고 약물치료를 받아왔으나, 셋째의 임신으로 인해 약물치료를 잠시 중단하고 있었다. 어머니는 분노조절이 잘 되지 않아 클라이언트와 누나에 대한 신체적 학대가 많이 있었으며 여전히 정서적·언어적 학대는 지속되고 있는 상황이었다.

그로 인해 클라이언트와 누나는 의뢰 전 아동심리상담센터에서 약 1년간 상담을 받기도 하였으나 이사를 하면서 중단이 되어 있었다. 어머니는 세 명의 자녀를 어떻게 양육할 수 있을지 막막함을 자주 토로하면서 양육에 대한 부담을 많이 느끼고 있었다. 그리고 그럴 때마다 클라이언트와 누나는 시설에 보내고, 이어서 셋째도 출산 후 곧바로 해외로 입양을 보낼 계획이라는 말도 서슴지 않았다.

클라이언트와 누나의 어려움도 상당하였는데, 누나는 지적장애 3급과 난독증으로 인한 학습수준이 저하되어 있었다. 클라이언트는 대소변을 가리지 못하고, 말을 더듬고, 매우 산만하고 난폭한 행동들을 보였으며, 한글을 전혀 모르는 등의 많은 어려움이 있었다. 초기 어머니가 표현한 주요 욕구로는 클라이언트와 누나의 식사 지원과 심리치료, 부모교육, 출산용품에 관한 것이었다. 클라이언트는 매우 산만하여 아주 짧은 질문에 대한 대답도 누나와 어머니의 도움으로 겨우 들을 정도로 상담이 제대로 이뤄지지 않았다. 그러나 "엄마는 싫고 누나만 좋아. 엄마는 나만 혼내."라는 짧은 이야기로 유일하게 어머니의 양육방식에 대한 강한 불만과 욕구를 분명히 파악할 수 있었다.

클라이언트의 누나는 또래 아이들에 비해 어른처럼 말하고 동생까지 잘 돌보는 모습에 누나를 처음 보는 대부분의 사람들은 특별한 문제가 없는, 심지어 너무 건강한 것처럼 보기도 하였다. 그러나 애써 '난 괜찮아.'라고 스스로 여기며 겨우 버티고 있다는 느낌을 지울 수가 없었고, 심리적으로 많이 위축되고 억압되어 있다는 생각을 하게 되었다. 다행인 것은 라포 형성이 조금씩 되면서 누나는 어머니의 폭력성에 대한 두려움과 불안감을 다행히 언어로 표현할 수 있는 수준이었다.

이 가정은 당장의 시급하고 현실적인 어려움들이 있었으며 먼저는 출산으로 인한 출산용품 마련과 남매의 식사 지원, 그리고 외부로부터의 안전의 위협을 느껴 주거환경 개선이 요구되는 상황이였다. 이에 초기 개입은 도시락 지원기관으로 연계하여 석식 1회 식사 지원을 할 수 있도록 도왔으며 출산용품에 대한 정보 제공과 자원을 연계하였고, 주거환경 개선에 대한 개입을 하였다. 그러는 과정에서 모와 사례관리자와의 신뢰관계를 형성할 수 있었다. 사례관리자와 사례관리기관만으로는 이 가정을 정상화시킬 수 없다는 판단에 지역사회기관들과 수차례에 걸친 사례회의와 네트워크 활동을 통해 역할을 분담하고 과정을 공유하면서 함께 클라이언트 가정을 지원하였다.

복잡한 가족력과 오랜시간 힘든 시기를 보낸 사례여서 회복되는 시간이 오래 걸릴 것이라 판단되어 서두르지 않으려고 애썼고 조급하지 않고 장기적인 관점을 가지고 지원하고자 노력하였다. 통합사례회의를 통하여 각 기관의 사례관리자와 서로의 생각을 나누고 하나로 맞추는 데 시간을 할애하였으며 각 기관/사례관리자별로 역할을 분담하였다. 그리고 서비스 계획에 따른 개입이 이루어졌다. 아동학대와 성(性)과 관련된 이슈가 있는 만큼 가정에 대한 지속적이고 주의깊은 모니터링이 중요하였다. 어려움에 대한 사후 개입과 예방적인 차원에서의 개입이 함께 진행되어 클라이언트와 가족이 참여하는 프로그램이 증가하였다. 그리고 일회성 서비스와 물질적 지원보다 욕구와 관련된 서비스 제공을 하고자 각 기관이 뜻을 모아 사례관리를 진행하였다.

클라이언트와 누나는 접근성이 가장 좋은 본 복지관 장애아동탁아방에서 놀이 치료를 주 2~3회 꾸준히 받기 시작하였다. 그리고 식사와 도시락 지원 등 기초 욕구에 대한 부분은 지원이 불가피하였다. 어머니는 자발적으로 부모교육에 참여하였으며 클라이언트는 여전히 산만하고 충동적인 모습을 보였지만 놀이치료 장면에서 폭력적인 놀이와 애정 결핍적인 행동의 횟수가 많이 감소하였다. 그리고 자신이 원하는 것에 대해 조금씩이지만 언어로 표현하는 빈도가 증가하였다.

누나는 지나치게 어른스러움을 보였는데, 상담 및 치료를 통해 자신의 힘듦을 이야기하여 제 나이 또래에 맞는 성장 수준을 찾아가는 과정으로 치료사는 긍정적으로 해석하였다. 무엇보다 가정의 가장 큰 변화는 클라이언트의 가장 가깝고 중요한 환경체계인 어머니의 변화이다. 알코올중독이었던 어머니의 금주가 유지되고 있고, 아이들을 향한 신체적 학대 부분도 아직까지 발견되지 않고 있다. 세 자녀에 대한 양육 의지와 올바른 건강한 방법으로 양육하겠다며 노력하기 시작하면서 가정은 안정을 찾아가고 있다. 장기적으로 바라보고 있는 사례이기에 짧은 시간 많은 변화가 보이는 것을 기대하기보다 작은 변화를 크게 보며 앞으로 바람직한 가정의 회복을 기대하고 있다.

3. ○○ 복지관 우수 사례

클라이언트는 고등학교 2학년으로, 부와 단둘이 생활하고 있다. 부는 그전에 수리가구점에서 수리하는 일을 하면서 네 식구(부, 모, 형, 클라이언트)가 화목하게 생활하였다. 그러나 부는 가구 배달 및 설치 일을 하면서 허리를 심하게 다쳤고 회사 측에서 병원치료를 권하지 않아 부도 큰 염려를 하지 않고 치료를 받지 않았다. 이러한 일이 있은 후로도 가족들을 위해 열심히 일을 하셨는데 안타깝게도 부의 허리 상태가 점점 심각해졌다. 결국 일을 하지 못하는 상황이 되었다. 이후 모가 가정의 생계를 책임져 오셨는데 가족과의 갈등이 심해지면서 가출을 하게 되었고 가정의 어려움은 더욱 커졌다. 부는 두 아들을 데리고 자주 이사를 다니다 춘천에 정착하게 되었다. 잦은 이사와 전학으로 클라이언트 형은 학교 적응을 하지 못하였고 이후 모와 연락이 닿게 되면서 모와 함께 생활하게 되고 클라이언트는 부와 생활을 하게 되었다. 부는 부상 이후 아무런 치료를 받지 못한 채 생활한 결과 심각한 척추협착증 진단을 받았고 일상생활을 잘 수행하지 못하게 되었다. 혼자 서 있지 못하여 기어서 생활해야 하는 상황이 되었고 초기에 수술을 할 수 있는 상황이었으나 수술 후 나아지기 어려울 것이라는 염려로 수술을 미뤄 왔다. 하지만 허리 상태가 더 심각해졌고 복지관에서 몇 차례 상담을 하면서 대학병원에서 새롭게 검진을 받고 치료를 시작하게 되었다. 클라이언트는 부의 곁에서 함께하며 부의 일상생활과 가사일을 도우며 생활하였다. 부는 아들을 한창 뒷바라지 해주며 도와주야 할 때에 도움을 주지 못해 미안한 마음을 갖고 있었다. 부는 병원치료를 시작하여 수술을 받게 되었고 복지관에서 한 달에 한 번씩 병원을 방문하여 치료를 받을 수 있도록 지원하였다. 또한 일상생활을 수행하기에 어려움이 있어 장애진단을 받을 수 있도록 긴급지원비를 연계하여 근전도 검사와 장애등록 관련 비용을 지원하였다. 그러나 부의 건강상태가 매월 변화가 있어 결국 장애진단에서 탈락하게 되었고 이의신청도 반영되지 않았다.

클라이언트는 중학교에 다니면서도 고등학교에 진학하지 않겠다는 말을 하여 부의 걱정이 컸으며 사례관리자가 클라이언트와 계속해서 진로상담을 하면서 조금씩 변화되어 제빵사가 되고 싶다는 의지를 갖게 되었고 지역사회 자원을 연계하여 제과제빵 학원에 다니면서 꿈을 키우게 되었다. 고등학교도 조리학과에 입학하여 학업에 대한 의지가 생기는 듯하였지만 사춘기에 접어 들게 되면서 부와의 갈등으로 클라이언트는 집을 나오게 되었고 모와 연락이 닿게 되면서 서울에 있는 모와 함께 살게 되었다. 이러한 가운데서도 사례관리자는 부와 클라이언트와의 상담을 지속적으로 하였고 학교와 지역사회기관과의 통합사례회의를 통하여 갈등이 해소될 수 있도록 지지하였다. 클라이언트는 방학에 모와 생활을 하다 결국 부와 함께 살겠다고 하여 다시 집으로 돌아왔다. 부는 장애진단이 탈락되면서 LH주택공사 사업에도 매번 탈락하여 정신적인 스트레스가 컸고 건강 회복 속도도 느려 가정에 갈등이 잦았으며 좁은 단칸방에서 생활하다 보니 부자가 감정적으로 부딪히게 될 때 더 과중되는 상황으로 가게 되어 부자가 각각의 생활공간이 구분되었으면 좋겠다고 하였다. 이러한 상황을 해결하기 위해 사례관리자는 첫 번째 목표로 이사하는 것으로 합의하여 도움을 줄 수 있는 외부사업을 신청하게 되었고 기업후원처와 연계되어 500만 원을 지원받을 수 있게 되었다.

부는 거동이 불편하여 휠체어를 꼭 사용해야 하기 때문에 주거환경이 1층이고 장애물이 없는 곳을 찾아야 했기 때문에 어려움이 많았지만 시청 사례관리팀과 함께 업무를 나누어 진행하였으며 부동산과 집을 알아보면서 최종적으로는 부와 클라이언트와 함께 결정을 내리고자 하였다. 마침내 클라이언트 가정은 이삿짐센터 연계, 봉사자 연계 등 자원을 연결하여 아동의 방이 분리되어 있는 안정적인 집으로 이사를 하게 되었으며 부와 클라이언트 모두 만족할 수 있었다. 이사 후 지속적인 모니터링을 통하여 새로운 집에 적응하는 등 어려움이 없게 지원하였으며 부가 그동안 집안에서 술과 담배를 많이 하셨는데 앞으로 건강을 생각하여 술과 담배도 안 하겠다고 다짐하여 끊게 되었다. 또한 지속적인 사례관리자의 지지와 지역사회 자원 연계를 통해서 클라이언트와 부가 정서적으로 안정을 찾을 수 있었다.

| 부록 2 | 욕구사정표

1. 노인용 선택

질환 사항		
현재 병력	순 환 기	☐ 고혈압 ☐ 심장질환 ☐ 혈관성질환 ☐ 빈혈 ☐ 인공심박기
	근골격계	☐ 퇴행성관절염 ☐ 디스크 ☐ 골절 ☐ 인공관절 ☐ 류마티스 ☐ 골다공증 ☐ 절단 ☐ 통풍 ☐ 선천성기형
	신 경 계	☐ 뇌혈관성질환(뇌경색) ☐ 두부손상 ☐ 파킨슨병 ☐ 마비/장애 ☐ 신경염/신경증
	호흡기계	☐ 천식 ☐ 기관지질환 ☐ 폐렴 ☐ 결핵 ☐ 늑막질환 ☐ 만성기침 ☐ 객담
	안 과	☐ 백내장 ☐ 녹내장 ☐ 망막질환 ☐ 각막염 ☐ 안구건조증 ☐ 안검하수증
	이비인후과	☐ 편도선염 ☐ 축농증 ☐ 비염 ☐ 인/후두염 ☐ 중이염 ☐ 난청 ☐ 고막손상
	비뇨기계	☐ 신장질환 ☐ 요도/방광염 ☐ 전립선질환 ☐ 투석 ☐ 요실금
	피 부 과	☐ 피부염 ☐ 대상포진 ☐ 조갑무좀 ☐ 화상 ☐ 욕창
	소화기계	☐ 위장질환 ☐ 간/담도질환 ☐ 대장/항문질환 ☐ 황달 ☐ 소화불량
	내 분 비	☐ 당뇨병 ☐ 갑상선질환
	정 신 과	☐ 우울증 ☐ 불면증 ☐ 치매
	부 인 과	☐ 유방질환 ☐ 자궁/난소질환 ☐ 자궁적출 ☐ 질염
	기타 질환	☐ 알코올릭 ☐ 기타( )
병력 추가 설명		

통증	종류	☐ 무통 ☐ 급성 ☐ 만성 ☐ 국소 ☐ 전신
	강도	☐ 약 ☐ 중 ☐ 강 ☐ 부정확
보장구		☐ 휠체어 ☐ 지팡이/워커 ☐ 보청기 ☐ 돋보기/안경 ☐ 틀니 ☐ 기타( )

투약	번호	현재 복용약	복용기간	병원명	진료주기	병원동행인
	1					☐ 없다 ☐ 있다( )
	2					
	3					

건강상태	☐ 정상 ☐ 요주의 ☐ 이상		
서비스 지원필요	☐ 최대한 필요 ☐ 부분 필요 ☐ 불필요		
소 견			
추가 측정도구	도구명	측정결과	첨부
	예) ADL, IADL, 임파워먼트 척도 등		

<table>
<tr><th colspan="7">정신건강 사항</th></tr>
<tr><td rowspan="3">치매</td><td>측정도구명</td><td>예) K-MMSE</td><td>측정결과</td><td>예) 19점</td><td>첨부</td><td>예) 검사지</td></tr>
<tr><td>서비스 지원 필요 여부</td><td colspan="5">□ 최대한 필요 □ 부분 필요 □ 불필요</td></tr>
<tr><td>소견</td><td colspan="5"></td></tr>
<tr><td rowspan="3">우울증</td><td>측정도구명</td><td>예) K-BDI</td><td>측정결과</td><td>예) 20점</td><td>첨부</td><td>예) 검사지</td></tr>
<tr><td>서비스 지원 필요 여부</td><td colspan="5">□ 최대한 필요 □ 부분 필요 □ 불필요</td></tr>
<tr><td>소견</td><td colspan="5"></td></tr>
<tr><th colspan="7">경제 사항</th></tr>
<tr><td colspan="2">월평균 수입액</td><td colspan="5">□ 정비지원(만 원) □ 본인수입(만 원) □ 자녀도움(만 원)
□ 후 원 금(만 원) □ 기타(- 만 원)</td></tr>
<tr><td colspan="2">월평균 지출액</td><td colspan="5">□ 월 세(만 원) □ 공 과 금(만 원) □ 연 료 비(만 원)
□ 의 료 비(만 원) □ 식료품비(만 원) □ 기타(- 만 원)</td></tr>
<tr><td colspan="2">경제상태</td><td colspan="5">□ 상 □ 중 □ 하</td></tr>
<tr><td colspan="2">서비스 지원 필요</td><td colspan="5">□ 최대한 필요 □ 부분 필요 □ 불필요</td></tr>
<tr><td colspan="2">소견</td><td colspan="5"></td></tr>
<tr><th colspan="7">영양 사항</th></tr>
<tr><td colspan="2">식사 여부</td><td colspan="5">□ 아침 □ 점심 □ 저녁</td></tr>
<tr><td colspan="2">식사 준비</td><td colspan="5">□ 본인 □ 외부기관(□ 도시락 □ 밑반찬 □ 영양식) □ 자녀 □ 기타( )</td></tr>
<tr><td colspan="2">저작 상태</td><td colspan="5">□ 양호 □ 불편 □ 불량</td></tr>
<tr><td colspan="2">연하 상태</td><td colspan="5">□ 양호 □ 불편 □ 불량</td></tr>
<tr><td colspan="2">영양 상태</td><td colspan="5">□ 상 □ 중 □ 하</td></tr>
<tr><td colspan="2">서비스 지원 필요</td><td colspan="5">□ 최대한 필요 □ 부분 필요 □ 불필요</td></tr>
<tr><td colspan="2">소견</td><td colspan="5"></td></tr>
<tr><th colspan="4">사회관계</th><th colspan="3">강점관점</th></tr>
<tr><td colspan="4"></td><td colspan="3"></td></tr>
<tr><th colspan="4">약도</th><th colspan="3">주변환경(사진)</th></tr>
<tr><td colspan="4"></td><td colspan="3"></td></tr>
<tr><th colspan="7">종합의견</th></tr>
<tr><td colspan="7"></td></tr>
</table>

2. 장애인용 선택

치료·교육력	과거	병원/기관명	주기	진료 내용	종결 이유	비고
	현재	병원/기관명	주기	진료 내용	종결 이유	비고
건강 상태	현재 질병					
	보충 설명					

기초 능력		일상생활능력(신변처리)	
쓰기		외모·청결 유지	
읽기		일상생활(요리, 빨래, 청소)	
시간		식사습관	
셈하기		용변처리	
		옷 입고 벗기	
돈계산		가정 안에서 이동방법	
기타		주로 사용하는 손	
		가정 안에서 주로 취하는 자세	

이동능력		의사소통 능력	
대중교통 이용 정도		말하기	
		말 알아듣기	
독립적 이동		말하기 안 되는 경우	□ 고갯짓 □ 손짓 □ 소리 □ 단어

사회심리·사회성			
심리적 어려움			
행동 문제 어려움			
가족 간 어려움			
대인관계			
과거·현재 취미여가 활동			
추가 측정도구	도구명	측정결과	측정도구 첨부
	예) 분야별진단지(의료, 교육, 심리, 언어, 청력, 직업) 등		
종합의견			

| 부록 3 | 10대 욕구 영역 참고자료

욕구 영역	점검 항목별 질문(예시)
안전	• 가족 구성원, 비동거 가족, 이웃, 친구, 사회(학교, 직장)로부터 안전을 위협받고 있는가? • 대상자가 타인의 안전을 위협하고 있는가? • 응급 시 도움을 요청할 체계가 있는가? [강점관점 질문의 예] • 가족 구성원으로부터의 위협에 대처하기 위해 어떠한 것들을 시도하였는가? • 가족 외부적 요인으로부터의 위협을 극복하기 위해서 무엇을 하였는가? • 이들 중 도움이 되었던 것들은 어떤 것이었나? • 어떤 경우에 안전하다고 생각하는가? • 자녀를 어떻게 안전하게 보호하는가?
건강	• 본인이나 동거가족 중 신체적 질환 혹은 정신적 질환(중독,* 우울, 조현증 등)으로 약물관리를 하는가? * 술, 담배, 약물, 의약품, 인터넷, 스마트폰, 게임, 도박, 쇼핑, 성 중독 등을 포함 • 신체적 질환 또는 정신적 질환으로 일상생활, 사회생활 등에 어려움이 있는가? • 본인이나 동거가족 중 지난 6개월 동안 자살을 시도한 적이 있는가? [강점관점 질문의 예] • 어떤 경우에 본인이 신체적으로 정신적으로 건강하다고 생각하는가? • 신체적으로 가장 잘할 수 있는 것은 무엇인가? • 무엇이 자신을 신체적으로나 정신적으로 건강하게 만든다고 생각하는가? • 현재까지 이 정도의 건강을 유지하는 비결은 무엇이라고 생각하는가? • 몸이 또는 마음이 아플 때 누구에게 연락하는가?
일상생활 유지	• 본인이나 동거가족이 일상생활*에 어려움이 있는가? * 식사, 용변처리, 옷 입기, 세탁, 몸 씻기, 청소, 정리정돈, 수면, 그 외 가사활동 • 외출 시 이동이 어려운가? [강점관점 질문의 예] • 어떻게 모든 일상생활(의식주 관련, 가사 등)을 처리하고 있는가? • 어떤 지원을 받고 있는가? • 휴가나 여가시간에 주로 무엇을 하는가? • 얼마나 자주, 어디서, 누구와 이것을 하는가? • 특별히 좋아하는 활동은 무엇인가? • 어떤 경우에 여가나 휴가를 잘 보냈다고 생각하는가? 그때는 무엇이 달랐는가?
가족관계	• 동거 혹은 비동거 가족구성원 간 갈등이나 단절된 상황인가? • 영유아, 아동, 노인, 장애인 등을 양육하거나 돌보는 데 어려움이 있는가? [강점관점 질문의 예] • 도움이 필요할 때 가족 중 누가 가장 많은 의지가 되고 도움을 주는가? • 가족 중 주로 누구와 무엇을 하며 시간을 보내는가? • 가족 중에서 누가 가장 당신을 걱정하고 있다고 생각하는가?

<table>
<tr><th>욕구 영역</th><th>점검 항목별 질문(예시)</th></tr>
<tr><td>사회적 관계</td><td>•도움을 받을 만한 친인척, 이웃, 동료관계, 단체나 기관이 있는가?
•본인이나 동거가족이 방에서 거의 나오지 않으면서 외부와 관계가 단절된 상황인가?
•본인이나 동거가족이 이웃과 갈등을 유발하고 있는가?

[강점관점 질문의 예]
•삶에서 가장 중요한 사람은 누구인가?
•도움이 필요할 때 누가 가장 많은 의지가 되고 도움을 주는가?
•이웃, 지역사회기관, 종교기관 등으로부터 어떤 지지를 받고 있는가?
•과거에 이웃, 지역사회기관, 종교기관 등으로부터 어떤 지지를 받았었는가?
•누구와 주로 시간을 보내는가?
•잘 지내는 친구나 이웃은 누구인가?
•누가 가장 당신을 걱정하고 있다고 생각하는가?
•현재 참여하고 있는 모임은 무엇인가?</td></tr>
<tr><td>경제</td><td>•돈이 없어서 기초생활(의식주, 교육비, 의료비, 집세, 퇴거 위험, 난방, 공과금 등)에 어려움이 있는가?
•금전관리(수입과 지출)나 빚 때문에 어려움이 있는가?

[강점관점 질문의 예]
•어려운 형편에 어떻게 지금까지 유지를 잘해 왔는가? 현재 가족 혹은 정부로부터 어떤 도움을 받고 있는가?
•어떻게 관리를 해 오고 있는가?
•가족원 중에 누가 어떤 일을 하는가?
•돈이 있다면 무엇을 가장 먼저 구매하겠는가?
•당신을 위해 어떤 보상을 줄 것인가?
•과거에 세금 같은 것을 어떻게 지불했는가?</td></tr>
<tr><td>교육</td><td>•본인이나 자녀가 기초학습능력(읽기, 쓰기, 말하기, 듣기, 타인 이해하기, 계산하기 등)이 부족하여 사회생활이 어려운가?
•본인이나 자녀가 학교생활이나 학업유지에 어려움이 있는가?

[강점관점 질문의 예]
•어떤 과목을 좋아했는가?
•이것만은 최고라고 자부할 수 있는 본인의 기술/특기는 무엇인가?
•교육 관련 정보를 어느 정도 확보하고 있는가?
•아이가 어린이집이나 유치원, 기타 또래그룹에 참여하고 있는가?
•어떻게 상호작용하는가?
•누가 아이와 함께 놀아 주고 책을 읽어 주는가?</td></tr>
</table>

욕구 영역	점검 항목별 질문(예시)
직업	• 본인이나 동거가족이 근로능력, 가족돌봄, 자녀양육, 일자리 발굴, 대인관계 기술, 신용, 신체 및 정신 건강 등에 어려움이 있어서 일하기 어려운가? [강점관점 질문의 예] • 어떤 직업들을 가져 보았는가? • 현재 직장생활을 잘하고 있는 것은 무엇 때문이라고 생각하는가? • 직장과 관련해서 무엇을 가장 좋아하는가? • 일하는 동안, 어떤 영역에서 최선을 다하는가?
생활환경	• 주거나 주거환경이 본인이나 가족의 안전과 건강에 해를 끼치는가? • 주거환경 문제로 본인이나 동거가족이 이웃과 갈등을 유발하고 있는가? [강점관점 질문의 예] • 자신이 살고 있는 곳/지역사회의 어떤 점이 좋은가? • 다른 사람들은 현재 거주하고 있는 곳/지역사회에 사는 것이 어떤 면에서 좋다고 이야기할 것 같은가? • 이동 시 누구의, 어떤 도움을 받는가?
법률 및 권익보장	• 본인이나 동거가족이 법적 문제로 일상생활이나 사회생활에 어려움이 있는가? • 본인이나 동거가족이 차별대우나 불이익을 받고 있는가? [강점관점 질문의 예] • 현재 법적인 문제와 관련하여 누구에게 어떤 기관의 자문을 받고 있는가? • 어떻게 대처하고 있는가?

출처: 보건복지부(2022). 2022 희망복지지원단 업무안내, pp. 32-34 추가 작성.

| 부록 4 | 복지자원 표준분류체계

1. 복지자원 표준분류표(대분류 9종, 중분류 51종)

대분류	중분류
1. 일자리 (6)	1-1. 직업 상담 및 알선
	1-2. 직업능력 개발 및 직업교육
	1-3. 자활 및 일자리사업
	1-4. 창업 지원
	1-5. 직업유지 및 자립 지원
	1-6. 구직 관련 비용 지원
2. 주거 (3)	2-1. 주거환경 개선
	2-2. 거처마련 및 이주 지원
	2-3. 주거 관련 비용 지원
3. 일상생활 (7)	3-1. 가사 지원
	3-2. 식사(식품) 지원
	3-3. 활동(이동) 지원
	3-4. 위생(이미용) 지원
	3-5. 생활용품 지원
	3-6. 일상생활 관련 비용 지원
	3-7. 복합 지원
4. 신체건강 및 보건의료 (6)	4-1. 질병예방 및 건강관리
	4-2. 검진·진단 및 치료
	4-3. 재활치료
	4-4. 산전 후 관리
	4-5. 의약품·의약외품 및 보장구 지원
	4-6. 보건의료 관련 비용 지원
5. 정신건강 및 심리정서 (6)	5-1. 정신건강 교육
	5-2. 심리검사 및 진단
	5-3. 정신·심리 상담
	5-4. 정서발달 및 치유 지원
	5-5. 정신질환자 치료 및 사회복귀 지원
	5-6. 정신건강 관련 비용 지원
6. 보호 및 돌봄·요양 (6)	6-1. 장기 시설보호
	6-2. 단기 시설보호
	6-3. 주·야간 보호
	6-4. 간병 및 돌봄서비스
	6-5. 장제서비스
	6-6. 돌봄·요양 관련 비용 지원
7. 보육 및 교육 (8)	7-1. 양육상담 및 부모교육
	7-2. 보육 및 양육 지원
	7-3. 인지발달 및 학습 지원
	7-4. 특기적성 지원
	7-5. 진로지도 및 상담
	7-6. 장애·특수교육
	7-7. 평생교육
	7-8. 보육 및 교육 관련 비용 지원
8. 문화 및 여가 (5)	8-1. 공연·전시 관람 지원
	8-2. 체육활동 지원
	8-3. 체험 및 여행 지원
	8-4. 취미활동 지원
	8-5. 문화·여가 관련 비용 지원
9. 안전 및 권익보장 (4)	9-1. 안전 및 인권교육
	9-2. 학대 및 폭력피해자 지원
	9-3. 법률 및 재무상담
	9-4. 법률 지원 관련 비용 지원

2. 복지자원 표준분류 예제 및 설명

대분류	중분류	예제	설명
1. 일자리 (6)	1-1. 직업 상담 및 알선	직업 및 취업 상담, 취업알선	- 일정한 작업이나 직업 등에 대해 알맞은 소질을 평가하고, 직업을 선택하는 데 직접적으로 영향을 미칠 수 있는 장애 상태와 주변 환경 및 작업 환경 등 제반 문제점들을 찾아 해결하여 자신이 처한 상황과 능력에 적합한 직업을 선택할 수 있도록 제반 도움을 제공
	1-2. 직업능력 개발 및 직업교육	직업능력평가, 직업적성검사, 직업훈련, 직업 및 직장체험, 직무교육, 보호작업장 지원, 공동작업장 지원, 자격증취득 지원, 내일배움카드 지원	- 개인이 일의 세계를 탐색하여 자기의 적성·흥미·능력에 맞는 일을 선택하고, 그 일에서 필요로 하는 지식·기능·태도·이해 및 판단력과 습관들을 개발하는 교육 - 일정한 직무를 수행하는 데 필수적으로 요구되는 지식과 기술을 훈련
	1-3. 자활 및 일자리사업	자활근로사업, 공공근로사업, 취업성공패키지사업, 희망리본프로젝트, 노인일자리사업, 사회적일자리사업, 지역공동체일자리사업, 직업재활훈련, 인큐베이터 사업단 운영	- 지역자활지원센터에서 제공하는 자활을 위한 정보 제공·상담·직업교육 및 취업알선 및 창업 지원, 지역특화된 자활 프로그램 개발 및 보급, 자활의욕 고취를 위한 교육, 참여자 사례관리 등 - 근로능력 있는 저소득층이 스스로 자활할 수 있도록 자활능력 배양, 기능습득 지원 및 근로기회 제공
	1-4. 창업 지원	창업 지원, 창업자금 지원, 창업교육, 희망가게 운영, 희망키움통장사업	- 창업 관련 판로 및 입지, 사업화 컨설팅 및 교육, 정보, 자금, 홍보 및 마케팅 등 지원
	1-5. 직업유지 및 자립 지원	취업 후 상담 및 관리, 퇴소 후 직업상담, 취업자간담회, 취업자자조모임, 자립정착금 지원, 취약계층가구 경제적 자립 지원, 내일키움 통장사업, 희망플러스사업	- 지역자활지원센터에서 제공하는 자활을 위한 정보 제공·상담·직업교육 및 취업 알선 및 창업 지원, 지역 특화된 자활 프로그램 개발 및 보급, 자활의욕 고취를 위한 교육, 참여자 사례관리 등 - 근로능력 있는 저소득층이 스스로 자활할 수 있도록 자활능력 배양, 기능습득 지원 및 근로기회 제공
	1-6. 구직 관련 비용 지원	학원 등록비 지원, 직업교육재료비 지원	- 앞서의 분류체계로 구분되지 않는 서비스의 내용에 관해 결과적으로 직접적인 현금 지원이 이루어진 경우 ※ 해당 교육/강습 시설에서 무료강습 또는 수강하는 것과는 구별

대분류	중분류	예제	설명
2. 주거 (3)	2-1. 주거환경 개선	집수리지원(일반), 화장실개보수지원, 지붕개량지원, 도색·도배·장판지원, 누수·방수지원, 보일러교체·수리, 전기공사·점검, 방충망설치·수리, 방역서비스, 가스공사 및 점검, 불량주거환경 개선	- 도배, 장판, 방역, 편의시설 등의 마련 및 개·보수를 통해 안전하고 쾌적한 거주환경을 제공하는 서비스 - 주거시설 내·외부에 대한 개·보수를 통해 안전하고 쾌적한 주거 환경을 제공하는 데 관련된 일련의 직접 서비스
	2-2 거처 마련 및 이주 지원	임시주거지원, 임대주택지원, 이사지원, 이사비지원, 시설입소지원	- 주거를 대신할 수 있는 '거처마련 및 이주지원'으로, 주거지원에 따라 이동이 필요한 경우 관련된 지원서비스
	2-3. 주거 관련 비용 지원	전세비지원, 월세비지원, 난방유지원, 주거보증금지원	- 전·월세비와 같은 임대료를 지원하거나, 중개수수료 등 주거 관련 현금 지원
3. 일상 생활 (7)	3-1. 가사 지원	가사지원, 가사간병서비스, 세탁, 청소, 의류 및 침구관리, 물품관리, 장보기지원, 행정 및 일상업무지원, 일상생활훈련 및 교육	- 신체적·정신적 이유로 원활한 일상생활과 사회활동이 어려운 저소득 취약계층에게 제공하는 청소, 세탁, 식사 준비 등 가사 지원 서비스
	3-2. 식사(식품) 지원	식사 지원, 도시락 지원, 급식 지원, 밑반찬 지원, 쌀 지원, 잡곡 지원, 떡국 지원, 라면 지원, 김치 지원, 고기 지원, 간식 지원, 상차림 지원, 음료품 지원, 식사관리, 식품 지원, 외식 지원, 기타 부식 지원	- 저소득 노인, 아동·청소년, 장애인 등 가정형편이 어렵거나 스스로의 힘으로 식사 준비가 어려워 식사를 거르는 대상자에게 지원하는 무료 식사 서비스, 음식 제공 서비스 등
	3-3. 활동(이동) 지원	개인활동 지원, 차량 지원, 동행 지원, 송영 지원, 등하교 지원, 실버카 지원, 수화 지원, 일상생활훈련, 장애인활동 지원, 외국인통역서비스, 용변관리, 물품배송서비스	- 노령 및 장애 등으로 거동이 불편한 대상자가 일상생활과 사회생활을 스스로 수행하는 데 필요한 범위 내에서 제공하는 활동(이동) 지원 서비스

대분류	중분류	예제	설명
	3-4. 위생(이미용) 지원	개인위생관리, 목욕, 이미용 지원, 위생용품 지원, 신체수발 서비스	- 개인 위생관리에 어려움을 겪는 노인, 장애인, 아동 등에게 지자체 및 관련 단체를 통해 지원하는 목욕, 세탁, 이미용 서비스
	3-5. 생활용품 지원	가구지원, 가구관리, 가전제품 지원, 가전제품관리, 상품권 지원, 출산용품 지원, 청소용품 지원, 의류 지원, 침구 지원, 냉난방용품, 아동·유아용품, 안전용품 지원, 컴퓨터 지원, 기타 생활용품 지원	- 일상생활을 유지하는 데 필요한 의류, 식품, 생활가전, 생활용품 등의 현물 지원 서비스
〃	3-6. 일상생활 관련 비용 지원	교통비 지원, 상하수도요금 지원, 난방비 지원, 전기요금 지원, 의료비 감면, 출산비용 지원, 증여세 면제, 이동통신요금 지원, 장애수당, 장애인연금, 가스요금 지원, 관리비 지원, 보험료 지원, 생계비 지원, 후원금 지원, TV수신료 지원	- 기존 사회복지제도의 급여 기준에 충족하여 현금성 수당 ※ 보육료 지원, 사회서비스 전자바우처와 같은 서비스이용료 제외
	3-7. 복합 지원	공동모금회 긴급 지원, 공동모금회 후원의뢰, 공동모금회후원(지정기탁)현금, 공동모금회후원(지정기탁)현물, 공동모금회기획사업, 공동모금회 예치금(시·군 지정기탁), 복지서비스 정보물 제공, 생계유지활동 지원, 생애이벤트 지원, 시설대관 서비스, 취약계층 우대증 발급	- 행복 e음 공동모금회 시스템에서 연계한 긴급 지원 및 기획사업

대분류	중분류	예제	설명
4. 신체 건강 및 보건 의료 (6)	4-1. 질병예방 및 건강관리	건강관리, 만성질환관리, 심혈관질환관리, 건강상담, 건강교육 및 정보제공, 보건 및 질병예방교육, 구강교육, 금연교육, 금주교육, 위생교육, 영양교육, 치매교육, 응급처치교육, 낙상예방교육, 투약관리, 가정간호서비스, 건강생활실천통합서비스, 방문건강관리서비스, 예방접종 지원, 마사지, 비만관리, 아토피예방교육, 자조모임, 치매관리	- 의료적 치료 행위는 아니지만 건강한 생활 유지를 위해 필요하다고 판단되는 일련의 예방활동과 일상생활관리서비스(영양상담, 운동처방 등)
	4-2. 검진·진단 및 치료	일반건강검진, 구강검진, 안과검진, 영유아건강검진, 노인건강검진, 발달검사, 선천성대사이상검사, 난청조기진단, 치매조기검진, 활력증후측정, 일반진료, 입원진료, 촉탁의진료, 치과진료, 한방진료, 비만치료, 신체장애진단, 아동·청소년검진, 아토피치료, 응급의료서비스, 저신장치료, 환경성질환치료	- 신체적 질병의 완화 및 치료를 목적으로 제공되는 의료적 서비스로 통상적인 의료행위, 진료행위 전체
	4-3. 재활치료	물리치료, 재활치료, 감각치료, 언어치료, 작업치료, 적외선치료, 전기치료, 통증치료, 수지침치료, 온열 및 냉치료, 운동치료, 신체기능훈련, 청력훈련, 알코올중독재활치료	- 질병이나 사고에 의한 후유증, 만성질환, 노인병 등 장기치료를 요하는 환자와 기능적 장애에 대해 의료적·심리적 수단 등을 통해 개인의 기능적 능력을 개발하고 회복시키는 신체적·물리적 재활 서비스
	4-4. 산전 후 관리	임산부교실, 산전 후 관리, 임산부영유아 영양보충, 예비부모교육	- 임신과 출산과정에 관련된 일련의 서비스

대분류	중분류	예제	설명
〃	4-5. 의약품·의약외품 및 보장구 지원	영양보충제 지원, 구충제 지원, 한약 지원, 안경 지원, 보청기 지원, 틀니 지원, 파스 지원, 핫팩 지원, 성인기저귀 지원, 알레르기 질환 지원, 보장구대여, 보장구 지원, 보행보조기, 보장구 수리, 건강용품 지원, 보습제 지원, 비상약품 지원, 재활기구 지원, 헌혈증 지원	- 의약품과 의약외품 및 보장구 등 신체건강 및 일상생활 편의를 위한 보건의료 관련 물품 지원 서비스
	4-6. 보건의료 관련 비용 지원	의료비 지원, 검사비 지원, 난임부부시술비 지원, 약제비 지원	- 신체적 질병의 치료나 건강 관련하여 발생된 비용 부분에 대한 현금성 지원
5. 정신 건강 및 심리 정서 (6)	5-1. 정신건강 교육	우울증예방교육, 자살예방교육, 약물오남용예방교육, 인터넷중독예방교육	- 지역사회에서 빈번하게 출현하면서 사회문제화되는 주요 정신적·정서적 문제와 관련하여(특히, 우울 및 자살, 알코올 및 약물중독, 게임, 인터넷 및 도박중독 등) 해당자 또는 지역사회 주민을 대상으로 실시하는 예방 교육 및 인식 개선 교육
	5-2. 심리검사 및 진단	우울증 검사, 인터넷 중독 진단, 심리검사, 지적장애 및 정신질환진단	- 정신건강이나 심리·정서적 문제에 대해 전문적 개입의 최초 단계의 서비스
	5-3. 정신·심리 상담	우울증상담, 자살예방상담, 알코올중독상담, 약물중독상담, 인터넷중독상담	- 정신적으로 건강한 상태의 유지 및 증진을 위해 제공되는 심리·정서적 지원 및 상담서비스
	5-4. 정서발달 및 치유 지원	놀이치료, 미술치료, 독서치료, 웃음치료, 원예치료, 음악치료, 안부 확인 및 정서 지원, 멘토링, 대인관계 훈련, 아동청소년심리 지원 서비스, 가족관계 개선, 사회성 향상 지원, 무용치료, 반려동물 지원, 아동 복합 지원, 아동정서발달 지원 서비스	- 상담을 제외한 다양한 정서적 지원 서비스

대분류	중분류	예제	설명
〃	5-5. 정신질환자 치료 및 사회복귀 지원	정신과진료, 심리치료, 정신질환자관리, 도박중독치료	- 정신질환자에 대한 전문적 의료 개입 서비스와 이들의 지역사회 복귀를 지원하는 서비스
	5-6. 정신건강 관련 비용 지원	정신과 진료 비용 지원, 심리치료 비용 지원	- 정신건강 및 심리·정서적 안정을 위해 필요한 비용에 대한 현금 지원
6. 보호 및 돌봄·요양 (6)	6-1. 장기 시설보호	가정위탁보호, 아동보호시설, 자립지원시설, 노숙인자활시설, 노숙인요양시설	- 부득이한 사유로 가족의 보호가 불가능한 노인, 장애인, 아동 등을 시설에 장기간 입소시켜 제공되는 보호 및 각종 서비스
	6-2. 단기 시설보호	일시보호시설	- 부득이한 사유로 가족의 보호가 불가능한 노인, 장애인 등을 시설에 단기간 입소시켜 제공되는 보호 및 각종 서비스 ※ 노인의 경우, 단기 보호 서비스는 월 1일 이상 15일 이하 단기간의 보호가 필요한 자에 한함(「노인복지법 시행규칙」 제27조)
	6-3. 주·야간 보호	주간보호시설, 야간보호시설	- 부득이한 사유로 가족의 보호가 불가능한 노인 및 장애인 등을 낮 동안 혹은 밤 동안 시설에서 보호하며 기능회복을 도모하기 위해 제공되는 서비스
	6-4. 간병 및 돌봄서비스	노인맞춤돌봄서비스, 노인돌봄종합서비스, 방문요양서비스, 간병서비스, 장애인돌봄서비스, 산모/신생아돌봄서비스, 실종예방물품 지원, 요양·돌봄 관련 물품 지원	- (간병) 질병 및 장애 등으로 일상생활에 지장이 있는 경우, 병원이나 가정에 간병인 등의 파견을 통해 활동의 보조나 신변을 돌보는 서비스 - (돌봄서비스) 고령이나 질병, 장애, 출산, 산후조리 등으로 일상생활을 혼자서 수행하기 어려운 이들에게 제공되는 돌봄서비스
	6-5. 장제서비스	장제급여 지원, 임종교육, 영정사진 촬영, 장례 지원, 장례비 지원	- 생애주기의 흐름에 따라 가족원 또는 서비스 대상자의 사망에 따라 발생하는 일련의 장례절차에 대한 서비스
	6-6. 돌봄·요양 관련 비용 지원	가족돌봄비 지원, 보호시설비 지원, 양로시설비 지원, 양육비 지원, 요양시설비 지원	- 보호와 돌봄·요양과 관련하여 발생한 비용에 대한 현금 지원이 이루어지는 경우

대분류	중분류	예제	설명
7. 보육 및 교육 (8)	7-1. 양육상담 및 부모교육	양육상담, 부모교육	- 양육과정에서 경험하는 애로사항이나 정보 부족을 해결하면서, 바람직한 양육 환경 조성을 위한 부모소양교육 서비스
	7-2. 보육 및 양육 지원	가정방문, 보육서비스, 방과후돌봄서비스, 방과후교실, 신체발달, 입양상담 및 지원	- 유아 및 아동에 대해 가정 및 교육기관 등에서 영유아의 발달 특성에 적합한 교육과 보호를 제공 - 교육기관 이용, 교재, 학습 등 보육 및 교육에 대한 소요비용을 감면 또는 지원
	7-3 인지발달 및 학습 지원	인지학습치료, 기초학습 지원, 독서논술지도, 학습지지원, 보충학습, 도서(대여) 지원, 교구재 지원, 학용품 지원, 아동인지능력 향상 서비스, 다문화가정아동발달서비스, 교육 환경 개선, 다문화한국어교육, 발달검사, 방문학습지원, 봉사학습, 생활교육, 아동·유아말품, 역사교실, 환경교육	- 성장기 인지발달과 학습능력 제고를 위해 제공하는 서비스
	7-4. 특기적성 지원	외국어교육, 예체능교육, 경제교육, 각종 특기적성교육, 동아리활동 지원, 코딩교육	- 예체능 특기와 적성 개발 서비스
	7-5. 진로지도 및 상담	진로 및 직업상담, 진로탐색 및 체험, 의사소통능력 향상 기술 지원, 학교생활 적응력 향상 지원, 아동 자아존중감 향상 지원, 사회예절교육, 학업 및 학력복귀 지원	- 진로지도와 상담 관련 서비스
	7-6. 장애·특수교육	언어발달 지원, 점자교육, 수화교육, 장애특수교육	- 신체적·정신적·사회적 발달의 장애 등으로 인하여 특정한 교육적 요구를 지닌 아동 및 청소년의 요구에 맞추어 유치원, 초등학교, 중학교 또는 고등학교의 과정을 교육하는 특수학교 및 특수학급에서 알맞은 교육내용과 방법으로써 필요한 교육적 지원을 제공

대분류	중분류	예제	설명
〃	7-7. 평생교육	정보화교육, 노인교실, 노인대학, 은퇴준비교육, 외국어교육, 성인한글교실, 한자교육, 경제금융교육, 임종교육	- 성인 대상 평생교육 서비스
	7-8. 보육 및 교육 관련 비용 지원	보육료 지원, 아동양육수당 지원, 교육비 지원, 장학금 지원, 학원비 지원, 교복 지원	- 직접적인 교육 서비스의 연계를 제외하고 교육 관련 발생하는 비용의 지원
8. 문화 및 여가 (5)	8-1. 공연·전시 관람 지원	영화 관람, 공연 관람, 스포츠경기 관람, 문화예술현장 탐방, 문화예술교육, 문화바우처사업, 문화전시 관람	- 공연 및 전시 관람의 기회 제공
	8-2. 체육활동 지원	스포츠바우처, 체육대회참여, 클럽 및 모임 지원, 체육활동 물품 지원, 생활체육활동	- 신체활동을 통해 신체적 능력을 향상시키고, 건강을 유지할 수 있도록 지원하는 서비스
	8-3. 체험 및 여행 지원	야외활동 지원, 동물원 및 놀이공원 견학, 캠프 및 여행 지원, 체험활동 지원, 효도관광 지원, 돌봄여행서비스, 여행바우처	- 여가시간의 다양한 활용 욕구에 부합하는 여행 및 관광 프로그램, 지자체별 체험 프로그램, 아동 및 노인을 대상으로 한 복지관광 프로그램, 저소득 계층의 개인 여행을 지원하는 여행바우처 등의 서비스
	8-4. 취미활동 지원	음악교실, 미술교실, 요리교실, 바둑교실, 원예교실, 다도교실, 레크리에이션 프로그램 참여, 문화강좌 참여, 동아리활동, 공예교실, 노인여자프로그램, 사물놀이, 예체능활동, 종교활동	- 문화·예술, 체육활동, 여행 외 취미·여가 활동을 위한 서비스
	8-5. 문화·여가 관련 비용 지원	문화활동 비용 지원, 여가활동 비용 지원, 가족기념 사진촬영	- 문화활동이나 여가활동 관련하여 발생하는 비용에 대한 현금 지원

대분류	중분류	예제	설명
9. 안전 및 권익 보장 (4)	9-1. 안전 및 인권교육	인권교육, 아동권리교육, 학대예방교육, 안전교육, 교통안전교육, 실종유괴예방교육, 재난대비안전교육, 권익보장 지원, 노인권익향상 지원, 성폭력(예방)교육, 학교폭력(예방) 교육	- 인권옹호와 권익보장 관련 개인 대면 상담은 물론 지역사회 단위 또는 집단을 대상으로 실시하는 인식 개선 교육, 캠페인 등
	9-2. 학대 및 폭력피해자 지원	폭력피해자신고 및 접수 지원, 폭력피해자상담 및 지원, 폭력피해자쉼터입소 지원, 가정폭력·성폭력피해자 시설 입소, 성매매피해여성 시설 입소 지원, 안전도우미	- 폭력 및 학대 피해자들의 민·형사상 소송과정에 대한 법률 지원 서비스
	9-3. 법률 및 재무상담	법률 상담 및 지원, 법률교육, 개인파산 및 회생절차 지원, 신용회복절차 지원, 채무상담, 금융 상담, 이혼 법률 상담	- 법률 상담과 행정 상담으로 구분하여 전문 정보의 제공 및 문제해결을 위한 대안의 마련과정을 법률적, 행정적으로 지원하는 서비스
	9-4. 법률 지원 관련 비용 지원	변호사 선임 등 관련 비용 지원	- 직접서비스로서 법률, 행정지원서비스 대신 관련 문제 해결에 필요한 비용을 지원·후원하는 경우

출처: 보건복지부(2022). 2022 희망복지지원단 업무안내, pp. 224-230 추가 작성.

참고문헌

국내 서적

강혜규(2012). 사회복지전달체계 개편의 성과와 발전방향. 보건복지포럼, 189, 35-49.

강흥구(2016). 사례관리. 정민사.

______(2023). 사례관리. 정민사.

공선희(2015). 영국의 커뮤니티 케어 정책의 역사적 변천과 쟁점. 한국노년학, 35, 79-98.

교육인적자원부(2007). 장애인 등에 대한 특수교육법 시행령 제13조제1항 관련 별표 제8호 법률 제7395호. 교육인적자원부.

국립정신건강센터(2019). 지역사회 정신건강 표준 사례관리 매뉴얼. 국립정신건강센터.

권중돈(2007). 노인복지론. 학지사.

권진숙, 김상곤, 김성경, 김성천, 민소영, 박선영, 박지영, 백은경, 유명이, 유서구, 이기연, 조미숙, 조현순, 황성철(2012). 사례관리론. 학지사.

권진숙, 김상곤, 김성천, 박지영, 유명이, 유서구, 이기연, 조현순(2009). 인천광역시 사회복지관 사례관리 실천을 위한 매뉴얼 연구보고서. 인천광역시 사회복지관협회, 사례관리연구회.

김기태, 황성동, 최송식, 박봉길, 최말옥(2013). 정신건강론. 양서원.

김동배, 권중돈(2005). 인간행동이론과 사회복지실천. 학지사.

김만두(1993). 사례관리실천론. 홍익재.

김만호, 정일교(2022). 사례관리의 이론과 실제. 공동체.

김명식(2011). 노년기의 위기와 위극극복 방안. 사회과학논총, 27(1), 35-51.

김미숙, 우국희, 양소남, 이주연, 이정현(2011). 선진국의 아동사례관리체계 비교연구: 영국, 미국, 뉴질랜드를 중심으로. 한국보건사회연구원.

김상곤(2010). 아동, 청소년 복지분야 사례관리의 현황과 발전방안. 사례관리연구, 1(1), 47-80.

김성경(2017). 사회복지 사례관리론. 공동체.

______(2023). 사회복지 사례관리론. 공동체.

김성천, 김경희, 김연수, 김은정, 김현수, 김혜성, 민소영, 박영숙, 심정원, 유서구, 정병오, 조현순(한국사례관리학회 편)(2022a). 사례관리 전문가 심화과정교육(2판). 학지사.

김성천, 김승용, 김연수, 김현수, 김혜성, 민소영, 박선영, 백은령, 양소남, 유명이, 유서구, 이기연, 정희경, 조현순, 최말옥, 최지선, 함철호(2022b). 사례관리론: 개념, 기술, 실천역량 이해. 학지사.

김영례(2018). 사회복지관 사례관리자의 전문직 정체성 형성과정에 관한 연구. 숭실대학교 대학원 박사학위논문.

김용학(2003). 사회연결망이론. 박영사.

김진숙, 김지은, 연미희, 이인수(2014). 인간관계와 의사소통. 창지사.

김현숙(2012). 빈곤아동, 청소년 지원기관의 통합서비스 영향요인 연구: 네트워크 특성의 매개효과를 중심으로. 원광대학교 대학원 박사학위논문.

김희연, 한인숙(2002). 네트워크 이론에서 본 지역사회복지: 지방정부와 사회복지관의 관계를 중심으로:지방정부와 사회복지관의 관계를 중심으로. 한국지방자치학회보, 14(1), 99-122.

남미애(2018). 아동·청소년을 위한 사례관리론. 양서원.

류애정(2013). 공공영역 사례관리자의 역할수행에 대한 실증적 분석: 희망복지지원단을 중심으로. 한국지역사회복지학, 44, 181-201.

민소영(2010). 지역기반 정신보건서비스 조직의 네트워킹 결정요인 연구. 정신보건과 사회사업, 34, 5-29.

______(2012). 사회복지행정영역과 사례관리: 전달체계 개편을 중심으로. 한국사례관리학회 춘계학술대회 발표문.

______(2015). 한국의 사례관리 전개과정과 쟁점 고찰. 한국사회복지행정학, 17(1), 213-239.

박경숙, 김영종, 강혜규, 민소영, 최민정(2012). 공공사회복지 전달체계 개편방안. 한국사회복지행정연구회, 한국사회복지행정학회.

박미은(2020). 사회복지사를 위한 사례관리. 양서원.

______(2023). 사회복지사를 위한 사례관리. 양서원.

박원희, 김호경, 곽지혜(2009). 중, 고등학교 신설 특수학급의 운영 실태에 관한 연구. 특수교육연구, 16(2), 67-88.

박진경, 이기령(2023). 지역사회 거주 노인의 우울과 자살생각 간의 관계에서 사회관계망의 매개효과. 한국정신간호학회지, 32(4), 353-362.

백은령, 김선아, 양숙미, 엄미선, 윤철수(2006). 사회복지실천론. 대왕사.

변경희, 이용표, 이미정, 두진영(2008). 지적장애인 사례관리 조사연구보고서. 한국지적장애인복지협회 연구보고서.

보건복지부(2016). 희망복지지원단 업무안내. 보건복지부.

________(2017). 2017년 읍면동 맞춤형복지 업무 매뉴얼. 보건복지부.

________(2019). 2019년도 장기요양 실태조사. 보건복지부.

________(2020). 희망복지지원단 업무안내. 보건복지부.

________(2021). 2021년 공공부문 사례관리 연계협력 업무안내. 보건복지부.

________(2022). 2022 희망복지지원단 업무안내. 보건복지부.

보건복지부, 사회보장정보원(2017). 2018년도 사회복지시설평가 사회복지관 평가지표. 보건복지부, 사회보장정보원.

________________(2019). 공공부문 사례관리 연계·협력 업무안내. 보건복지부, 사회보장정보원.

보건복지부, 중앙사회서비스원(2022). 2022년도 사회복지관 평가지표. 보건복지부, 중앙사회서비스원.

서울복지재단(2009). 지역사회보호사업 매뉴얼. 서울복지재단.

서울시복지재단(2006). 서울시 사회복지관 평가지표 개발. 서울시복지재단.

__________(2013). 통합사례관리 가이드라인. 서울시복지재단.

서혜석, 이대식, 조장래, 정향숙, 이영희, 곽희양, 김미혜, 박우진, 조상임(2008). 사례관리: 임상사례 중심으로. 양서원.

설진화, 신민정, 김녹현(2022). 사례관리론. 수양재.

성프란체스코장애인복지관(2016). 장애인복지관 사례관리실천매뉴얼. 성프란체스코수녀회.

신현석(2004). 장애인복지시설의 사례관리에 대한 연구. 한국시민윤리학회보, 16, 207-220.

안한수(2002). 장애인복지시설의 운영실태에 관한 연구. 인천시민자원봉사회 연구논문, 제4집.

양정남, 권구영, 김화선, 최은정, 한계형(2009). 사례관리. 양서원.

엄명용, 김성천, 오혜경, 윤혜미(2014). 사회복지실천의 이해. 학지사.

우리아이 희망네트워크 지원 사업(2008). 2008년도 평가연구사업 안내.

윤선오, 김우호, 전대성, 전미숙, 김현경, 목경열, 서민호, 오승하, 이용환, 송운용(2023). 사회복지학개론. 양성원.

이경은, 장덕희, 김휘연, 문도원, 이마리아(2016). 지역사회복지론. 학지사.

이근홍(2006). 사회복지실천 개별관리. 공동체.

______(2014). 사례관리. 양서원.

이기연(2011). 사례관리운영체계 이해 및 간접역량강화. 사례관리전문가교육: 실무자 기초과정(1, 2기) 자료집. 대전광역시사회복지사협회.

이기연, 유서구(2012). 사례관리 이해와 적용. 공동체.

이소연, 박은혜(2006). 특수아동교육. 학지사.

이은경(2010). 영국의 보건·복지 협력정책의 역사적 고찰. 한국사회복지행정학, 12(1), 27-55.

이인정, 최혜경(2005). 인간행동과 사회환경. 나남.

이종복, 이권일, 김화순, 오은경(2007). 사례관리의 이론와 실천. 창지사.

이주연(2011). 미국의 아동대상 사례관리 서비스. 보건복지포럼, 2011(5), 106-115.

이준영(2007). 사회복지네트워크의 이론과 과제. 춘계학술대회 및 워크숍 자료집.

이준우, 여지숙, 신빛나, 김상은, 한종민, 김수정, 안하은, 김다슬, 고현수(2022). 이야기가 있는 현장의 사례관리. 신정.

이준우, 최희철(2020). 사례관리론. 신정.

이채식, 권신영, 김준환, 박주현, 오영훈, 전영록, 간순옥, 권명희(2020). 사회복지 사례관리. 어가.

이현주, 강혜규, 노대명, 신영석, 정겨의, 유진영, 김용득, 민소영, 이주열, 한익희(2007). 주민생활지원서비스 업무수행체계 분석 및 개선방안. 한국보건사회연구원, 보건복지부.

장인협(1999). 사회복지실천론. 서울대학교 출판부.

장인협, 우국희(2001). 케어·케이스 매니지먼트. 서울대학교 출판부.

장인협, 최성재(1996). 노인복지학. 서울대학교 출판부.

전혜성, 김정화, 홍나미, 강현주, 권자영, 정연수(2022). 현장 사례관리. 학지사.

정순둘(1997). 오스틴 노인그룹 서비스기관들의 관계에 관한 연구. 한국사회복지학, 31, 441-458.

______(2005). 사례관리의 이해. 학지사.

정은희, 박수지, 김보영, 안혜영, 이기연, 정익중, 김효진(2013). 취약, 위기가족 및 다문화가족의 예방맞춤형 복지체계 구축 및 통합사례관리 연구(4차 연도). 한국보건사회연구원.

정익중, 오정수(2017). 아동복지관(3판). 학지사.

최소연(2022). 사례관리론. 양성원.

최은정, 박은아, 배은경, 양정남, 이재경, 조혜정(2020). 사례관리론. 양서원.

최은희, 황미영, 황명구(2016). 사례관리. 정민사.

한국사례관리학회(2012a). 사례관리론. 학지사.

________(2012b). 사례관리 전문가교육: 실무자 기초과정. 학지사.

________(2016). 사회복지 사례관리 표준 실천지침. 한국사례관리학회.

________(2019). 사례관리 전문가교육: 실무자 기초과정(2판). 학지사.

한국사회복지관협회(2012). 사회복지관 사례관리 매뉴얼. 한국사회복지관협회.

________(2022). 2022년 사회복지관 운영 관련 업무처리 안내. 한국사회복지관협회.

함철호(2016). 사례관리에 대한 권력관점의 조망. 사례관리연구, 7, 43-70.

행정자치부(2006). 주민생활지원서비스 업무운영 매뉴얼. 행정자치부, 주민서비스혁신추진단.

황성철(1995). 사례관리 실천을 위한 모형개발과 한국적 적용에 관한 연구. 한국사회복지학, 27, 275-307.

황성철, 정무성, 강철희, 최재성(2015). 사회복지행정론. 정민사.

국외 서적

Baker, F., & Intalgiata, J. (1992). Case management in social work: Developing the professional skills needed or work with multiproblem client strengths. *Social Work, 39*(3), 262-68.

Ballew, J. R., & Mink, G. (1996). *Case management in social work: Developing the professional skills needed for work with multi-problem*. Charles C. Thomas Publisher Inc.

Bauld, L., Chesterman, J., Davies, B., Judge, K., & Mangalore, R. (2000). *Caring for older people: An assessman of community care in the 1990s*. Ashgate.

Bernard, G. (1968). *Sense relaxation*. Collier.

Challis, D., & Davies, B. (1985). Long term care for the elderly: The community care scheme. *British Journal of Social Work, 15*, 563-579.

CMSA(2016). *Standards of practice for case management*. Case Management Society of America.

CMSUK(2009). *Standards for practice and best practice guidelines*. Case Management Society Uk.

_______(2018). *The case management society UK*. CMSUK.

Durbin, J., Goering, P., Streiner, D. L., & Pink, G. (2006). Does systems integration affect continuity of mental health care? *Administration Policy and Mental Health, 33*(6), 705-717.

Early, T., & Poertner, J. (1995). Examining current approaches to case management for families with children who have serious emotional disorder. In B. J. Friesen, & J. Poertner(Eds.), *From case management to services coordination for children with emotional, behavioral, or mental disorder*(37-39), Paul H. Brooks Publishing Co., Inc.

Erickson, E. (1982). *The life cycle completed*. W. W. Norton Company lnc.

Esping-Andersen, G., Gallie, D., Hemerijk, A., & Myles, J. (2002). *Why we need a new welfare state*. Oxford University Press.

Germain, C. (1979). *Social work practice: People and environments*. Columbia University Press.

__________ (1991). *Human behavior in the social enviroment*. Columbia University Press.

Gursansky, D., Harvey, J., & Kennedy, R. (2003). *Case management*. Columbia University Press.

Hall, J. A., Carswell, C., Walsh, E., Huber, D. L., & Jampoler, J. S. (2002). Iowa case management: Innovative social case work. *Social Work, 47*(2), 132-141.

Heckman, J. J., & Lochner, L. J. (2000). In G. Esping-Andersen, D. Gallie, A. Hemerijk, & J. Myles(Eds.), *Why we need a new welfare state*. Oxford University Press.

Hepworth, D. H., & Larsen, J. (1993). *Direct social work practice: Theory and skills*(4th ed.). Brook/Cole.

Holosko, M. J. (2018). *Social work case management*. SAGE Publication Inc.

Intagliata, J. (1982). Improving the quality of community care for the chronically mentally disabled: The role of case management. *Schizophrenia Bulletin, 8*(4), 655-674.

Mckay, M., Gerson, R., & Petry, S. (2011). 가계도-사정과 개입[*Message: The communication skills book*]. (임철일, 최정임 역). 커뮤니케이션북스. (원저 출판 1997년)

Miley, K. K., O'Media, M., & Dubois, B. L. (1995). *Generalist social work practice, an empowering, approach*. Allyn and Bacon.

Moxley, D. P. (1989). *The practice of case management*. Sage publication, lnc.

__________ (1993). 효과적인 복지서비스를 위한 사례관리실천론[*Practice of case management*](김만두

역). 홍익제. (원저 출판 1989년)

___________ (2004). 케이스매니지먼트 실천론[*The practice of case management*]. (김만두 역). 홍익제. (원저 출판 1989년)

NASW(National Association of Social Workers)(2013). ***NASW standards for social work case management***. NASW.

Parsons, R. J. (1991). Empowerment: Purpose and practice principle in social work. ***Social Work with Groups, 14***(2), 7-21.

Powell, T. H., & Gallagher, P. A. (2000). 형제자매[*Brothers & sisters*]. (김승돈, 안상희, 이지수 공역). 서울시장애인종합복지관. (원저 출판은 1993년)

Quick, J. C., & Quick, J. D. (1984). ***Organizational stress and preventive management***. McGraw-Hill.

Ridgely, M., & Willenbring, M. (1992). Application of case management to drug abuse treatment: Overview of models and research issues. In R. Ashery(Ed.), ***Progress and issues in case management***. U. S. Department of Health and Human Services, Alcohol, Drug Abuse, and Mental Health Administration.

Rothman, J., & Sager, J. S. (1998). ***Case management: Intergrating individual and community practice***. Allyn and Bacon.

Saleebey, D. (1996). The strengths perspective in social work practice: Extensions and cautions. ***Social Work, 41***(3), 296-305.

___________ (1997). ***The strenghs perspective in social work practice***. Longman.

___________ (2008). Ecological systems theory in social work. ***The Journal of Sociology & Social Welfare, 7***(4), 507-532.

Seyle, H. (1950). Diseases of adaptation. ***Wisconsin Medical Journal, 49***(6).

________ (1956). ***The stress of life***. Mcgraw-Hill.

Sheafor, B. W., & Horejsi, C. S. (2006). ***Techniques and guidelines for social work practice***(10th ed.). Allyn & Beacon.

Simon, B. L. (1994). ***The empowerment tradition in American social work: A history***. Columbia University Press.

Solomon, B. B. (1976). *Black empowerment: Social work in oppressed communites*. Columbia University Press.

Summers, N. (2016). *Fundamentals of case management practice: Skills for the human services*(5th ed.). Cengage Learning.

Vourlekis, B. S., & Greene, R. R. (1992). *Social work case management*. Aldine De Gruyter.

Weick, A., Rapp, C., Sullivan, W. P., & Kisthardt, W. (1989). A strengths perspective for social work practice. *Social Work, 34*, 350-354.

Weil, M., & Karls, J. (Eds.)(1985). *Case management in human service practice*. Jossey-Bass.

Wolfensberger, W. (1983). A social role valorization: A proposed new term for the principle of normalization. *Mental Retardation, 21*(6), 234-239.

Woodside, M. R., & McClam, T. (2003). *Generalist case management: A method of human service delivery*(2nd ed.). Brooks/Cole.

______________________ (2006). *Generalist case management: A method of human service delivery*(3rd ed.). Brooks/Cole.

Yip, K. S. (1996). A historical review of the community care movement in psychiatric services. *Hong Kong Journal of Psychiatry, 6*(1), 38-44.

참고 사이트

국민건강보험 노인요양장기보험 www.longtermcare.or.kr

아동권리보장원 www.icareinfo.go.kr

NASW www.socialworkers.org

저자 소개

홍윤경 서울여자대학교 사회복지학과 학사, 석사, 박사
전, 사회복지법인 월드비전 근무
현, 강동대학교 사회복지학과 교수

사례관리론

첫째판 1쇄 발행 | 2025년 2월 28일

지 은 이 홍윤경
펴 낸 이 어진용
책임편집 태선옥
디 자 인 이지혜
펴 낸 곳 어가
10449 경기도 고양시 일산동구 장백로 20, 102동 202호(백석동, 동문굿모닝힐1차)
전화 031) 901-4222, 6318
팩스 031) 901-6319
이메일 uhga@uhga.co.kr
홈페이지 www.uhga.co.kr
등 록 2016년 7월 4일 · 제2016-000133호

ISBN 979-11-7075-079-6 (93330)
정가 20,000원